21 世纪通识教育系列教材
21st Century Textbooks of General Education

艺术欣赏（第二版）

The Appreciation of Art

黄高才　刘会芹 ◎ 著

中国人民大学出版社
· 北京 ·

· 前　言 ·

本书自2012年出版发行以来，深得广大一线教师的一致好评。为了使本书能够更好地满足高等院校艺术欣赏课和美育课教学的需要，我们在广泛听取一线老师意见的基础上对本书进行修订。此次修订，在进一步凸显第一版内容亮点的同时，还增加了七十多个内容讲解和内容拓展视频，以二维码的形式加载于书中。与第一版相比，第二版的内容更加丰富，可读性更强。

艺术总是把生活中美的东西展示给人看，使人热爱生活，更有激情地生活，生活得更加充实和愉快。对于懂得艺术、热爱艺术的人来说，生活总是显得那么美好，因此，他们的生活心态总是积极的，生活的心态积极了，人不仅烦恼少一些，欢乐多一些，而且做人也更乐观豁达、包容大气、儒雅随和。

艺术欣赏不仅能够使人获得强烈的美感体验与享受，把人带入一种美的境界，使人轻松愉快，精神振奋，而且能使人体察和感悟人生，懂得生活，学会做人。一般来讲，人们从艺术作品中获得的收获的大小，主要取决于其艺术素养。同样是到一个历史博物馆参观，具有艺术（透视）眼光的人会从一件件文物上面看到文化、看到精神、看到精彩，获得更多的启示、感悟和更强烈的精神快感。因此，每一个人都应该懂点艺术，那样，就会生活得更充实、更精彩。

（1）艺术可以美化人的心境。艺术作品是情感的载体，艺术的首要作用是通过对人的情感施加影响而改变人的心境。艺术又是对生活进行审美反映的文化样式，它把生活中美好的东西展示给人看，因而，艺术作品对人情绪的影响多是积极的。具体地讲，艺术作品能够消除人的愁绪和疑虑，去除人的烦恼，减轻人的疲惫感，使人走出迷茫和困惑，使人的心情变得轻松愉快，心态变得平和，志趣变得高雅。

从更高的层面上讲，艺术能够影响人的思想感情、伦理观念、精神品格，能够净化人的灵魂，陶冶人的情操，使人登上更高的人生境界。

（2）艺术能够赋予人生命的活力。从生活的层面看，艺术着力于表现生活的真善美，使人们真切地看到生活是美好的、精彩的、充满乐趣的，从而激发出人们的生活热情，使人们更加热爱生活，更富激情地生活和更有信心地生活，生活得更充实、更精彩、更有内涵和质量。

从人生的层面看，艺术是人的精神食粮，它不仅能够给人以丰富的思想养分，而且通过情感的影响激励人的意志、坚定人的信念、振奋人的精神。在艺术形象精神的感染、感召、激励和鼓舞下，人会树立更远大的志向，会更加地发愤努力和坚韧不拔。

（3）艺术可以优化人的思维品质。任何一件艺术作品都是创造性思维的产物。任何艺术作品的欣赏，都伴随着积极的形象思维活动，其中包括对艺术形象的想象再造、对艺术情境的联想再现和对艺术作品全方位的生活观照等，其中对艺术作品的生活观照，一刻也离不开联想、类比等形象思维活动。因此，艺术欣赏可以有效地提高思维品质，提升人的创造力。

更进一步来看，艺术欣赏活动伴随着情感体验，这就决定了艺术欣赏活动中的想象和联想多是在人心情轻松的状态下发生的。在这种状态下，人的想象力很容易爆发出来，思维的触觉既可以穿越时空呈发散状态，触及的面更大，也可以聚焦于作品的细微之处，大脑中灵感闪现的频率会大大增加，从而使视野更加开阔，想象力更加丰富，思维更加灵活。

（4）艺术可以启迪人生。尽管艺术是审美的，以感情表现为基础，能够给人以审美愉悦和精神快感，但任何一件艺术作品的创作都不是为了纯粹的消遣、单纯的快感或用来宣泄情感的，而是为了达到潜移默化的教育目的。因此，好的作品都有一定的人文内涵、思想意蕴、情感倾向等，它们或增加人的智慧，或开阔人的视野，或启迪人的思想，能够使人明白“怎样生活”和“怎样做人”等。

本书以通俗易懂的语言，简明扼要地讲解了各种常见艺术门类的基本知识和欣赏要点，介绍了一些经典作品和重要的历史文化常识。

本书的与众不同之处主要表现为三点：一是讲解通俗易懂、深入浅出，同时尽可能避免使用生僻的专业术语，具有中等文化程度的读者都能看得懂，学得会。二是书中包含着丰富的历史文化知识，既可以拓宽读者的文化视野，又有利于读者从理性的高度认识艺术。三是立足于民族文化的大背景，内容更接近人们的生活和符合人们的审美情趣。

由于作者学识有限，书中难免存在这样或那样的不足。诚望广大读者和同仁在使用本书的过程中将意见和建议反馈给我们，以便我们对本书做进一步的修订。有关本书的意见和修订建议请发送至本书作者的电子邮箱：gchuang1962@163.com。

2018 年初夏于咸阳

·目 录·

第一章 艺术与艺术欣赏

第二章　音乐艺术欣赏

第三章　绘画艺术欣赏

第四章 雕塑艺术欣赏

第五章 舞蹈艺术欣赏

第六章 戏剧艺术欣赏

第七章 影视艺术欣赏

第八章 中国独有的艺术门类及其欣赏

第一章　艺术与艺术欣赏

艺术是反映生活的一种文化类型。它总是把生活中美好的一面展示给人们看，让人们感受到生活的美好，唤起人们对生活的热爱与对美好生活的向往之情，激发人们的进取意识，振奋人们的精神。因此，艺术不仅能够给予人们审美享受，而且能够唤起人们的生活激情，给予人们人生的启示与思考、精神的激励与鼓舞，等等。懂点艺术，热爱艺术，用艺术的眼光看生活，就会加倍感到生活的美好，从而以积极的心态面对生活，生活得更乐观、更充实，更有激情，使人生更精彩、更辉煌。

第一节　艺术及其作用

艺术是对生活进行审美反映的一种思想表现形式。真正的艺术境界是一种清澈透亮、至纯至美的境界。这样的境界可以使人远离物欲，无私而宽容；使人超凡脱俗，儒雅而大气；使人热爱生活，富有情趣，乐观豁达；使人精神充实，富有朝气。与此同时，艺术能够触发人的想象与联想，活跃人的思维，使人更富于创造的灵感，全面提升人的创造能力。

一、什么是艺术

视频1-1-1
什么是艺术

以往关于艺术的定义大多界定不清，概括不全。例如，《现代汉语词典》关于“艺术”一词的解释是“用形象来反映现实但比现实有典型性的社会意识形态，包括文学、绘画、雕塑、建筑、音乐、舞蹈、戏剧、电影、曲艺等”[①]。这一解释至少存在两

① 中国社会科学院语言研究所词典编辑室．现代汉语词典．第5版．北京：商务印书馆，2016.

个问题：一是内涵揭示不清，无法据此对艺术与非艺术进行清楚的区分和准确的判定；二是外延界定不清，容易使人对艺术的认识产生偏差。那么，什么是艺术呢?

笔者认为，要弄清楚什么是艺术，首先必须明确两点：一是艺术是人们经过审美选择而创造的一种文化产品，二是艺术给予人的影响是积极的。基于这两点，我们对艺术可以下这样一个定义：艺术是通过审美表现对人产生积极影响的一种文化类型。在这个定义中，有两个关键词：一是“审美表现”，这一个关键词强调的是艺术的审美创造性，将一切自然的东西与艺术清楚地区分开来，即一切自然属性与本能均不属于艺术；二是“文化”，这一关键词强调了艺术的文化内涵，它把艺术和其他物质产品区分开来。

在弄清楚了艺术的本质内涵之后，还要对艺术和学问进行区分。区分的基本标准：艺术以审美反映或精神表现为主要创作目的，思想性是处于从属地位的；学问以知识传达、思想表现或道德昭示为主要内容，审美性是处于从属地位的。用这样一个标准来衡量，文学和书法均应归入学问一类文化样式，不在艺术之列。

最后，要注意识别伪艺术和伪艺术现象。自然界有一种普遍现象：凡是生长鲜花的地方，必会生长杂草，在杂草中还会有毒草。与此相似，凡是有艺术存在的地方，也必会出现伪艺术和伪艺术现象。所谓伪艺术，是指那些表面上具有艺术的形式，但缺乏艺术本质内涵的事物。例如，为了使学习者从理性的高度认识人体的结构和比例关系等，艺术院校常常会用裸模作为素描对象。在使用时，不仅限定在室内，有的还把隐私的部位遮盖起来。这是艺术教育过程中审慎和严谨的一种行为。与这种行为不同的是，有些人打着人体艺术摄影的幌子，拍摄全裸照，这就是伪艺术现象。

二、艺术的特点

视频1-1-2
艺术的特点

艺术关注的是生活中美的东西，并且通过审美选择和主观创造后将其突出地表现出来。因此，艺术作品给予人的美感更为直接和强烈。与此同时，艺术极易触发人们的想象，使人放飞思想，从而优化人的思维品质，使人更具有创造才能。概括起来讲，艺术具有以下几个特点。

1. 审美性

审美性是艺术最基本的特点，也是衡量一件艺术作品成败的基本标准。一件艺术作品如果不能唤起人们强烈的审美体验，或者不能给予人们充分的审美享受，就算不得好作品。因此，艺术作品总是将生活中最真、最善、最美的东西展示出来给人们看。虽然有时候也暴露一些假恶丑的东西，但都是出于反衬、对比或警示的需要。那些单纯地对生活进行写真，不能唤起人们的审美体验或不能给人们以美感享受的东西，不能称为艺术。例如，咬了一口的苹果上面趴着只毛毛虫，或者一个烧饼上落着只苍蝇，这样的画面只能是生活的写照，不能称作艺术。因为它们既不能唤起人们的美感体验，也不能给予人们美感享受。

2. 反映性

艺术是社会生活的反映，社会生活是艺术创作的基础。因此，好的艺术作品犹如生活的镜子，它能够真实而深刻地反映社会生活，帮助人们认识社会生活。与此同时，优秀的艺术作品常常还具有一种史料价值。例如图 1–1–1 这件唐代的扇形髻红裙女立俑（唐昭陵郑仁泰墓出土），在研究唐代服饰文化和印证唐代审美思想多元化方面都具有重要的史料价值。

又如，近年来出土的大量的胡人俑（图 1–1–2），不仅是唐代“胡汉一家”景象的真实写照，而且反映了大唐博爱、包容的时代精神；大量西汉艺术化生活用品（图 1–1–3）的出土，真实地反映了那个时代国运昌盛、人们乐观向上的时代精神风貌。

图 1–1–1　唐代的扇形髻红裙女立俑

图 1–1–2　唐彩绘胡人骑卧驼俑

图 1–1–3　西汉生活器物

3. 情感性

艺术以触动人的情感神经、引起人的情感反应为基本手段，对人进行熏陶和感染，从而美化人的心灵、完善人的道德、振奋人的精神，使人更加快乐、更加高尚、更加充实和更加有为地生活。换个角度讲，一切审美活动总是和情感紧密联系在一起的，美感的实质是美的具体形象所唤起的一种情感反应，艺术的审美性必须借助于情感才能体现出来。更进一步讲，艺术虽然也具有思想教育的功用，但其首先是在情感上打动人心，然后才能引起人们的理性思考。因此，情感性是艺术的主要特征。

关于艺术的情感性，古今中外多有论述。唐代诗人白居易说："感人心者，莫先乎情。"现代画家潘天寿说："没有感情就没有作画的欲望，没有感情怎么能动笔呀？"别林斯基说："没有情感就没有诗人，也没有诗。"罗丹说得更直接："艺术就是感情。"总之，一切艺术都是情感的载体和表现形式。当原生态的生活被反映在艺术作品里之后，它就有了情感魅力。例如，自然景色本来并无情感可言，可一旦被画家描绘出来，或是被摄影家拍成艺术作品，就寄托或抒发了艺术家的思想感情。

艺术作品的情感性是其思想和事理表现的基础。人的情感总是建立在一定的思想基础上的，思想与情感是分不开的。当艺术家为现实生活所感染，有了强烈的情感体验，他就会对生活进行理性思考，思考之中常常会产生创作与表现的灵感。情与理也是一对孪生姐妹，成功的艺术作品总是情理交融，借助于以情感人而实现以理服人的。一切艺术都是这样，先引人入情，再叫人入理、令人思考。

4. 积极性

艺术是以教人求真、向善、爱美为基本创作目的的文化形式，这就决定了它的内容必须是积极的，表现形式必须是审美的。具体地讲，融入艺术作品的感情必须是真实的，蕴含在其中的思想必须是健康的，其对人的影响必须是积极的，即能够使人存善念、树善德、思善举、施善行等。任何可能导致人内心产生邪念，致使人的言行出现偏差的东西都是反艺术的。积极性的一个直观性的判断标准是：凡是符合人类共同的道德准则，有利于人道德完善、精神振奋和奋发向上的东西就是积极的。例如，有尺度的人体暴露（图 1-1-4）可以称为艺术，是因为它能够引起大多数人的审美体验，激励人们遵循社会规则去追求美。而脱离艺术的范畴，把赤裸裸的做爱镜头搬上银幕，则背离了艺术表现人性美的原则，而且它并不能引起多少审美体验，而多给人以感官刺激，甚至会导致某些观看者产生邪念。

图 1-1-4　海报上的美女

三、艺术的产生

视频1-1-3
艺术的产生

艺术源于生活，更确切地讲是源于人心。不论是“愤怒出诗人”（古罗马诗人尤维利斯语），还是“心中喜乐，口欲歌之，手欲舞之，足欲蹈之”（《白虎通·礼乐篇》），都是生活在人的内心深处激起了感情的波澜、引起了思想的震动而使人产生了表现的欲望或创作的灵感。纵观人类的艺术发展史，不难发现，艺术的产生主要源于以下几个方面。

1. 情趣的表现

在现实生活中，当人们得到一种满足感，或者感到生活美好的时候，心境就会平和，继而产生一定的生活情趣。情趣充溢于胸，就会产生表现的欲望，于是，艺术创作活动就发生了。如图 1–1–5 和图 1–1–6，这两件史前陶塑作品都是工匠们在劳作之余，用制作陶器的余料捏制的，它们反映出的是人们热爱生活的情趣。

图 1–1–5　河姆渡陶鱼

图 1–1–6　后李文化陶猪

图 1–1–7　鄠邑区农民画

情趣反映在艺术创作中具体表现为对生活的模仿和再现。上面所举两例中的陶塑作品就是模仿现实生活中具体事物而创作的。如图 1–1–7 是一幅鄠邑区农民画，画中的场景是农村生活的一种再现，表现了创作者乐观向上的生活情趣。

2. 激情的释放

在现实生活中，人们常常因为受到人、事、物、景等的触发而产生强烈的感情冲动，于是，作为普通人，或欢呼，或雀跃，或呐喊，或赞叹等，这些都是自然本能的表达。艺术家比普通人表现与释放的欲望更加强烈，强烈的感情冲动直接唤起他们的创作灵感，引起创作行为——这是抒情性作品产生的主要原因。

3. 精神的写照

当生活中真善美的东西触动了灵魂，人的精神就会受到激励和感召：它们或使人产生奋发向上的力量，或使人的意志变得坚韧，或使人树立攻坚克难的信心……当这一切发生在具有艺术素养的人身上时，艺术创作活动就发生了：他们或是塑造精神偶像，或是描绘令人感奋的情境，或是叙写激动人心的故事……这样的创作活动是一种精神写照式的艺术创造活动，产生的艺术作品具有更为强烈的精神鼓舞性和激励性。

4. 心愿的表达

人人都向往美好的生活，人人也都在为能拥有美好的生活而努力。当杜甫发出“安得广厦千万间，大庇天下寒士俱欢颜”（《茅屋为秋风所破歌》）的时候，实际上就是在表达对美好生活的一种渴望。艺术作品对生活进行审美反映，在很多时候是一种心愿的表达，也正是因为表达了人们共同的美好心愿，艺术作品才会感染人、鼓舞人和激励人。

四、艺术的社会作用

视频1-1-4
艺术的社会作用

艺术一般都产生于人积极向上的心态，它总是把生活中美好的一面展示给人看，通过触动人的思想、影响人的情感而改变人的精神状态：或净化人的灵魂，或激发人的生活热情，或鼓舞人的精神，或使人思考人生、奋发进取。从大的方面讲，艺术的社会作用主要表现在以下几个方面。

1. 审美作用

对生活进行审美反映是艺术的最大特点，唤起人们的审美体验，使人们感到生活美、自然美是艺术最基本的社会作用。艺术通过唤起人们的美感体验而改变人的心境，净化人的灵魂，陶冶人的性情，激发人的生活热情，使人倍加珍爱生活，以更加积极的心态更加乐观地生活。与此同时，艺术可以提高人们对美和丑的判断能力（即审美能力），增加人们的生活趣味等。

艺术的审美作用主要是通过对现实生活中真善美的反映来实现的。真、善、美是紧密相连，相互促成的。真的东西不一定是积极的，但凡是具有真和美双重属性的东西一定是人们所追求的。反过来讲，凡是美的全都是真的，没有真也就没有美。善与美也是一对孪生兄弟，善的东西不一定都具有美的形式，但善与美的结合必定会赋予事物一种魅力。可以说，艺术是真善美的代名词，没有真善美，就没有艺术。

艺术对真善美的反映，主要着眼于两个方面：一是自然之真与自然之美，二是人性之善与人性之美。后者比前者对艺术显得更为重要。

2. 启示与激励作用

艺术的眼光是一种文化眼光，这种眼光对于社会生活具有透视性，加之艺术家总是依据他对生活的认识和评价对现实生活进行选择、提炼、概括和加工进行艺术创作，因此，优秀的艺术作品，一般都能深刻地反映生活和揭示生活问题，对人们认识生活、思考人生具有重要的启示意义。与此同时，好的艺术作品能够成为一种历史的记录。例如，我们能够从唐代《客使图》和大量的胡人俑等了解唐代的对外关系和唐人的包容精神等。

广泛而言，艺术虽然也暴露生活中不光彩的一面，但更多的是展示生活中最真、最美的东西，激发人对生活的热爱之情，激励人的精神，使人以饱满的热情面对生活，以百倍的信心和毅力创造美好生活。

3. 感染与教化作用

艺术对善的反映主要着力于人性美的表现，它不论是塑造道德形象，还是讲述美德故事，其目的都是通过榜样的力量熏陶、感染人们，在人们的心中施加潜移默化的影响，促使人们进行道德的自我完善。

因为艺术对人的道德影响是首先给人以乐趣，使人在审美体验与享受中不知不觉地受到良好的感染与熏陶，继而产生对社会与人生的思考，因此，艺术对人的教化作用易于收到理想的效果。反映真善美的作品是这样，揭露假恶丑的作品也是如此。例如，以暴露为主的相声、漫画、讽刺诗等，都是以人们喜闻乐见的表现形式首先让人们感受到乐趣，继而对人们施加潜移默化的影响。

第二节　艺术欣赏的特点

视频1-2-1
艺术欣赏的特点

艺术欣赏是在对艺术作品进行感知的基础上，通过想象与联想，将其与现实生活联系起来进行思考、分析和理解，从而获得审美享受、思想启迪和精神鼓舞等的审美过程。在这一过程中，欣赏者以艺术形象为基础，结合自身的生活经验，通过感受、体验、领悟，对艺术形象或意境进行再创造，既使其精神内涵更加丰富，也使欣赏者从中获得的审美体验更加强烈。概括起来讲，艺术欣赏活动具有以下几个特点。

一、艺术欣赏是一种审美活动

艺术创作者总是以审美的眼光面对生活，因而常常为生活所感动、激励和启发，于是产生创作的冲动，用自己熟悉的艺术形式将生活之美呈现出来。尽管他们所面对的生活也有不光彩的地方，但因为他们的心态是积极的，他们更多地关注其美好的一面，所以在实际创作时，他们往往将生活中不光彩或者丑恶的东西忽略不计，并且常常将美好的东西放大，因此，人们从艺术作品中看到的生活大多是至善至美的。即使有时候也会看到一些假恶丑的东西，但也是在创作者有意识的暗示下，将其作为批判的对象来看的。况且，进入作品中的假恶丑的东西都是经过创作者特殊处理的，或缩小，或丑化，或对比等，不会让这些东西对欣赏者的心灵造成污染。例如，相声、漫画中所反映的假恶丑的东西都是创作者以批判的态度加进去的，旨在对人们起到一种警策作用。

由于艺术作品对生活的描绘是生动、形象的，极易吸引欣赏者的注意力和激发欣赏者的兴趣，因而欣赏者在欣赏艺术作品的时候，极易产生两种心理反应：一是作品所塑造的艺术形象或描绘的生活情景接近欣赏者的生活，唤起了欣赏者的某些生活记忆，调动了他们的审美情绪，从而使他们获得了一种精神上的满足，或者产生一种审美享受；二是欣赏者在作品中艺术形象或情景的触发下，产生联想，自然而然地产生了一种对美好生活的向往与热爱之情。例如，当我们在聆听歌曲《在希望的田野上》时，受其中“小河在美丽的村庄旁流淌，一片冬麦，那个一片高粱啊，十里荷塘，十里果香”“禾苗在农民的汗水里抽穗，牛羊在牧童的笛声中成长，西村纺花，那个东港撒网啊”等歌词的触发，大脑中浮现出一幅幅清新、优美的现实生活图景，对生活的热爱之情油然而生，思想豁然开朗，心情变得愉快轻松，精神也一下子振奋起来。这些都是艺术欣赏的审美感受。

二、艺术欣赏是一种再创造活动

艺术的表现对象是人们直接的生活现实或者与人们生活紧密相连的东西。欣赏者对艺术作品的欣赏，主要是凭借其生活经验对作品进行感知、判断和理解。由于生活经验不同，不同的人欣赏同一件艺术作品，对其理解也不尽相同。例如，同样是欣赏唐代诗人张继的《枫桥夜泊》一诗，在外漂泊的游子从中感受到的是思念家乡、渴望早日回家的心情和恋家的情感；正在热恋中的情人从中感受到的是对恋人的思念之情；为一家人的生计奔波在外的父亲从中感受到的是对妻子和儿女的思念与牵挂；在外求学的学子从中感受到的是对父母的想念与对家的依恋……不同的欣赏者对同一艺术作品的不同体验与理解说明，艺术欣赏活动是一种再创造活动。

艺术欣赏过程中对作品的再创造活动主要源于两个方面：一是欣赏者的主观性；二是作品本身的可塑性。

就欣赏者的主观性来看，有这几个因素影响着其对作品的理解：一是欣赏者按照自己的生活体验去理解作品，甚至借题发挥，从作品本身旁及其余，见人之未见。二是由于人们的社会经历、思想意识和审美经验不同，因而其审美趣味互有差异。有人喜爱壮美，有人追求优美，有人醉心于华美，还有人以朴素为美，以奔放为美，以奇巧为美。正如刘勰在《文心雕龙·知音》中所讲的：“慷慨者逆声而击节，酝藉者见密而高蹈，浮慧者观绮而跃心，爱奇者闻诡而惊听。”人的个性不同，艺术爱好千差万别。这种不同的爱好会在艺术欣赏中表现出来，使艺术欣赏带有各自不同的主观倾向。三是由于欣赏者的职业、身份、艺术素养不同，因而其对作品的理解有所不同。鲁迅在讲到文学欣赏的差异时曾以《红楼梦》为例说：“单是命意，就因为读者的眼光而有种种：经学家看见《易》，道学家看见淫，才子看见缠绵，革命家看见排满，流言家看见宫闱秘事……”①

就作品本身的可塑性而言，任何一种艺术形式对生活的反映都不可能是

① 鲁迅 . 鲁迅杂文经典全集 . 哈尔滨：哈尔滨出版社 , 2016.

原貌的真实描绘与完全的再现，这就使欣赏者的想象再造成为可能。况且，有些艺术形式本身的可塑性很强。例如，音乐艺术的内容及其所要表现的思想具有不确定性，留给欣赏者的想象与联想空间很大。

三、艺术欣赏是一种情感体验过程

常言说："人是感情动物。"人活在这个世界上，不仅常常会触景生情，而且人与人之间因为相处、交往也会产生各种各样的感情。感情使人类的精神世界丰富多彩，使人的生命充满活力。感情首先表现为人的情绪，其次表现为人的心境，再次表现为人的精神。

艺术对人的作用首先表现为影响人的情绪，通过影响人的情绪而改变人的心境，继而提升人的精神状态。例如，当人的情绪低落、心情郁闷时，一首美妙的曲子就可能使人的心情变得轻松起来，继而使人感到精神振奋。

因为艺术总是关注着人的情感，所以艺术欣赏活动始终伴随着欣赏者的感情活动。托尔斯泰说："艺术是这样的一项人类的活动：一个人用某处外在的标志有意识地把自己体验过的感情传达给别人，而别人为这些感情所感染，也体验到这些感情。"[①] 这段话是说，艺术家在进行创作时充满着感情，欣赏者在欣赏时也带着感情。电影《妈妈再爱我一次》的作者运用饱蘸感情之笔，将母爱的伟大与无私、将人间的悲情等渲染到极致，观众在观看影片时，自然而然进入电影所描绘的情境之中，在想象、联想中获得极其强烈的美感体验，很多人看完影片后泪湿手帕。

在艺术欣赏活动中，欣赏者的感情总是随着作品内容的变化而变化。身在都市生活的儿女聆听《想起老妈妈》这首歌曲时，会不由自主地想起一生含辛茹苦、至今仍在乡下吃苦受累的老母亲，内心深处油然而生思念、敬爱、怜惜、负疚等各种情感，以至于潸然泪下。明代戏曲艺术家臧晋叔在《元曲选》中讲道，成功的戏剧演出，使欣赏者"宛若身当其处，而几忘其事之乌有，能使人快者掀髯，愤者扼腕，悲者掩泣，羡者色飞"。

优秀的艺术作品施加给人内心的影响是极其强烈的，常常达到使人情动于中而不能自已的程度。清人陈其元在《庸闲斋笔记》中讲述了一个少女因读《红楼梦》而致病的事。书中讲，当她的父亲把书投入火里时，那个少女

① 托尔斯泰．论艺术．北京：人民文学出版社，1958: 47-48.

竟然声嘶力竭地哭喊："为何烧我宝玉？"汤显祖的剧作《牡丹亭》问世不久，有一个叫俞二娘的女子，读了剧本之后竟"断肠而死"。这些都说明，艺术欣赏活动中的情感体验有时候是极其强烈的。

四、艺术欣赏是一种形象思维过程

艺术作品是形象思维的产物，每一件艺术作品的产生过程都始终伴随着丰富的想象和联想活动。同样，艺术欣赏过程也总是伴随着一系列的想象和联想活动。每一个欣赏者在欣赏艺术作品时，都是依据自己的生活经验、情感经历、审美情趣，通过联想和想象，对作品的形象予以补充和丰富，使艺术形象更加具体地呈现在脑海中，从而对其进行感知和理解。在想象和联想的作用下，作品中很多模糊的东西变得清晰起来，一些不符合常理的东西也被转化为知觉意象。概括起来讲，联想与想象活动在艺术欣赏过程中具有以下几个作用。

1. 化静为动

图 1–2–1　子仲姜盘

通过想象与联想，可以使静止的东西动起来，使没有生命的东西活起来，这样就能从作品中获得更为强烈的审美体验。例如，图 1–2–1 这件子仲姜盘是春秋早期的青铜艺术品，盘内底铸有浮雕的鱼、龟、蛙等水生动物，鱼为七条一周，龟、蛙为相间排列。盘的中心是一只带有头冠的雄性水鸟，边上为四条鱼，外圈为四只头上无冠的雌性水鸟，造型生动。最令人称奇的是，所有的动物都可以在原地做 360 度的转动。在观赏这件生活艺术品时，加以想象和联想，首先想想此盘注水后轻轻激荡一下，其中动物动起来的情形，就会倍觉其美妙之处；如果能更进一步将其与现实生活联系起来，使其中的动物在意念中"活"起来，获得的美感体验就会更加强烈。

2. 以小见大

艺术对生活的反映大都是描一叶作秋色、画一枝见春色式的，欣赏者从其中的一叶、一花展开联想和想象，使大脑中浮现出一幅秋天的景象或春天的图画，从而真切地体验到生活之美。王国维在《人间词话》中写道："'红杏枝头春意闹'，著一'闹'字，而境界全出。"这里的"境界"就是由读者通过联想和想象再现于大脑中的一幅春天的图画。图 1–2–2 是齐白石所画的《蛙声十里出山泉》，画中只画了几只蝌蚪顺着泉水形成的溪流而下，借以表现十里蛙声的景象。欣赏者要想真切地体会出画作的意境，必须从蝌蚪展开想象和联想，一直想象到顺流而下的蝌蚪一路长成青蛙，分别生活在溪流上下，这样才能在大脑中意会出蛙声一片的景象，从而体验到画作的意境美。

图 1–2–2 《蛙声十里出山泉》

3. 化假为真

写进艺术作品中的生活大多是经过加工或虚构的，其中含有"假"的成分。如舞台上演的戏，全是假的，但人们在观看时通过联想将其与现实生活联系起来，就不但不觉得其假，反而常常被其中的人和事感动得落泪；画上的山水，不是真山真水，只不过是画家用笔墨勾勒点染出来的形象，但是欣赏者通过联想，却能真真切切地从中感受到真山真水之美。这些都是想象与联想化假为真的作用。

4. 由物及人

艺术作品都是着眼于人的精神世界的，但不一定都要以人为对象。例如，花鸟画和一些没有人物点缀的山水画，虽然都没有写人物于画中，但都是为表现人物的情趣和情感而作的，欣赏者都能够凭借想象和联想将其与人联系起来，从而正确理解绘画所要表现的思想。

五、艺术欣赏是一种人格美化活动

真正的艺术家都是品德高尚，为他人负责、为社会负责的，他们总是把生活中美好的东西再现或表现出来给人们看，极力地引导人们向前看，向上看，向美好的地方看，使人们始终保持对生活的热情和信念，激励人们奋发向上，乐观地生活。可以说，凡是优秀的艺术作品都具有美化人格的作用。

欣赏者在欣赏优秀的艺术作品的过程中，常常被作品中人物的事迹感动，或者为人物的精神所激励，或者为真情所感染，或者为美好的事物所感召……由此感受到生活是美好的，人生是美好的，生命是美好的，从而更加热爱生活，以积极的心态生活。这样一来，人与人之间就会多一些宽容，多一份关爱，多一些奉献，社会就会更加和谐。

在艺术欣赏中，以上这些特点是彼此联系、相互促成的。缺乏生动形象或优美意境的艺术作品，很难影响欣赏者的情绪或引发欣赏者的联想和想象活动，也就不易使欣赏者获得强烈的情感体验。反过来，欣赏者如果对生活感情淡漠或者缺乏想象力，那么即使面对着优秀的作品，也很难得到强烈的审美享受。

第三节　艺术欣赏的一般规律

视频1-3-1 艺术欣赏的一般规律

艺术欣赏是一种审美认识与情感体验活动，它也遵循人类认识活动的一般规律，是一个由浅入深、由表及里，即从感性认识到理性认识的过程。在这一过程中，欣赏者在作品所塑造的艺术形象的触发下，依据自己的生活经验对作品作出审美判断，继而产生情感上的共鸣，最后通过体会和玩味达到对作品的全面认识和理解，获得美感享受、精神激励或思想启迪。一般来讲，一次完整的艺术欣赏活动，要经历审美感知、审美判断、情感体验和体会玩味四个阶段。

一、审美感知

当一幅画吸引了人的眼球，一段音乐触动了人的耳膜，一件雕塑引起了人的注意，审美感知就发生了。审美感知就是对艺术作品进行初步的认识，分为感觉和知觉两个阶段。感觉就是在接触作品的一刹那，对作品的表现形式或艺术形象等外在的东西有一个大致的印象，尽管这个印象是直观的、表象的，但它也是真实的和正确的，并且是具有初步的审美判断的。例如，当

图 1–3–1　宋代菩萨彩绘泥塑像

图 1–3–1 这件艺术品映入人的眼帘时，人大脑的第一反应是：这是一尊彩绘菩萨像，是一件雕塑作品，是一件值得一看的艺术品。这就是感觉，即对作品的第一印象——不仅对作品的表现形式、内容、特点等有个大致的了解，而且对其艺术品位作出了初步判断。

有了感觉，知觉就会自然而然地发生。知觉是在感觉判断之后，对艺术作品进行的更进一步的了解和认识，通过进一步的了解和认识，大脑中形成一个较为完整的形象，即知觉形象。知觉形象比作品中的形象更具体、更饱满、更有感染力，更易唤起人的情感反应，因为它已经融入了欣赏者的感情和思想等。

二、审美判断

审美判断就是在审美感知的基础上，对艺术作品从形式到内容的全面审视。在知觉形象的触发下，欣赏者形象记忆的闸门瞬间打开，通过想象与联想，借助于以往的生活经验对艺术作品作出基本的判断，诸如是否真实、生动地反映了生活，构思是否精妙，表现手法是否独特，审美性是否很强，等等。例如，欣赏图 1–3–2 张文莉的这幅国画，在经过感觉阶段后，欣赏者的第一印象已经形成，知道它是一幅山水画，着色的，画作意境清新。在感觉的基础上，进一步观察，对绘画有一个全面的了解，知道画中都画了些什么，各种物象是怎样在画中布局的等。以上感知活动完成后，接下来就进入了审美判断阶段。就这幅画的欣赏来讲，审美判断主要有这几个内容：一是看整个画面的构图是否和谐，二是看

图 1–3–2　张文莉国画

其意境描绘是否真正达到了充满诗情画意的程度，三是看细节表现是否生动，四是看其着色的特点，五是看画作的情感倾向与思想内涵是否清晰等。经过这样的审美判断之后，欣赏者对画作就有了比较深刻的认识，从中获得的情感共鸣和美感享受就会比较强烈。

三、情感体验

艺术对人的作用首先表现为情感的影响，因此，情感体验是艺术欣赏的关键所在。情感体验强烈，不仅获得的美感享受强烈，而且思想所受到的触动也大，作品对生活热情的激发和对精神的鼓舞作用相应也会增强。

获得情感体验的一个重要途径是想象与联想，通过想象与联想，将作品所写与现实生活、欣赏者的生活经验等联系起来，从而使欣赏者的感恩之心、热爱之情、崇敬之意等被激活，继而产生感情的冲动甚至释放。例如，欣赏刘和刚演唱的歌曲《父亲》，受其中“人间的甘甜有十分，你只尝了三分”“生活的苦涩有三分，你却吃了十分”等歌词的触发，联想到父亲历尽艰辛、受尽苦难，为儿女创造幸福的伟大精神，内心自然而然地会生出敬爱、思念、牵挂等情感。

获得情感体验的另一个重要途径是欣赏者与作品产生情感共鸣，也可以说是与创作者产生情感共鸣。因为人们追求美好生活的愿望是相同的，对事物美丑的判断标准是基本相同的，对道德高尚者的敬仰与对行为卑鄙者的鄙夷之情是相同的，等等，所以艺术作品所表现的思想和情感极易唤起欣赏者思想与情感两方面的共鸣，特别是情感共鸣。共鸣的产生，能够自然而然地将情感体验活动引向深入。

四、体会玩味

由于艺术语言的特殊性，对很多艺术作品不是一下子就能理解透彻的，必须经过反复感知、分析和理解。经过从感性认识到理性认识，再由理性认识到感性认识循环往复的几次欣赏之后，一次比一次认识全面，一次比一次理解深刻，一次比一次情感体验强烈，这样就能从作品中获得最大的收益。

反复欣赏的最大要诀是体会和玩味。通过反复地体会，理解逐渐加深，感悟逐渐增多，思想更加清晰，情感体验越来越强烈；通过不断地玩味，作品的形象与意境在大脑中的映像越来越清晰，美感在欣赏者的心中越来越足，继而欣赏者从作品中获得的美感享受更强烈，得到的思想启迪和精神鼓舞更大。

值得注意的是，艺术欣赏过程中的几个阶段在很多时候是相互交叉、不能截然分开的。如情感体验一般都伴随艺术欣赏的始终，只要有艺术欣赏活动发生，就有欣赏者的情感反应，只是各个阶段的强弱不同而已。相对来讲，经过审美感知、审美判断之后，由于欣赏者对作品的认识更加深刻，情感体验也会相应地达到高潮。因此，我们在这里讲的艺术欣赏的几个阶段是相对而言的。

第四节　怎样提高艺术欣赏能力

艺术欣赏能力是人生必备的十分重要的一项能力，它不仅直接决定着人的精神生活质量，而且影响着人的情志、生活信念以及创造能力的提升等。那么，怎样才能提高艺术欣赏能力呢？

视频1-4-1 怎样提高艺术欣赏能力

一、懂点艺术知识，提高艺术素养

马克思说：“如果你想得到艺术享受，你本身就必须是一个有艺术修养的人。”① “对于不辨音律的耳朵来说，最美的音乐也毫无意义，音乐对它来说不是对象。”②这两句话是说，要想透彻地理解艺术作品，从中获得审美享受、思想启迪和精神鼓舞等，必须具有一定的艺术素养。艺术素养主要由艺术知识和艺术审美经验两个部分构成。要提高艺术素养，首先要从艺术知识的学习入手。对于非从事艺术专业的一般人来讲，学习艺术知识只需要达到一般性的了解即可，不必进行深层次的钻研。例如，对于音乐艺术来讲，只需要弄清音乐艺术的特点、音乐艺术的构成要素、音乐艺术的分类和音乐艺术的表现方法即可，弄懂了这些，欣赏音乐艺术基本上就够用了。本书对各种艺术知识的介绍，就是以在欣赏各类艺术作品时“够用”为取舍原则的。

① 马克思恩格斯论艺术：第1册. 北京：人民文学出版社，1960: 244.

② 马克思. 1844年经济学－哲学手稿. 北京：人民出版社，1957.

二、加强艺术实践，培养艺术眼光

艺术审美经验是艺术素养的重要组成部分，对于艺术欣赏能力的形成而言，它的作用要比艺术知识更为重要。艺术审美经验的积累，主要依靠平时的艺术审美实践，同时还可以通过有意识的“实战”训练来实现。实践多了，艺术经验自然就丰富了，艺术欣赏能力也就增强了，正所谓“操千曲而后晓声，观千剑而后识器”。有意识的“实战”训练最有效的方法是就一件艺术作品进行反复的感知、判断、体验和分析，从而感悟出各种艺术形式的欣赏方法和欣赏要点。

除了艺术实践和有意识的“实战”训练外，积累艺术欣赏经验、提高艺术欣赏能力还有一个重要的途径，那就是阅读艺术作品的赏析文字，从别人关于艺术作品的分析中获得启示和借鉴，感悟艺术欣赏方法。

三、丰富生活阅历，提高人文素养

任何艺术作品的欣赏都要依赖于欣赏者的生活经验、思想修养和道德评价标准等。就生活经验来讲，欣赏者的生活阅历越丰富，对艺术作品的感觉就越敏锐，理解就会越深透。因为当艺术作品为欣赏者所感知时，其形象就会在大脑中形成表象，并在以往生活经验的作用下，与大脑中原有的表象重新组合，创造出新的形象。换句话说，艺术欣赏中的想象再造能力的形成主要是由大脑中事物表象的积累和以往的生活经验两个因素决定的。丰富生活阅历主要有两条途径：一是通过直接的生活实践获得直接的生活经验，二是通过观赏电影、电视剧、文学作品等获得间接的生活经验。

就思想修养来讲，欣赏者的思想积累越丰富、思想境界越高，对作品的消化理解能力越强。要提高思想修养，一是不断就社会现象、生活问题、人生哲理进行思考和分析，从感悟中提高；二是多读一些人文社科著作，尤其是本国历史、文化、文学、哲学等方面的著作；三是结合以往的生活经验，对格言、谚语等富有哲理的语句进行分析和理解；四是从寓言、哲理散文等作品中获得思想养分。

就道德评价标准而言，欣赏者必须弄清楚中国文化的基本思想，了解中华传统美德和中国精神的全部内容，这些都是对艺术作品进行思想评价的最好标准。

四、提高文学素养，强化想象与联想能力

艺术欣赏始终伴随着想象与联想活动，渗透着作家的审美情感，具有自由性和超时空的特点——它能突破时间和空间的束缚，达到“思接千载”“神通万里”的境界。想象和联想活动在艺术欣赏中的主要作用是借助于艺术想象，突破直觉的狭窄范围，调动作者所体验的生活原型和表象，突破个人直接经验的局限，对艺术形象进行补充或再造，从而达到对作品的深透理解。

强化想象与联想能力的最佳途径是文学欣赏。要点有三：一是运用已有的形象思维能力，对文学作品所塑造的形象和所描绘的情境进行想象再现；二是通过创造性思维，扩充、丰富文本内容，进而达到对文本意蕴的深悟；三是通过想象和联想进入诗词的意境，体验诗词抒发的感情。

第二章　音乐艺术欣赏

音乐是用有组织的乐音来表达人们的思想情感、反映现实生活的一种艺术形式。其特点是情感特别强烈，容易把人带进一种美妙的感情世界。可以说，音乐是人们表达感情的一种特殊语言。正如《礼记·乐记》所说："凡音之起，由人心生也。人心之动，物使之然也，感于物而动，故形于声。"这一段文字中所讲的"音"和"声"都是指声乐。音乐包含两部分内容，一是声乐，二是器乐，两者的结合常常能够把音乐的情感表现力发挥到极致。

第一节　天籁与音乐的起源

视频2-1-1 天籁与音乐的起源

自然界本来存在着各种各样的声音，有些声音给人们的生活增添了诗情画意。例如，春暖花开时的百鸟和鸣之声，清幽之处的泉水之声，盛夏的蝉声，秋夜的蛐蛐叫，等等。这些声音既使人们的生活充满了自然意趣，又常常诱发人们的灵感，为人们的音乐创作活动奠定了基础。

人们习惯于把自然界各种美妙的声音称为天籁，如风声、鸟声、流水声等。天籁之声是自然而然发生的，既没有施加任何外力影响，也没有进行任何修饰，原始本真，清雅平淡，充满了自然意趣，易于将人们带进想象与联想。

当天籁之声入耳悦心给人们带来欢乐的时候，它不仅会激发人们的生活热情，而且常常会给人们以创造的启示，唤起人们的创造灵感，于是各种音乐创作就出现了。例如，人们从气流通过洞穴发出声音受到启示，通过想象与联想，发明了埙，继而又发明了笛子、箫等乐器。乐器的发明，使天籁之声假以人的智慧而更富有魅力。

和其他艺术的起源一样，音乐艺术的产生与发展也受到了人们生产劳动的启示与影响。例如，当人们在狩猎活动中拉弓射箭时，弓弦弹动发出声响使人们受到启示，于是各种弦乐器就逐渐被发明出来。

在自然界的所有声音当中，人声是最富内涵、最具情感的表现性和最有感染力的声音，以人声为基础，讲究发声艺术，同时辅以节奏、韵调等对人声进行美化的声乐艺术是音乐艺术中最具活力和最富魅力的部分。

第二节　音乐艺术的基本特点

“春眠不觉晓，处处闻啼鸟。”这是唐代诗人孟浩然《春晓》中的两句诗。躺在床上，看不见鸟儿，但能听到窗外鸟儿的叫声，这是声音的时空性；听到窗外传来的声音，不用细加分析，就知道是鸟儿的叫声，这是乐音的直觉性和经验性；从窗外传来的鸟叫声，可以判定此时天气晴好，这是音乐的情境性。概括起来讲，音乐艺术具有以下几个特点。

一、时空性

视频2-2-1
音乐的时空性

由于声音是由物体的振动产生的，因而当物体的振动停止时，声音也随之消失，这是一个普遍的规律。音乐的乐音是由乐器或人的声带振动产生的，当乐器或人声带的振动停止，乐音自然就消失了，这就是音乐的时间性。音乐的时间性既决定了音乐欣赏的即时性，也决定了音乐的易于感知性和易于分辨性。科技的发展，为音乐信息的存储和声音的还原提供了条件，使乐器演奏的曲子或人声演唱的歌曲得以保存和重放，但从本质上看，这并未改变音乐的时间性。

任何声音的传播都需要一定的介质，在没有任何物质的真空中，声音是不能传播的。音乐声一般是借助于空气与乐器或空气与人声带的谐振来传播的。由于空气充满于人们生存的整个空间，所以在空气接续正常的情况下音乐传播的空间范围是不受限制的，只是由于声音的强度各不相同，因而传播的远近会有不同。这是音乐传播的空间性。音乐传播的空间性既决定了音乐易于引起人的无意注意，使人们不自觉地进入音乐欣赏活动中，也决定了音乐欣赏的自由性和灵活性，使音乐欣赏活动易于展开。

二、情境性

视频2-2-2
音乐的情境性

音乐是最能引起人的情绪反应的一种艺术样式。不同的音乐作品，由于节奏、旋律和音响强度的不同，对人的情绪影响是各不相同的，有的使人心情放松，有的令人精神鼓舞，有的把人带进遐想，有的使人思考……

由于人们总是在一定的环境中生活，同时适于人们正常生活的所有环境中都充满了音乐传播的空气介质，因而，音乐声在人们生活的任何一种环境中注入，都能够使其成为情境，这就是音乐的情境性。音乐的情境性既决定了音乐应用的广泛性和普及性，也决定了音乐的表现性。

三、直觉性

视频2-2-3
音乐的直觉性

和食物的酸甜苦辣入口即可知晓一样，音乐是否悦耳，是否动听，入耳便能使人有一个基本的判断。至于音乐的节奏和旋律等，也是不需要多少专业知识就能作出基本判断的。与此同时，音乐对人的情绪影响是直接的。这些都是音乐直觉性的表现。

音乐的直觉性不仅使音乐审美活动易于展开，使音乐为人们所喜闻乐见，而且使音乐成为应用最广泛、普及程度最高的一种艺术形式。

四、经验性

视频2-2-4
音乐的经验性

自然界时刻都产生着各种各样的声音，其中很多声音产生于特定的情境中。例如，潮声一般产生于海水起潮的时候，雷声一般产生于刮风下雨的时候，溪水声发自溪流，马蹄声多产生于马的奔跑，等等。音乐家在创作音乐作品的时候，常常根据自己所熟悉的各种声音，采用模拟的方法来制造音乐情境；欣赏者在欣赏音乐作品的时候，常常根据自己以往的听觉经验，通过联想和想象进入音乐情境。这就是音乐的经验性。

听觉正常的人，一般都具有一定的音乐经验。音乐经验一方面决定了音乐家创作的视野、思路和基本方法，另一方面决定了欣赏者从音乐作品中获得情感体验的深度和理解音乐作品的能力。

第三节　音乐艺术的基本要素及其表现手法

声音既是音乐艺术的物质基础，也是音乐艺术的主要表现手段。将各种乐音按照一定的审美规则和谐有序地组织起来，用以表达感情，感染人的情绪，影响人的精神状态的声音艺术就是音乐。值得注意的是，音乐是声音的艺术而并非自然的声响。说得更为具体一些就是，不是任何声音都能构成音乐，也不是能够构成音乐的声音随意组合起来就能表达感情。构成音乐艺术的声音，要么是由人运用发声技巧发出来的，要么是用乐器演奏出来的，并且这些声音是根据一定的审美原则和组合法则组成的一个有机的声音体系，即乐音体系。在这个体系中，有一系列声音的组合法则，如旋律、调式、节奏等。音乐正是运用这一系列法则，以符合人们审美心理的悦耳之音作为物质表现手段的一种艺术形式。

一、音乐的构成要素

音乐是各种乐音的美妙组合。具体来讲，音乐利用各种音响作为物质手段，但它不是自然音响的简单模拟，而是按照一定的规律将各种乐音组合起来构成音乐语言，音乐语言的主要因素是节奏、旋律、结构、曲式、音色、调式等。

1. 节奏

节奏是指音乐中交替出现的声音有规律的强弱和长短变化，具体表现为音响节拍轻重缓急的变化和有规律的重复等。

节奏是音乐的骨骼，它包括重音、节拍和速度等因素，音乐的震撼力、鼓舞性、抒情性等都与节奏密切相关。不同的节奏，在情感表现方面的作用各异。一般来讲，悠扬的节奏，表现舒畅、豪放、兴奋的心境；短促的节奏表现欢快、活跃，或者紧张、热烈的情绪；徐缓、均匀的节奏，表现平和、安详、向往的情怀。

2. 旋律

旋律又称曲调，它是乐音按照一定的高低、长短和强弱关系而组成的一种线性变化规律。它是塑造音乐形象最主要的手段，是音乐的灵魂。旋律建立在一定的调式和节拍的基础上，由音高、时值和音量的调节形成。旋律一般以一个特定的乐音为中心，其他乐音围绕着这个中心来组织，时而散开，时而又回到这特定的乐音上来，造成音乐的回旋和反复。一首歌曲动听与否，一首乐曲优美与否，首先取决于旋律。

掌握音乐作品的旋律比较容易一些，因为旋律一般以一个特定的乐音为中心，这个乐音是起始点、核心点和结束点，一首曲子中的其他乐音都围绕它组织起来。一首成功的作品不必采用很强的旋律，但是动听的、容易哼唱的旋律，总会给予普通听众更多的欢乐。许多没有研究或分析过音乐的人，很容易为擅长旋律的作曲家的曲子所吸引。

3. 结构

旋律是横向的，音符一个接着一个。音乐结构是指附加在音符上的东西。形成结构的一个重要方法是使用和声。和声是指两个以上不同的音，按一定的法则同时发声而构成音响组合。有了和声，音乐形象就变得鲜明、丰满，音响就有层次，有对比。和声是丰富旋律的主要手段，能给欣赏者带来不同的美感享受和不同的审美体验。说得更直白一些，旋律是一连串乐音，而和声却是同时响起的乐音。

和弦是指同时发出的三个或三个以上的音，它在和声中扮演着重要角色。和弦不仅涉及每个和音以及每个和音同它所配合的旋律之间的关系，而且涉及和音的律动和彼此的关系。和弦进行的强和弱、稳定与不稳定、谐和与不谐和，以及不稳定、不谐和和弦对稳定、谐和和弦的倾向性，构成了和声的功能体系。

和声的功能作用，直接影响力度的强弱、节奏的松紧和动力的大小。此外，和声的音响效果还有明暗的区别和疏密浓淡之分，它们使和声具有渲染色彩的作用。

使用和声是结构的一种类型，但它不是唯一的类型。使用“复调”（又名“对音符”，即“一个音符对一个音符”的技巧）这一古老的音乐技巧，也可以创造结构。复调是指两个或几个旋律的同时结合。不同旋律的同时结合叫作对比复调，同一旋律隔开一定时间的先后模仿称为模仿复调。运用复调手法，可以丰富音乐形象，加强音乐发展的气势和声部的独立性，形成前呼后应、此起彼落的效果。

在复调法音乐中，仔细聆听一套乐器奏出一个曲调，别的乐器（或“声部”）同时奏出第二个，也许还有第三个曲调，你可以辨认出和跟上这些不同的曲调，它们就在那里。但是，对更习惯于旋律加和弦那种和声的人而言，需要经过训练和有耐心才能找出它们。

总之，通过复调法或和声获得深度就叫作赋予音乐以“结构”。这大概是因为“横向的”音符串（在复调法中，一个旋律和另一个旋律同时奏响）和“纵向的”音符串（在和声中，旋律有和弦伴奏）交织在一起，恰似经纬线交织在一起形成一种纵横交织的结构。

4. 曲式

音乐在空间上的结构，我们称为“织体”，在时间上的结构，称为“曲式”。一部音乐作品，无论是长篇的交响曲，还是短小的歌曲，都要在时间的延续中一点一点地铺展。而音乐在时间上的延续，无论长短，两三分钟或两三小时，都必须有一个结构框架，有个章法。这种结构框架或者章法，我们就称为“曲式”。

曲式的构成主要有三种手法：对比、变奏、重复。对比包括强与弱、快与慢、大调与小调等。采用对比手法将作品中的多个音乐材料有机地组织起来，可以使音乐作品通过旋律、节奏、情绪的变化给听者带来新鲜的感觉。任何一部音乐作品都含有对比的因素，大型作品的对比幅度会比较大，对比的材料会比较多，小型作品相对来说对比幅度小一些，材料也少一些。

变奏是指将一个音乐材料在保留某些特征的情况下进行变化，一方面仍可使人听出原型，另一方面又有新鲜感。比较简单的变奏是基本保持主题的旋律轮廓、节奏型甚至和声，只是添加一些小小的装饰。稍复杂些的，则会将旋律、节奏、调式调性、织体、和声都作较大幅度的改变，甚至只是选取原材料的某个因素加以发展，以至于几乎听不出它们和原型的联系了。音乐作品中的“展开”就属于这种类型的变奏。

重复是指音乐材料的反复出现。音乐的特点是瞬间发生、即刻消失，为了让听者对音乐素材留下深刻印象，创作者常常有意安排重复或者带有变化的重复，以使听者对音乐作品进行反复感知。

音乐的曲式按照传统可以分为两类，即小型曲式和大型曲式。小型的包括一部曲式、二部曲式、三部曲式、复二部曲式、复三部曲式；大型的包括变奏曲式、回旋曲式、奏鸣曲式。

5. 音色

音色也就是不同人声、不同乐器及不同组合的音响上的特色。通过音色的对比和变化，可以丰富和加强音乐的表现力。根据不同的音色，即使在同一音高和同一声音强度的情况下，我们也能区分出不同乐器或人声。同样的音量和声音配上不同的音色就好比同样色度和明度配上不同的色相的感觉一样。

音色的不同取决于不同的泛音，每一种乐器、不同的人以及所有能发声的物体发出的声音，除了一个基音外，还有许多不同频率的泛音伴随，正是这些泛音决定了其不同的音色，使人能辨别出不同的乐器甚至不同的人发出的声音。每一个人说话也有不同的音色，因此可以根据声音辨别出不同的人。

声音是由发声的物体振动产生的，当其整体振动时发出基音，但同时其各部分也有复合的振动，这些各部分振动产生的声音组合成泛音。由于部分小于整体，因而，虽然所有不同的泛音都比基音的频率高，但其强度都相当弱，否则便无法调准乐器的音高了。

正是由于不同的物体音色不同，因而音乐世界才丰富多彩、魅力无限。如，一个管弦乐团中有几十件各不相同的乐器，它们合奏起来气势磅礴，极具震撼力，就是因为其中各种乐器的音色各不相同。

6. 调式

调式也是音乐的重要表现手段。调式是乐曲的基础。乐曲中各音以一个音为中心，组织在一起而形成的体系，称为调式。西乐中有大调式和小调式两种，并分为自然大（小）调、和声大（小）调和旋律大（小）调三种。我国古代五声音阶的五个骨干音，都可以作为主音而形成不同的调式。还有六声调式和七声调式，多用于戏曲音乐。调式的表现很丰富，每种不同的调式都有自己的特殊表现力，如大调比较明朗雄壮，小调比较清淡柔和。

调性则是调式的中心音（主音）的音高。在许多音乐作品中，调式和调性的转换和对比，是体现气氛、色彩、情绪和形象变化的重要手法。

总体来讲，音乐语言的各种要素互相配合，具有千变万化的表现力。旋律尽管是音乐的灵魂，但其他要素起了变化，音乐形象也会有不同程度的改变。在一定条件下，其他要素甚至会起到重要作用。

二、音乐的表现手法

音乐艺术是用有组织的乐音构成的听觉意象，它是抽象的而非语义性的，是传情性的而非具象性的。因此，音乐艺术较难描绘生活现象和叙述生活事件，而且也难以表达具体的思想观点。但它长于抒情，能够把人类丰富而复杂的情感表现得淋漓尽致，并且能够把思想蕴藏于深刻的感情内容之中，通过创作者和表演者对生活的感情态度来表达思想。概括起来看，音乐艺术常用的表现手法主要有以下几种。

1. 模拟法

自然界本来就存在着极其丰富的乐音，有些声音本身就具有很强的美感，能够自然而然地引起人们的情感反应，如鸟鸣声、泉水的叮咚声、马蹄声、风雨声等。由于这些声音经常在人们不经意间触动人们的听觉，人们对其十分熟悉，能够凭着声音判断出各种现象，因此，音乐艺术在描绘情境时经常利用人们对声音的生活经验，采用模拟法制造出各种“自然”的音响，使欣赏者产生比较具体、确定的联想，从而进入音乐情境，理解音乐作品所抒发的情感和表现的思想。如乐曲中模拟鸟鸣声表现春光明媚的意象、模拟泉水声表现竹林深处清幽的意境、模拟晚钟声表现夜幕降临的景象等。例如，贝多芬《田园交响曲》第三乐章中用不同的木管模拟不同的鸟叫声，意在描绘一幅鸟语花香的春天景象。音乐采用模拟法描绘情境的这种手段虽然无法利用构成视觉形象的一些要素，却能唤起人们的联想，使人们顺利地进入音乐情境。

由于模拟法受到一定的限制，加之模拟的自然声响相对单调，因而这种表现手法在音乐创作中经常作为辅助手段，而且在实际使用时，模拟的声响还要经过高度的提炼和组织，加以音乐化。从另一个角度讲，过多地模拟自然声音，必然会削弱音乐的艺术感染力，因此，模拟法只在描绘情境时作为主要手法使用。

2. 凸现法

自然界和现实生活中能够发出乐音的物质材料极其丰富，加之人们的不断创造，各种能够将声音进行美化并且使声音富有表现力的乐器大量出现，因此，音乐艺术可利用的物质资源极其丰富，音乐素材取之不尽。这为音乐艺术创作提供了十分自由而广阔的空间。

因为不同的乐器发出的声音音色、表现力、感染力各不相同，因而创作者常常根据不同情感表现的需要，选择一种乐器作为主奏乐器，其他乐器为伴奏乐器来表现音乐主题，这种表现方法就是凸现法。凸现法的运用使大量的器乐曲产生出来，如二胡曲、小提琴曲、扬琴曲、琵琶曲等，大大丰富了音乐的内涵。这是凸现法应用的主要情形之一。

使用凸现法的第二类情形是根据情感表现的需要，有意识地增强某一音乐要素，如为了增强音乐的震撼力，突出音乐的节奏感，为了表现音乐意境，突出音乐的旋律等。

值得注意的是，凸现法的使用在很多时候不是单一的，而是综合的，如小提琴曲《梁祝》为了表现浪漫的情调，除了把小提琴的音乐魅力发挥到极致外，还特别加强了音乐的旋律感。

3. 联系法

音乐是抽象的，音乐形象是一种意象，看不见、摸不着，只能凭借着人们的生活经验去体会和感受。为了增强音乐的思想表现力，同时便于人们对音乐作出正确理解，音乐创作经常以人们所熟知的历史故事、诗词情境等为素材。人们在欣赏这类作品时，只要将音乐作品与其熟知的相关的故事、人物或诗词情境联系起来就能达到对音乐作品正确理解的目的。如人们聆听民族管弦乐曲《春江花月夜》时，只要将其与张若虚的诗歌《春江花月夜》联系起来，就能进入音乐所描绘的情境，正确理解音乐作品所表达的情感。再如我们欣赏古典名曲《十面埋伏》，只要将其与刘邦和项羽的垓下之战的历史故事联系起来，就能透过琵琶声想象出那千军万马、气势宏大的场面，从而深透理解作品的内涵。

联系法的应用在更多的时候是联系人们的生活经验进行创作，这类作品主要着力于特定情境的描绘，借以唤起人们的情感体验和联想活动，使人们凭借着生活经验，通过想象与联想进入音乐情境之中。如《空山鸟语》使人联想到春到山谷、百鸟争鸣的景象，《渔舟唱晚》使人联想到夕阳西下、水映金波、渔舟归来的情形。

4. 结合法

单纯的音乐一般并不具有确定的含义，只能表现出一种情绪或情调，因而不仅思想的表现力差，而且感染力相对较弱。为了弥补音乐的这两点不足，创作者将具有明确意义的语言和音乐结合起来创作声乐作品，这一结合不仅大大拓宽了音乐艺术的施展空间，而且使音乐传情达意的表现力大大增强。因为富于诗意的歌词本身抒情性就很强，音乐又长于抒情，所以由二者结合而产生的歌曲具有感人至深的艺术魅力。

随着现代表现手段的出现，音乐和其他艺术形式、媒体的结合更加广泛，艺术表现力得到了进一步的提升。如，MTV 的出现使音乐的情境性大大增强，音乐与影视剧情的结合将其情感表现力发挥到了极致。例如，在电视连续剧《三国演义》中，当刘备、关羽、张飞在桃林中跪拜结义时，音乐声起，辅以揭示主题的歌词，使观众的情绪受到了极大的感染。

第四节　音乐的分类

视频2-4-1
音乐的分类

关于音乐的分类，历来都有一些不同的观点。为了使大家有一个比较清晰的印象，这里采用层级分类的方法进行一个简单的划分。

从第一个层面上看，音乐一般分为声乐和器乐两大类。声乐是指用人声演唱的音乐形式，演唱时可以有乐器伴奏。器乐是指完全使用乐器演奏或者以乐器演奏为主要表现手段的音乐。从第二个层面来看，声乐和器乐都可以从几个不同的角度进行再分类。

一、声乐的分类

声乐可以从声音类型、唱法和演唱方式三个方面来分。

1. 以声音类型进行划分

从声音类型来分，可以分为女声和男声。再具体一点，可以分为女高音、女中音、女低音和男高音、男中音、男低音六种。

2. 以唱法进行划分

从唱法来分，一般分为美声唱法、民族唱法和通俗唱法（流行唱法）。

美声唱法产生于 17 世纪初的意大利。其基本的歌唱方法是喉头在保持吸气位置状态下，呼出气流吹响声带，使打开的共鸣腔体能够完全、均匀共鸣。表现在声音上，音质圆润饱满，音色华丽流畅。美声区别于其他唱法的突出特点是混合声区演唱。

民族唱法是指由中国各族人民创造的声乐演唱方法。民族唱法的表现形式主要包括戏曲、民歌、曲艺、歌剧等。民族唱法经历了三个不同的发展阶段：第一阶段的主要特点是真声运用得比较多，演唱时以口腔共鸣和头腔共鸣为主，发音时口腔用力较大，吐字比较清晰，音色明亮，但声音相对单薄；第二阶段的主要特点是在运用真声发声技巧的同时混入了假声，使得声音更加圆润通畅，并且有了穿透力；第三阶段的主要特点是在传统民族唱法的基础上，融进了美声的发声方法，使音域扩大，咬字轻松自然，声音更具表现力。

通俗唱法，也叫流行唱法。声音的主要特点是完全用真声唱，接近生活语言，吐字清晰，声音轻柔，自然甜美，感情表达真实细腻。

3. 以演唱方式进行划分

从演唱方式来分，声乐分为独唱、重唱和合唱等。

独唱是指由一个人演唱的演唱方式。独唱可以分为男声独唱和女声独唱两类。再具体一点，可以分为女高音独唱、女中音独唱、女低音独唱和男高音独唱、男中音独唱和男低音独唱六种。

重唱是指两个或两个以上的歌唱者，按照各自所担任的声部演唱同一歌曲的演唱方式。按演唱人数的多少，一般分为二重唱、三重唱和四重唱等。例如，男女声二重唱《敖包相会》。

合唱是指由两组以上的歌唱者，按照各自所在的组担任的声部演唱同一乐曲的演奏方式。合唱一般分为同声与混声两种形式：同声是指每组由男声或女声单独组成；混声是指每组由男声和女声混合组成。按声部的多少，合唱可分为单声部的齐唱、二部合唱、三部合唱、四部合唱等。例如，童声齐唱《闪闪的红星》。

二、器乐的分类

器乐作品可以从主奏乐器类型、演奏方式和音乐结构三个方面进行分类。

1. 以主奏乐器类型进行划分

从主奏乐器类型来分，器乐可以分为二胡曲、扬琴曲和钢琴曲等许多种。

2. 以演奏方式进行划分

从演奏方式来分，器乐可以分为独奏曲、齐奏曲、重奏曲和合奏曲等。例如，笛子独奏曲、小提琴合奏曲等。

独奏是指由一人演奏一件乐器，或由一人演奏一种乐器为主奏而其他乐器伴奏的演奏方式。例如，笛子独奏，小提琴独奏、钢琴伴奏等。

齐奏是指两个或两个以上演奏者用相同的乐器，按相同的音程同时演奏同一曲调的演奏方式。例如，二胡齐奏、小提琴齐奏等。

重奏是指由两个或两个以上演奏者按照各自所担任的声部，同时演奏同一乐曲的演奏方式。按照演奏者人数进一步划分，重奏可分为二重奏、三重奏、四重奏等。

合奏有两个含义：一个是指按乐器种类的不同，将演奏乐器分成几个乐器组，每组乐器演奏各自的曲调，共同演奏同一首乐曲的演奏方式；另一个是指多个乐器共同演奏同一首乐曲，不论齐奏还是多声部演奏，统称“合奏”。

3. 以音乐结构进行划分

从音乐结构来分，综合性的器乐作品一般分为管弦乐、交响乐和协奏曲三大类。

（1）管弦乐

视频2-4-2
管弦乐

管弦乐是指由管乐和弦乐作为主奏乐器进行合奏，用打击乐进行伴奏的一类音乐体裁。这类音乐体裁的基本特点是：管乐和弦乐既层次清晰，又相互交融。交融时雄浑、激越，分离时清雅、舒缓。

管弦乐演奏的配器一般由三组构成：弦乐器、管乐器和打击乐器。其中，弦乐器和管乐器为主奏乐器，打击乐器为伴奏乐器。弦乐器组一般由小提琴、中提琴、大提琴、低音提琴、竖琴、六弦琴和贝斯等组成。管乐器组一般由短笛、长笛、双簧管、单簧管、巴松、小号、长号和大号等组成。打击乐器组一般由定音鼓、低音鼓、钹、木琴和架子鼓等组成。

管弦乐的基本特点是以两个主奏乐器组的轮奏为主要音乐结构，两组乐器的齐奏较少。在轮奏过程中，当弦乐组为主奏时，管乐组辅助；当管乐组为主奏时，弦乐组辅助。因此，管弦乐的层次一般十分清晰。打击乐组在管弦乐中始终处于辅助地位，因而音效一般不是很突出。

（2）交响乐

视频2-4-3
交响乐

交响乐是在管弦乐的基础上发展而来的。交响乐与管弦乐的区别突出地表现为三点：一是打击乐在交响乐中与弦乐、管乐一样，也是主奏乐器；二是交响乐以弦乐、管乐和打击乐三个乐器组的齐奏为主要表现手段，轮奏较少；三是交响乐的配器更加丰富，音乐内涵更加丰富，感染力更强。

识别交响乐主要把握住两点：一是交响乐以多种乐器“一齐响”为突出

特点，音乐气氛热烈，感染力和震撼力更强；二是打击乐在管弦乐中是伴奏乐器，在交响乐中是主奏乐器。

（3）协奏曲

视频2-4-4 协奏曲

协奏曲是指由一件或一组乐器独奏，由管弦乐队进行协奏的一种音乐体裁。其基本特点一般表现为两点：一是协奏曲以一件或多件乐器的独奏为主要音乐结构，以管弦乐队的协助来丰富音乐层次；二是用独奏乐器奏出音乐的主旋律，由管弦乐队通过齐奏、轮奏等协助方式烘托音乐背景，渲染音乐气氛，增强音乐的感染力等。

第五节　音乐欣赏的要点

音乐欣赏既是一种审美活动，也是一种认知活动。音乐欣赏可以改善人的心境、培养人的生活情趣、激发人的生活热情和振奋人的精神等。怎样从音乐欣赏中获得充分的审美体验呢？主要应把握住以下几点。

一、聆听

视频2-5-1 音乐欣赏的要点：聆听

音乐是听觉艺术。音乐的美首先为听觉所感知，音乐欣赏要靠听觉来实现，因此，聆听不仅是感受和感知音乐的基础，也是音乐审美的主要途径。

一般来讲，音乐欣赏的基本过程是：音乐声作用于人的听觉器官，使人产生情绪的感染和激动，触发人的想象与联想，进而使人凭借自己的生活经验感受和理解音乐所表达的思想内容，从中受到情感的熏陶和精神的鼓舞等。在这一过程中，听觉占据着绝对主导的地位。

聆听主要应把握住以下几点：

一是从把握音乐的旋律切入音乐情境。旋律是塑造音乐形象、描绘音乐情境、表达音乐思想的重要手段。旋律的激越或舒缓、粗犷或细腻等，都是由表现思想感情的需要决定的，因此，把握住了旋律，也就是把握住了音乐的感情基调。在此基础上，进入音乐情境、体验音乐情感和理解音乐思想就十分容易了，例如，小提琴协奏曲《梁祝》。

二是从感受音乐的节奏展开审美活动。节奏是音乐表现情感和思想的重要手段。节奏的强弱、快慢等，能反映出不同的情感倾向。节奏还可以帮助人们了解音乐作品的体裁形式，比如进行曲、圆舞曲、抒情曲等。因此，对音乐节奏的把握是体验音乐情感和理解音乐思想的重要一环。

三是认真倾听、细心感受音乐的结构、曲式等。音乐作品的曲式、结构同音乐作品要反映的艺术形象和思想内容有着紧密的联系，也是表达音乐思想极为重要的手段。一部音乐作品总是会有一个或几个音乐主题，并通过对这些音乐主题的发展变化来表达音乐形象和音乐思想。如乐曲《嘎达梅林》，开头是一段略显宁静的引子，接着双簧管吹出了悠扬优美的主部主题旋律，描绘了辽阔壮美的草原风景。紧接着，由长号和大号奏出了一段凄婉的副部主题音乐，和主部主题形成强烈的对比。几个主题交织在一起，表达出丰富的情感内涵。

在欣赏音乐作品时，我们应当细心倾听作品的每一部分，细心感受每一部分的细微变化及其演进过程，借以把握音乐形象，进入音乐意境。与此同时，我们还应感受整部作品的音乐效果，包括音响强弱、节奏张弛、和声的运用、配器的处理，以及运用各种乐器的不同音色表现不同的情绪等，全面感受音乐作品所要表达的思想和情感。

二、想象与联想

音乐所塑造的形象和描绘的意境是比较抽象的，不是听众能从音响中直接感知到的，它必须通过想象和联想才能予以把握。这就是说，想象和联想是音乐欣赏十分重要的一个环节。

音乐欣赏过程中的想象和联想活动几乎是在对音乐进行聆听的基础上自然而然发生的，只需欣赏者将其引向深入即可实现对音乐作品情感的深刻体验和对思想的深透理解。如欣赏歌曲《十五的月亮》，那美妙的旋律、含情的唱词一听就能将人带进一种月夜相思的情境，继而使人展开丰富的想象，对音乐形象和情境进行脑中再现和理解。

从另一个角度讲，音乐最能给人以想象、联想的广阔空间。音乐的这一审美特点对于培养创造性思维大有帮助，随着音乐的流动，人的形象思维会更加积极活跃，更加开阔自由。一个音乐作品的好坏，不仅在于它是否好听，还在于它是否塑造了鲜明的音乐形象或是否描绘了美妙的音乐情景，这些是音乐能够把人的想象引向无穷空间的重要基础。例如著名的二胡曲《二泉映月》，不仅以优美的旋律征服了千万人，而且其深邃的意境能够很自然地将人带进一种境界，使人放飞思想，心灵徜徉。尤其是它那时而舒缓有致、时而激越昂扬的曲调，使人不由自主地随着音乐进入一种月色凄清、水光潋滟的情境之中，灵魂被一缕淡淡的忧伤抚慰着，情感和思想得到升华。

三、情感体验

从一个角度看，音乐是情感与情绪的艺术。音乐对人的作用首先体现为对情绪的感染和情感的触发。欣赏者对于音乐作品的认知，首先是在情绪上受到感染，继而才能达到对音乐所表现的情感和思想的理解。从另一个角度看，音乐是表现艺术。它与再现艺术的最大不同是：再现艺术要依照现实生活的形态，塑造看得见或者摸得着的艺术形象，通过具体的形象来表情达意。音乐艺术则是将人们的生活感情直接地表达出来，是感情的直接载体。饱含着感情的音乐作品，给人的感受是直接的，情感影响是强烈的。因此，情感体验是音乐欣赏十分重要的一个环节。

音乐欣赏中的情感体验可以通过三种途径来实现：一是通过认真聆听来实现。通过聆听，对音乐的节奏、力度、音色、和声、器乐和声乐等进行全面感知，仔细地感受声音的变化，由声音的变化感悟情感的变化，获得情感上的体验，把握音乐作品的内涵。如听《国际歌》和《义勇军进行曲》这样的音乐，体验悲壮、义愤之情；听《大刀进行曲》和《中国人民解放军进行曲》这样的音乐，体验一种勇于斗争和不怕牺牲的豪情，等等。二是通过想象和联想来实现。人们对音乐的审美认识和情感体验是以想象和联想为基础的，想象和联想越活跃，情感体验也就越强烈，对音乐的认识和理解就越深刻。三是借助音乐标题和文字提示，结合欣赏者自身的生活经验进行体验。

四、形象与意境的再创造

音乐的内容不像绘画和雕塑那样具有直观性和具体性，也不像文学作品那样具有明确的语言内涵，音乐所表现的思想或心理视像常常是不确定的。特别是一些无标题的器乐作品，不同职业、性格和不同欣赏水平的人，从中获得的情感体验或对其思想的理解都会存在一定的差异。

音乐情感和思想的不确定性，虽然让人们很难用语言精确而具体地表述其内涵，也使人很难说清从中获得的感受，但这恰恰为人们提供了自由的想象再造空间，使人们能够调集自己的生活经验，充分发挥想象与联想能力，对音乐形象或意境进行补充、完善和再创造，继而从中获得更加真切而强烈的情感体验。

音乐欣赏过程中的形象与意境再造是以音乐作品本身所表现的情感为基础的，尽管其情感可能不具有十分的确定性，但它施加给人们的情绪感染作用是大体一致的。况且，任何一个音乐作品都有其特定的情感内涵或表达着特定的感情倾向，这为人们的欣赏再造确定了基准。因此，即使不同的欣赏者欣赏同一部音乐作品时，根据自己的生活经验和思想基础对作品进行了不同的再创造，对作品的意义或内容有着不同的理解，产生了不同的审美体验，其从中获得的收益的性质也大致是相同的。比如说，欣赏刘和刚演唱的《父亲》这首歌曲，不同的欣赏者脑海中浮现的生活情景各不相同，但从歌曲中获得的情感体验和受到的灵魂洗礼是大体一致的。

五、主题分析

虽然音乐以感性认知为主，以理性认知为辅，但音乐作品中大多蕴含着一定的思想，这是一个不争的事实。换句话说，人们欣赏音乐的首要目的是从中求得审美愉悦与情感体验，而不是期盼从中得到某种知识或思想，也不是为了接受思想教育。然而，没有思想内涵的音乐作品是苍白无力的，仅仅从音乐作品中求得审美愉悦的欣赏活动也是浅层次的。因此，音乐欣赏也需要上升到理性的高度。

对音乐作品的理性欣赏是在感性认知的基础上，对作品的旋律、节奏、曲式结构、作者的创作意图和赋予作品的思想内容等进行分析，继而把握作品的主题思想、表现形式、风格、表现手法等，以求强化审美主体的心理体验，深入理解、领会音乐作品的思想内涵。至此，音乐欣赏活动才算进入了一种境界。

在对音乐作品进行理性欣赏时，首先要在聆听的基础上对音乐的旋律、节奏、和声处理、配器手法等进行全面认知，其次是对音乐作品产生的时代及历史背景、作者的生活经历和创作意图等进行了解，这样一来，把握作品的感情倾向和思想内涵就比较容易了。

总之，欣赏音乐作品就是从中求得一种体验和感悟，获得情感的体验和美感享受，受到精神的激励和鼓舞，得到思想的启迪与涵养。从方法上讲，音乐欣赏必须从聆听开始，也就是从对音乐节奏、节拍、速度、力度、音调、音色、和声、器乐和声乐等的全面感知入手。通过聆听，仔细地感受声音的变化，由声音的变化感悟情感的变化，获得情感上的体验，把握音乐作品的内涵。

单纯寻求审美愉悦的普通人，对于音乐作品的欣赏，没有必要刻意地去感知、分析和研究，只需借助于聆听，自然而然地进入音乐情境，自由地放飞心灵，达到身心轻松、精神愉快、情绪安定等效果就可以了。在音乐作品的选择上，人们完全可以根据个人的喜好进行选择，只要自己听起来觉得悦耳动听，并且能够消除疲劳、缓解紧张情绪和舒展心情就行，没有必要贪大求洋，追求高雅。

第六节　中国音乐艺术管窥

中国音乐艺术发端于原始人类的生产活动，其源头可以追溯到约 9000 年以前的新石器时代早期。其到殷商和西周时期迅速发展，秦汉时期趋于成熟，到唐代开始大量吸收异域音乐文化的有益成分而走向繁荣，到宋、元、明、清时期内涵大大丰富，民间音乐艺术蓬勃发展，戏曲音乐呈现出突飞猛进的发展景象。

一、丰富的音乐文化遗产

视频2-6-1 丰富的音乐文化遗产

中国的音乐艺术起源很早，发展也很稳健，直接和间接的物质文化遗产很多。这些文化遗产分别从不同的角度全面、清晰地阐释和佐证了中国古代音乐艺术的发展状况。

1. 贾湖骨笛

1987 年，中国考古工作者在河南贾湖遗址发掘出三十余支骨笛（图 2-6-1），它们产生于 8000 ～ 9000 年以前，这是世界上迄今为止发现的时间最早、保存最完整的管乐器。其中，距今时间最久的骨笛诞生于 9000 年以前。这也就是说，早在 9000 年以前，中国的音乐艺术已经产生。

贾湖骨笛比古埃及出现的笛子至少要早 2000 年，它被专家认定为世界上最早的吹奏乐器，是世界笛子的鼻祖。这一批精致的骨笛的出土，把中国七声音阶的历史提前到至少 8000 年前。

图 2-6-1　贾湖骨笛

2. 骨哨

1973 年，浙江余姚河姆渡遗址出土了一批新石器时代的“骨哨”（图 2-6-2），其产生年代最晚为距今 7000 年左右。“骨哨”是截取鸟禽类中段肢骨加工而成的，长度 4 ～ 12 厘米不等，器身略呈弧曲。其中有一件骨哨，出土时腔内插有一肢骨，将有孔的一段放入嘴里轻吹，同时抽动腔内肢骨，就可以吹出简单的乐曲。近年来，考古工作者在距今 8000 ～ 7000 年的浙江跨湖桥文化遗址也发现了骨哨这种乐器（图 2-6-3），这更进一步说明了中国的音乐艺术早在新石器时代就已经普及。

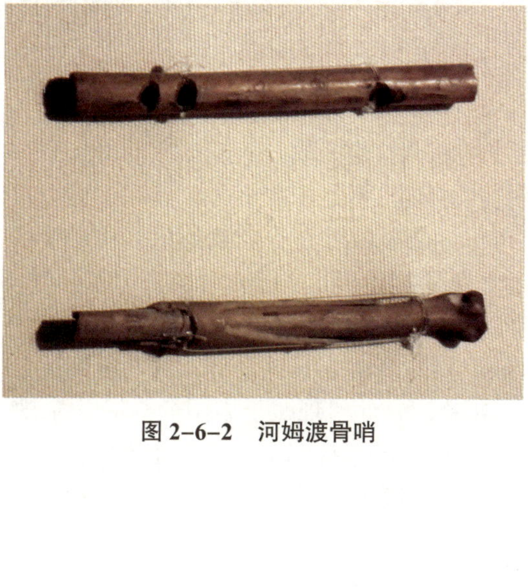

图 2-6-2　河姆渡骨哨

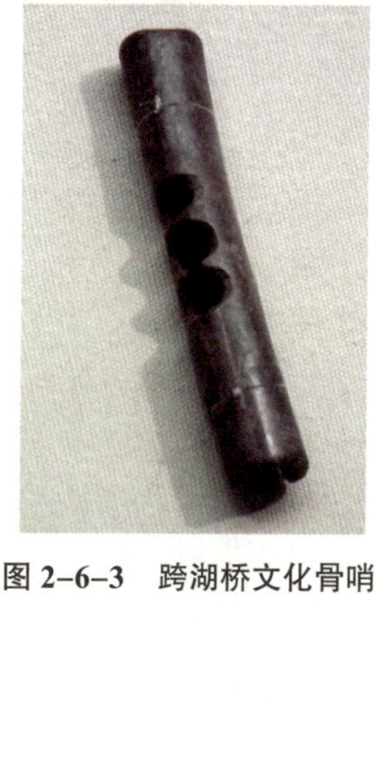

图 2-6-3　跨湖桥文化骨哨

3. 陶埙

陶埙是近年来出土的新石器时代乐器中数量最多的一种，在很多新石器时代的文化类型中都有发现。例如，20 世纪 50 年代，考古工作者在西安半坡遗址发掘出了 6000 年前的两只陶埙，其中一个有一音孔的陶埙（图 2–6–4）能吹出一个小三度音程。20世纪70年代，考古工作者又在陕西临潼姜寨遗址发掘出了一只距今约 6000 年的二音孔陶埙（图 2–6–5）。1987 年 9 月，中国文化部艺术研究院音乐研究所吴钊先生曾对姜寨陶埙的发音性能和音高进行测定。结果显示，这只二音孔陶埙，除用全闭、开右孔、开左孔及全开四种按法吹出四个不同频率的音乐外，还可用全闭变换角度吹出其他两个不同频率的音乐。比上面的发现时代更早的还有河姆渡文化遗址出土的陶埙（图 2–6–6）。

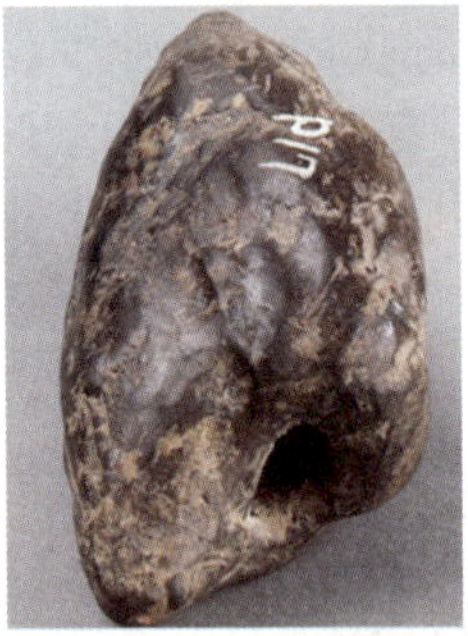

图 2–6–4　半坡陶埙

图 2–6–5　姜寨陶埙

图 2–6–6　河姆渡陶埙

4. 石磬

石磬简称“磬”，是中国古老的石制打击乐器。用石或玉制成，形制有大有小，钻孔悬挂于架下，击打传声。磬的历史非常悠久，其源头可以追溯到远古母系氏族社会，当时人们劳作之余敲打着石头歌舞娱乐。从最初的敲击石头人们悟出了物体发声的规律，就这样，磬这种打击乐器产生了。

目前我国考古工作者已经发现的最早的石磬实物是 20 世纪 70 年代在山西襄汾陶寺遗址出土的一件大石磬（图 2–6–7），该石磬上部有一穿孔，击之声音悦耳。经测定，此磬距今约4000年。此磬现藏于中国社科院考古研究所。

商代及以后的石磬发现较多。如 1935 年在安阳市侯家庄商代大墓出土了 3 枚刻有铭文的石编磬；1978 年，湖北随州曾侯乙墓出土了战国初年的一套石编磬，共 32 枚（大部分已压碎、粉化，完好的共 9 枚）。这 32 枚石磬上，都刻有关于乐律的铭文及磬的音名。

图 2-6-8 这件石磬出土于二里头文化遗址，现藏于中国社科院考古研究所，至今已有 3600 多年的历史。图 2-6-9 是安阳殷墟遗址出土、现藏于河南历史博物馆的商代虎纹石磬。该石磬由大理石制成，已有 3000 余年的历史，音色与青铜乐器发出的声音一样清亮。

图 2-6-7　襄汾陶寺石磬

图 2-6-8　二里头文化遗址石磬

图 2-6-9　商代虎纹石磬

5. 编钟

钟是古代的重要乐器，分特钟和编钟两种，单独悬挂的叫“特钟”，大小相次排列的叫“编钟”。编钟是由大小不同的扁圆钟按照音调高低的次序排列起来的，悬挂在一个巨大的钟架上，用丁字形的木槌和长形的棒分别敲打铜钟，能发出不同的乐音，因为每个钟的音调不同，按照音谱敲打，可以演奏出美妙的乐曲。

编钟在西周时期已经出现，到春秋战国时期已经相当普遍。图 2–6–10 是距今约 2800 年的西周柞钟，1960 年于陕西扶风县齐家村出土。这套柞钟为一组八枚，是迄今为止已发现西周编钟枚数较多的。“柞”为铸钟主人名。钟上铸有铭文。铭文大意是说，柞受到周王的册命和赏赐，感到非常荣幸，因此铸钟纪念。

图 2–6–10　西周柞钟

图 2–6–11 为 1978 年在湖北随县（今随州市）曾侯乙墓发掘的曾侯乙编钟，这套编钟为战国早期文物。出土后的编钟是由 65 件青铜编钟组成的一套乐器，其音域跨五个半八度，十二个半音齐备。它高超的铸造技术和良好的音乐性能，改写了世界音乐史，被中外专家学者称为“稀世珍宝”。

图 2–6–11　曾侯乙墓编钟

除了以上所举的两例外，春秋至秦汉时期的编钟近年来出土数量较多，其中不乏稀世珍品。限于篇幅，这里就不一一列举了。

汉代及以后的乐器出土和留存的数量很多，各地博物馆均有收藏。限于篇幅，这里就不列举了。

二、丰富的音乐史料

视频2-6-2 丰富的音乐史料

虽然由于时间久远、历史记载有限和实物资料不足等原因，我们不能完全知晓上古时期中国音乐艺术发展的真实情形，但是我们还是能够从古诗文、绘画和陶俑等其他各种历史资料中找到切实的佐证。

从出土的石磬、编钟这些乐器来看，中国夏商周时代的宫廷音乐气势是比较宏大的，因为这些乐器的演奏常常需要多人配合。特别是西周时期礼乐制度的建立，为宫廷音乐的快速发展提供了良好的土壤。因此，不难想象，到西周时期，中国的宫廷音乐已经得到了长足的发展。

那么，这一时期音乐艺术在民间的发展情况又如何呢？让我们先来看几首诗中的句子。《诗经·周南·关雎》：“参差荇菜，左右采之。窈窕淑女，琴瑟友之。参差荇菜，左右芼之。窈窕淑女，钟鼓乐之。”从这首西周晚期的诗中我们可以看到，小伙子为了接近自己心爱的姑娘，采用了弹奏乐曲的办法来吸引她。两个人相爱后，小伙子又想着找一个乐队，吹吹打打地将其娶回家。从这首诗的描写来看，西周至春秋战国时代，乐器在民间已经普及，并且已经出现了民间乐队。这一点在下面一首诗中也可以得到佐证。《诗经·邶风·静女》：“静女其娈，贻我彤管。彤管有炜，说怿女美。”这几句诗写小伙子和心爱的姑娘约会，姑娘送给小伙子一根“竹笛”（或箫）。这就是说，当时民间的乐器已经很普遍。

西汉时期，专门设置乐府从事音乐的创造以及民间音乐的搜集整理工作，大大促进了音乐艺术的发展。乐府搜集整理的最有名的歌曲形式是“相和歌”。“相和歌”原是民间无伴奏“清唱歌曲”，往往一人唱，几人和。乐府采集后，在原来的基础上加丝类、竹类乐器伴奏，就形成了“丝竹更（交替）相和”的“相和歌”了。这时的丝竹类伴奏乐器有琴、瑟、筝、琵琶、笛、笙、篪，而由歌唱者敲节鼓统一节奏。不难想象，在多种乐器协同伴奏下，歌曲的气势和魅力都是巨大的。如图 2-6-12 是长沙马王堆汉墓出土的一组奏乐木俑，由此可以想见西汉时期音乐艺术发展的盛况。

图 2-6-12　奏乐木俑

值得注意的是，汉代的乐府大量地从民间采集素材进行再创作，这说明汉代的民间音乐艺术是相当繁荣并且具有鲜活的生命力的。从一些古诗文中还可以得知，汉代民间的各种乐器相当普及。如卓文君答司马相如的数字诗中写道："一别之后，二地相思，只说是三四月，又谁知五六年，七弦琴无心弹，八行书无可传，九连环从中折断，十里长亭望眼欲穿，百思想，千系念，万般无奈把君怨。"从这首诗中可知，连"七弦琴"这样比较贵重的乐器一般人家都有，那么笛子之类的简单乐器就更加普遍了。这说明到汉代时中国的音乐艺术已经相当普及。

唐代是乐舞合璧的一个时代，音乐的发展与舞蹈的发展相互促进。唐代乐舞在继承和发展前代乐舞优秀成分的基础上，广泛吸收外来乐舞的优秀元素，获得了长足发展。特别是盛唐乐舞熔南北技艺于一炉 ，集中外文化于一体。唐代的《十部乐》以中原乐舞为主体，其他大多带有外国和少数民族的异域文化特征。据《新唐书·礼乐志》记载，这十部乐为燕乐、清商、西凉、天竺 、龟兹 、疏勒、康国、安国、高丽、高昌等。十部乐中，除了燕乐、清商为中原音乐，西凉乐是中原旧乐和龟兹乐融合的产物，其他七部都是外来音乐，南至印度支那，北到撒马尔罕。唐代还不断从四方选择异域音乐，如剑南节度使韦皋献来的《南诏奉圣乐》，骠国献来的《骠国乐》等。

唐代音乐发展形成的"大曲"，集器乐、歌、舞于一体，是一种较高的艺术形式。白居易《长恨歌》中写道："渔阳鼙鼓动地来，惊破霓裳羽衣曲。"诗句中的《霓裳羽衣曲》就是唐代著名的大曲。除《霓裳羽衣曲》外，著名的还有《凉州》《伊州》《秦王破阵乐》等。

唐代乐舞的繁荣和兴盛，从绘画、陶俑中都可以得到佐证。如图 2–6–13 是唐代骆驼载乐俑的局部特写。驼背上有乐舞俑 8 个，其中 7 个男乐俑，1 个女舞俑。男乐俑分别全神贯注地演奏笛子、箜篌、琵琶、笙、箫、拍板、排箫 7 种乐器，女舞俑亭亭玉立于 7 个乐俑中间，轻拂长袖，边歌边舞。图 2–6–14 是出土于唐代李勣墓的乐伎图，其中一人吹笛，一人吹排箫，演奏者神情专注，似沉浸在音乐情境之中。

图 2–6–13　唐代骆驼载乐俑（局部）

图 2–6–14　李勣墓乐伎图

此外，唐代的“曲子”（即民歌）发展十分迅速。这一时期汉族和其他民族的民歌都有长足的发展，后来乐工也模仿创作曲子。仅仅敦煌发现的曲子歌词就有 500 多首，涉及的调名有七八十种。这一点在唐代诗文中也有反映，如刘禹锡的《竹枝词》。

宋代以后，文献资料比较翔实，音乐艺术的发展情况都有比较详细的记载。与此同时，宋词、杂剧等文学艺术形式对音乐艺术发展的诠释也十分清楚。限于篇幅，我们就不一一赘述了。

三、取法天籁的民族音乐

崇尚自然是中国文化的基本思想之一。这一思想表现在音乐艺术方面就是视天籁为音乐的最高境界。所谓天籁，是指自然界的声响，如风声、鸟鸣、泉水的叮咚之响等，凡凝聚天地神韵、日月精华的声音统称为天籁之音。现在人们已经习惯于把特别优美动听的声音称为天籁。不仅如此，人们还用天籁来形容不事雕琢、有自然意趣的诗歌。

在崇尚天籁之音的思想影响下，中国的传统乐器大多取法自然，在制作上只是对自然物料进行简单加工，十分简约，发声单一、自然、纯净，合奏有自然之趣，能把人带进一种美妙的情境。如图 2–6–15 檀板和图 2–6–16 竹板，几片檀板和几段竹板构成的简单打击乐器，融入多种乐器组成的乐队中，其声响是那样清脆入耳，颇显天籁之音的魅力。

图 2–6–15　檀板

图 2–6–16　竹板

再如图 2–6–17 竹笛和图 2–6–18 葫芦丝这两件乐器，从大自然中取材十分方便，乐器构造简单，用自然之物稍事加工即成。但它们却能够完美地再现出天籁之音，能够将人带进一种美妙的自然境地。

图 2–6–17　竹笛

图 2–6–18　葫芦丝

相对于上面列举的几例乐器来讲，扬琴（图 2–6–19）的构造要复杂一些。但和西洋乐器相比，却要简约得多。这种乐器的音色透明纯净，极富自然意趣和艺术魅力。慢奏时，其音响如叮咚的山泉，快奏时又如潺潺流水。它的音色明亮，犹如大珠小珠落玉盘般清脆。扬琴表现力极强，可以独奏、合奏或为戏曲伴奏。

图 2-6-19　扬琴

由于中国传统乐器源于自然，取材方便，制作简单，因而极易走进百姓的生活。这样一来，不仅促进了民间音乐艺术的发展和繁荣，而且为百姓的生活提供了一种动力，使人们始终保持一种乐观向上的生活激情，继而产生发奋进取的精神。

从另一个角度讲，由于中国传统乐器制作材料随处可见，制作简单，加之可模仿和再现的自然声响十分丰富，因此，乐器的种类很多。仅从先秦时期的乐器来看，见于文献记载的就有近 70 种。而在《诗经》一书中提及的就有 29 种，其中打击乐器有鼓、钟、钲、磬、缶、铃等 21 种，吹奏乐器有箫、管、埙、笙等 6 种，弹弦乐器有琴、瑟等 2 种。

总之，中国古代的音乐艺术不仅起源早，而且在民间的普及程度高，至少在商朝建立后的 3000 多年时间里始终保持一种繁荣的状态。

四、独具魅力的民族歌曲

中国的民族歌曲是人类声乐艺术的一枝奇葩，其巨大的艺术魅力是世界上其他民族的歌曲难以企及的。根本原因主要在于以下三点：一是汉语的语音体系是以元音为主的乐音体系，汉语的每个音节必含元音，因此，用汉语写成的歌曲要比用以辅音为主的拉丁语系拼音语言写成的歌曲唱起来更入耳动听。二是汉字几乎是每个字对应一个音节，用汉字写成的歌曲不论是适应旋律，还是配合节奏，都具有很大的自由度，能够把声乐艺术的魅力发挥得淋漓尽致。三是汉字本身是形、音、义三位一体的文字，几乎每个字都有明确的含义，以汉字为语料基础的汉语表现力极强，很容易将人带入想象的境界。

从声乐艺术本身来看，它是音乐与文学相结合的产物，是一种配合着音乐的特殊的语言表达方式，以音乐传达感情，用语言表达思想，两者的结合，不仅使音乐和语言的魅力都得到了提升，而且使音乐欣赏的难度大大降低。就汉语歌曲来讲，每个字的读音都以元音为中心，稍加修饰就具有乐感，因此，汉语言与音乐的融合十分容易而且效果十分美妙。

汉语歌曲的欣赏与其他语言的音乐欣赏略有不同。欣赏汉语歌曲，首先要将歌词当作诗来读，真正弄清楚歌词所抒发的感情和所表达的思想，然后再聆听音乐，这样不仅能获得十分强烈的美感，而且能受到更加直接的情绪感染，对音乐思想的理解也会更加深透。

五、中国名曲举例

中国音乐艺术的发展长时间保持繁荣状态，留下来的各种音乐文化遗产十分丰富，其中一些名曲具有恒久的艺术魅力。

1.《二泉映月》

《二泉映月》是由中国民间音乐家华彦钧（阿炳）创作的一首二胡曲，曲子的命名源于无锡惠山下的惠山泉。无锡的惠山泉，世称“天下第二泉”，历来是人们观光游览之地。双目失明后以卖艺为生的华彦钧经常在二泉边演奏这首曲子，后来便与乐曲记录人共同把这首曲子定名为《二泉映月》。

这首曲子的创作在很大程度上融入了作曲者的人生经历，特别是打上了作曲者后半生艰难人生的印记，所以整首曲子旋律舒缓，格调深沉，感情凄婉，旋律和节奏变化丰富，音乐意境深邃，既富听觉魅力，又引人遐想。

这首曲子开端的一段旋律舒缓，格调深沉哀婉，大量的揉弦音增强了哀伤的情调。进入这样的音乐情境后，我们仿佛看到了主人公艰难地行走在大街小巷一路乞讨的生活状况。

紧接第一段之后，格调趋向平缓，哀伤感减弱，轻松感加强，仿佛进入了对生活的憧憬；紧接着，格调逐渐高昂，旋律加快，柔和中透露出刚健之气，表现了作曲者不向命运低头的意识和精神。曲子的后半部分，整体上呈现出轻松昂扬的格调，偶尔有哀婉低沉的地方和舒缓的旋律。

总的来看，《二泉映月》这首曲子旋律、节奏和音乐强度变化十分丰富，音乐意境深邃，具有引人入胜的魅力。

2.《梁祝》（小提琴协奏曲）

小提琴协奏曲《梁祝》是陈钢与何占豪以民间故事为题材、以越剧中的曲调为音乐素材、借鉴交响乐与中国戏曲音乐的表现手法创作的一首音乐作品。这里，我们以俞丽拿演奏的《梁祝》为例来看一下这首曲子。

音乐的第一段以舒缓、优雅、富于抒情性的旋律切入，接着用一瞬间格调上扬、节奏加快和力度加强的音乐渲染热烈的气氛，然后转入抒情性强、优雅舒缓的旋律，将人带入美妙的音乐情境，使人仿佛看到主人公在风和日丽的情景中诗情画意的读书生活。从三分十秒的地方开始，采用交响乐的表现手法，音乐力度加强，气氛热烈，把人的情绪和想象调动起来。四十秒后，再次转入更加舒缓的旋律，音乐强度明显减弱，将人带进遐想。

从四分五十秒开始，主伴奏乐器的节奏同时加快，整个音乐气氛显得轻松活泼，旨在表现主人公快乐的学习和生活场景。五分钟以后，音乐节奏加快，力度加强，尤其是到五分四十秒的地方，出现了第一次高潮，音乐气氛十分热烈。欢快热烈的气氛一直持续到七分二十秒，然后转入平和舒缓的旋律，将人再次带进遐想。从第八分钟到九分三十秒，旋律十分柔和，抒情性很强，表现了主人公的柔情蜜意。从九分三十秒到第十分钟的一段音乐，主要描绘依依惜别的情景。

从第十分钟开始进入第二段，音乐力度迅速加强，渲染了一种悲愤的气氛，将主人公“抗争”的情形描绘出来。尤其是铜管乐器的齐奏，使得悲愤、抗争和不屈的人物性格得到了充分的表现。从第十三分钟开始，弦乐力度加强，管乐力度减弱，旋律转入舒缓，使人有云开雾散之感。但瞬间之后，再次通过管乐齐奏增强气氛，进入第二次音乐高潮。

十三分五十秒之后，音乐旋律舒缓，主奏音乐十分清晰，格调缠绵悱恻，使人仿佛看到主人公执手相看泪眼的情形。从十六分十五秒开始，通过管乐和弦乐的轮奏，增强音乐气势，激越中透着悲愤之情。从十九分到二十分十秒，采用交响乐的表现手段，描绘祝英台投坟的情景，进入第三次音乐高潮。

二十分三十秒之后，是曲子的第三段。这部分主要描绘了“化蝶”的情景。先用长笛吹奏出柔和的音乐，表现蝴蝶翩翩起舞的情景。接着，用小提琴独奏出舒缓、优雅的旋律，表现梁山伯与祝英台化作蝴蝶后相互倾诉，以及在花丛中欢乐、自由地飞舞的情景，将人带进想象之中。

3.《梅花三弄》

《梅花三弄》是一首古琴曲，由笛曲改编而来。因为此曲结构上采用了循环再现的手法，重复整段主题三次，每次重复都采用泛音奏法，所以被称为“三弄”。乐曲采用以物喻人的手法，借梅花的高洁来歌颂具有高尚情操的人。

这首曲子虽以梅花喻人，但不是从傲寒斗雪和铁骨铮铮的角度来表现，而是赞颂其纯洁和高贵的品质，因而曲调柔和委婉，旋律舒缓优雅，具有很强的抒情性。在欣赏这首曲子的时候，可充分地发挥想象和联想，把握作品所抒发的情感。

4.《春江花月夜》

《春江花月夜》原来是一首琵琶独奏曲，又名《夕阳箫鼓》《浔阳琵琶》《浔阳夜月》和《浔阳曲》，后被改编成民族管弦乐曲。乐曲通过委婉质朴的旋律、流畅多变的节奏，形象地描绘了月夜春江的迷人景色，抒发了对江南水乡美景温情的向往与热爱之情。下面，我们以古筝演奏的《春江花月夜》为例来看一下。

这首曲子，首先使人感受到江面上清风徐来的惬意与舒适；紧接着，滑指、挑指等演奏技法的运用，描绘出了水波荡漾的情景，将人带进遐想。在描绘江面上清风徐来、水波荡漾的同时，巧妙的旋律变化又描绘出了月亮在云中移动，云在月亮四周不断变化的情景。整个音乐意境深邃，极易将人带进想象与联想。

总的来看，《春江花月夜》这首曲子在音乐情境制造方面有三个显著的特点：一是旋律变化富于情境性，二是音乐层次清晰，三是音乐强度变化分明。

5.《汉宫秋月》

《汉宫秋月》是中国十大古典名曲之一。原来是一支琵琶曲，后来演变为多种乐器演奏的谱本。现在流行的演奏形式主要有二胡曲、琵琶曲和古筝曲。关于这首曲子要表现的音乐思想，一直存在争议；从曲子演奏的直接效果来看，主要描绘的是一种凄清的意境，其中夹杂着淡淡的忧伤。下面，我们以古筝演奏的《汉宫秋月》为例来看一下。

整首曲子初听给人以清静感，再听，清静中有清冷和凄凉的味道；反复听，能够明显地感受到淡淡的忧伤。

通过这首曲子的欣赏我们可以感悟到，欣赏音乐作品，只有反复聆听，才能准确把握音乐主题。

第三章　绘画艺术欣赏

绘画是在平面上描绘形象或场景，借以表达思想感情、反映道德和精神，或是表现审美意趣的一种艺术形式。与雕塑艺术比较，它在平面上创造图像，作品形态是平面的，没有雕塑艺术的立体感；与工艺美术相比较，绘画是表达思想感情、反映道德和精神，以及表现审美意趣的，而工艺美术作品是起美化装饰作用的，二者的创作目的不同。

第一节　绘画艺术的一般特点

视频3-1-1
绘画的基本特点

绘画是用色彩和线条在平面上描绘形象的一种艺术形式。它以现实存在的各种事物为形象基础，以事物美的属性和人们赋予事物的各种文化意义为表现内容，或唤起人们的审美体验，或启发人们的思想，或激励人们的精神等。概括起来看，绘画艺术具有以下几个特点。

一、平面与静态的表现形式

绘画是在平面上描绘各种事物形象或场景，各种形象进入画面后，都是以平面的形式呈现出来的。与此同时，不论是静态的事物，还是动态的事物，一旦被描绘下来，在绘画中都是以静态的形式表现出来的。

绘画虽然以平面和静态的形式存在，但它既能够通过空间的透视关系和色彩的明暗变化表现出事物的立体感，也能够表现出事物的动感。例如，图 3-1-1 这幅黄宾虹的山水画，虽然是以平面的形式存在的，但是通过物象的位置关系、色彩的明暗变化等，将形象的立体感和场面的空间感都表现出来了；图 3-1-2 是清代竹禅的《竹石图》。这幅画中的竹叶表现出了在风中摇曳的动感。

图 3–1–1　黄宾虹山水画

图 3–1–2　清代竹禅《竹石图》

二、视觉规律的综合利用

绘画虽然是在平面上描绘形象或场景，但必须表现出形象的立体感和场面的空间感，因为只有这样，才能生动、形象地表现出事物的美感及其蕴含的道德与精神。那么，绘画是怎样在二维空间上将形象的立体感和场面的空间感表现出来的呢？主要是利用了人们对不同距离的物体的视觉幻觉和视觉思维经验。具体地讲，是利用了五种视觉规律：一是物象的大小关系，即利用视知觉的一般规律，大的被感知为大，小的被感知为小。二是物象的遮挡关系，即遮挡物象在前，被遮挡物象在后。三是透视变化规律，即物体近大远小的视觉规律。四是色彩变化的一般规律，其中包括明暗变化、色相变化、色度变化和对比度变化等。五是物象的虚实变化规律，即物象近实远虚，近处清晰、具体，远处模糊、概括。在绘画创作中，这五种视觉规律一般是同时使用的。

三、想象与联想的启示性

绘画不仅通过视觉形象的描绘表现人的思想感情，而且力求使欣赏者通过画面联想到没有出现在画面上而又和画面形象有密切联系的事物。清代笪重光在《画筌》中说：“虚实相生，无画处皆成妙境。”这句话讲的正是绘画采用虚实相生的手法，描绘具体物象于画中，引人的思维至画外，使人获得更加丰富、更加强烈的审美享受。例如，图 3–1–3 这一组《杭城观花图》（黄高才作）画的是杭州春夏秋冬四个季节中最具代表性的几种花卉。凡是熟悉杭州生活的人，只要看到这一组国画就会联想到春天灵峰梅花盛开、夏天西湖荷花盛开、秋天满觉陇桂花飘香和冬天满城山茶花开的美好景象。

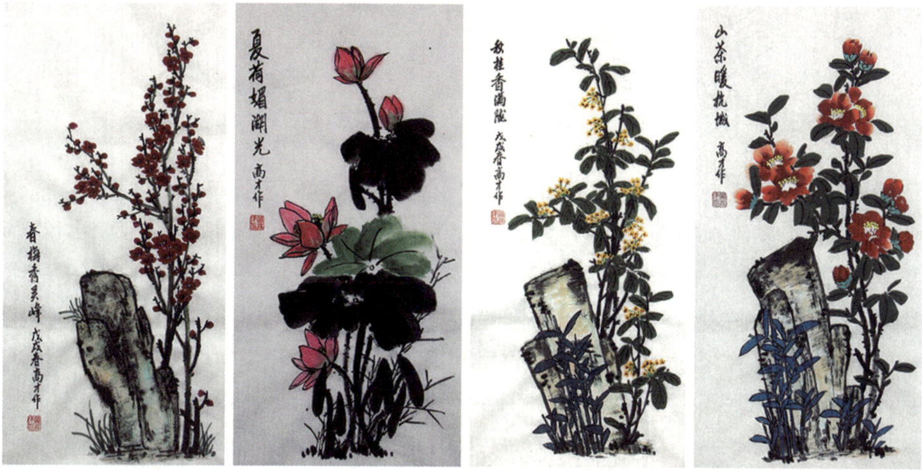

图 3-1-3　黄高才《杭城观花图》

四、再现与表现兼长

绘画长于描绘，并且对形象和场景的描绘可以达到逼真的程度，因此，可以对现实存在的各种形象和场景进行完美再现。例如，西方的油画和中国画中的工笔画大多是采用再现的方法展示形象和场景的美，借以唤起人们的审美体验、激发人们的生活热情。

绘画创作中再现方法的使用虽然可以使所绘形象或场景的视觉美感完美地展示出来，使人们从中获得充分的审美体验，但很难将物象的思想内涵表现出来。于是，艺术家们便开始研究绘画的表现功能并将其应用于创作实践。这里，我们分别从中国绘画艺术的发展过程和西方绘画实践两个方面来看。

从中国绘画发展的历史来看，早在距今 7000 ～ 5000 年的仰韶文化时期，中国的彩陶上就出现了写意的绘画图案。例如，图 3-1-4 是一件出土于西安半坡遗址的仰韶文化时期的彩陶盆，这件彩陶盆上就绘有人面和鱼纹写意图案。到了秦代，陕西关中地区的瓦当上便出现了鹿纹、植物纹和雷云纹等写意图案，这些图案已经有了明确的思想含义，例如，图 3-1-5 是出土于秦咸

图 3–1–4　人面鱼纹彩陶盆

图 3–1–5　秦代鹿纹瓦当

阳宫遗址的一枚鹿纹瓦当，这枚瓦当上有一只鹿的写意形象，其寓意是福禄常至。到了宋代，画家米芾和米友仁父子提出了“心画”的主张，强调绘画要表现人的思想、感情和精神等。这一观点实质上就是强调绘画的表现性。因为中国绘画在发展过程中一直重视写意，所以最终形成了以写意为突出特点的绘画风格。写意画具有超强的思想表现力。如图 3–1–6 这件作品（黄高才作），画上的物象是一丛竹子，但画作要表现的是人的气节和精神。

从西方的绘画实践看，荷兰籍画家梵高、法国印象派画家莫奈等一批大师创作了很多思想性十分突出的绘画作品。例如，图 3–1–7 是梵高的《第一步》。这幅画通过母亲扶着孩子，然后放手让孩子自己走的瞬间动作和父亲伸长手臂的保护动作，表现了亲情与爱的主题，画作的思想性十分突出。

图 3–1–6　黄高才《自强出尊严》

图 3–1–7　梵高《第一步》

五、视觉美感的丰富性

不同的画种，由于绘画工具、材料、创作方法、艺术技巧等的不同，具有各自不同的艺术风格和不同的视觉美感。如，中国画意境高远、清新淡雅、富有神韵，油画色彩艳丽、物象逼真、视觉美感十足。从另一个角度看，由于不同的画家驾驭绘画语言的功夫不同，以及运用笔法、墨法、刀法、色彩、构图等的差异，即使画同一画种、相同题材的作品，给予人们的美感也不尽相同。

第二节　绘画的分类

采用不同的方法来分类，绘画可分为很多种。具体情况如下。

视频3-2-1
绘画的分类

一、按照绘画工具和使用的材料划分

按照绘画工具和使用的材料进行划分，绘画分为中国画、油画、版画、水彩画和水粉画、素描等。

1. 中国画

中国画是指用毛笔蘸水、墨、彩作画于绢或纸上的一类绘画样式，简称“国画”。中国画创作使用的绘画工具和材料主要有毛笔、墨、国画颜料、宣纸、绢等，题材可分人物、山水和花鸟三大类，技法分为工笔和写意两种。

中国画的最大特点是注重人的情感、道德与精神表现，讲求“以形写神”，追求一种“妙在似与不似之间”的神韵，画风清新，意境高远。例如，图 3-2-1 张大千的这幅《浅绛山水图》，用色浅淡，画面清爽；画作尺幅虽小但表现的空间很大，意境深远。

图 3-2-1　张大千《浅绛山水图》

2. 油画

油画起源于欧洲，约 15 世纪时由荷兰人发明，用亚麻籽油调和颜料，在经过处理的布或木板上作画。油画颜料不透明，覆盖性强，所以绘画时可以由深到浅，逐层覆盖，使画作产生立体感，如图 3–2–2 这幅油画（常书鸿作，现藏浙江省博物馆）。油画是西方绘画的主要品种。

图 3–2–2　常书鸿《重庆凤凰山即景》

3. 版画

版画是在不同材料的版面上刻画形象后印制而成，它的最大特点是可以连续重复印制。由于材料的性质与刻印方式不同，版画可分为木刻、铜版画、石版画等。木刻是最常见的版画形式。

4. 水彩画和水粉画

水彩画和水粉画是用水调和颜料创作的绘画，大多画于纸上。水彩画特别借助水对颜料的渗溶效果及纸的底色，产生画面的透明感及轻快、湿润的艺术特色。水粉画颜料有一定的覆盖力，又容易被水稀释，可用干、湿、透明、厚积等不同表现方法作画，其特点兼有水彩的明快、油画的浑厚。当代的宣传画、广告画多采用水粉材料画成。

5. 素描

素描又称单色画。广义上指的是以任意一种材料作单色的描绘，狭义指用铅笔、钢笔、木炭笔等在纸上绘出形象。它一般是画家的写生之作，即面对人物或风景描绘而成，是一种带有研习性的绘画基础训练作品。有时也指画家构思大幅创作的草图。

二、按照作品再现或表现的对象划分

按照作品再现或表现的对象进行划分，绘画可以分为人物画、风景画、静物画和动物画等。

1. 人物画

人物画是以人物形象为画面主体的绘画的总称。人物画力求人物个性刻画得逼真传神，气韵生动、形神兼备。其传神之法在于，常把对人物性格的表现，寓于环境、气氛、身姿和瞬间动感的描绘之中。

2. 风景画

风景画是指以风景为描绘对象的绘画。中国画中的山水画就属于风景画，但其在中国画艺术中一般不用“风景画”的概念而称作山水画。风景画的概念现在一般仅使用于西方传入的油画、水彩画等。西方的油画风景、中国的山水画最早只作为人物画的背景，以后才逐步发展为独立的画科。

3. 静物画

静物画是以相对静止的物体为主要描绘对象的绘画。其所绘物体都是根据作者创作意图的需要，经过认真选择，精心摆布和安排的，其中的物体在形象和色调关系上，在画中都能得到较好的表现。

4. 动物画

动物画是以各种动物为描绘对象的绘画的总称。动物画以动物形象为载体，借以表达人的愿望、幻想和各种思想感情等。它的题材很广泛，凡动物均可入画，主要对象为人们常见的家禽、家畜和动物园中的各种动物。动物画不要求惟妙惟肖，允许夸张与变形，但要有个性，要能引起观众对生活美的联想。动物画在中国画里是被归入花鸟画一类的。例如，唐代韩滉的《五牛图》就是动物画，在中国画中被视为花鸟画。

第三节　绘画的基本表现手段

视频3-3-1 绘画的基本表现手段

绘画艺术是在平面上描绘物象、制造空间感，展示现实生活与想象世界的事物与景象，传达人的思想感情的视觉艺术。其基本表现手段是运用线条、色彩、构图、明暗等绘画语言描绘物象，借以传达人的思想和感情等。

一、线条

线条就是绘画时勾勒轮廓的线，有曲线、直线、折线，有粗线、细线，统称“线条”。线条是绘画的主要表现手段之一，线条美是构成绘画形式美的一个重要因素。

相对于西洋画来讲，中国画更重视线条的使用。值得注意的是，中国画中的线条大都不是物象所原有的，而是画家用以表示两物象的界限的。例如，描一条蛋形线表示人的面孔。人面孔的周围本来就没有此线，画家是借助此线表示脸与背景的界限。又如山水、花卉等，实物上原本也都没有线，线条是画家借来造型描像用的。如图 3–3–1 是齐白石的《百寿图》。这幅画从小孩子的脸部轮廓，到两个人服饰的质感表现等，大量使用了线条表现的手段。

在中国画中，线条是塑造形体的外轮廓线和标明形体内部结构的结构线，它在造型中具有很重要的作用。运用丰富多样、生动变化的线条语言描绘表现对象，能使绘画具有一种特殊的美感。

二、色彩

色彩是最具感染力的绘画语言，一幅成功的绘画作品，不论其是水彩画、水粉画，还是油画、版画，都要具有色彩美。缺乏色彩美的绘画，很难取得生动感人的艺术效果。

因为现实存在的色彩本来就能影响人的心境和唤起人的联想等，所以色彩的运用可以增强绘画对人的情感反应的驱动性。

中国的山水画，由于用色的不同而分为青绿、金碧、没骨、浅绛、水墨等不同的种类，各具不同的色彩美。即使是“水墨画”，也要通过墨色的变化体现出色彩美。关于这一点，唐代张彦远在《历代名画记》中说：“运墨而五色具。”所谓“五色”，就是指作画时，用水调节墨色的浓、淡、干、湿、黑，使墨色富于变化。清代唐岱在《绘事发微》中论道：“墨色之中，分为六彩。何为

图 3–3–1　齐白石《百寿图》

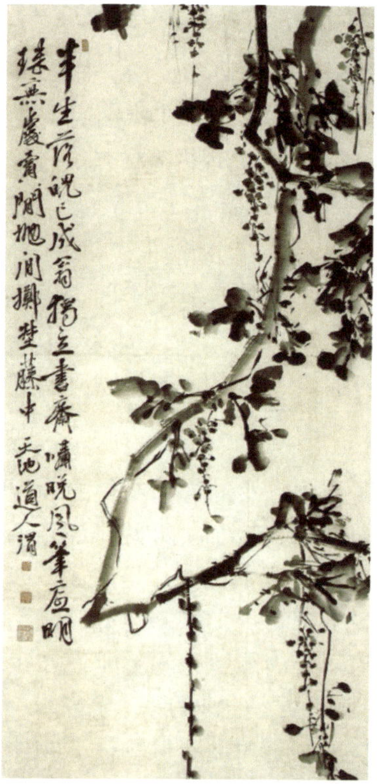

图 3–3–2　徐渭《墨葡萄》

六彩？黑、白、干、湿、浓、淡是也。”墨有六彩，才能生动地表现物象。水墨画在用笔的基础上，充分发挥墨法的功能，使墨色互相渗透掩映，从而取得美的艺术效果。图 3–3–2 是明代画家徐渭的《墨葡萄》。这幅画墨色的浓、淡、干、湿和黑白变化层次分明，具有独特的视觉美感。

相对于中国画而言，西洋画在色彩的运用方面更具活力。如西方的主要画种油画，颜色笔笔衔接，铺满画面；层层积色，构成灿烂、艳丽或凝重浑厚的色彩效果。

三、构图

绘画创作时，根据题材和主题表现的要求，把要表现的形象合理地组织起来，构成一个和谐、完整的画面，这一过程称为构图。构图是绘画的基础，构图的成功与否，直接决定着绘画的成败。一般来讲，绘画构图应该满足以下几点要求。

1. 宾主关系明确，位置安排得当

绘画作品中的艺术形象的主次，谓之宾主。例如，在人物画中，以人物为主、环境为宾。绘画构图的第一原则是不能喧宾夺主，如肖像画，不能将服饰画得比五官还引人注目。构图时，首先要明确主要形象，并以主要形象为视觉中心布局画面，以使内容主次分明，令人一目了然。需要说明的是，构图中心不是指画的中央，而是指观众视觉的焦点。

2. 构图结构形式与内容统一

构图结构形式，一是指画幅形状，二是指画中形象组织布局的形式。组织布局的形式，即通常所说的组织结构为 S 形、三角形等基本结构形式。构图结构形式的选择，力求形式与内容的统一。

3. 色彩与表现内容统一

色彩是最富有表现力的艺术语言，它能直接引起人的情感反应，使人不知不觉地进入联想，从而对绘画内容进行深刻的理解。因此，在构图时，要充分考虑不同色彩对人的情绪和情感的影响，注意色彩与表现内容的统一。

4. 构图符合形式美的法则

绘画构图要遵循变化、统一、对比、协调、均衡、稳定、节奏、韵律等形式美的法则。

四、明暗

明暗是指画中物体受光、背光部分的明暗度变化以及对这种变化的表现方法。物体在光线照射下出现两种明暗状态，即亮面和暗面。两大部分光色明暗一般又显现为五个基本层次：一是亮面，即直接受光部分；二是灰面，即中间面，半明半暗；三是明暗交界线，即亮部与暗部转折交界的地方；四是投影，即背光物体的阴影部分；五是反光，即暗面受周围反光的影响而产生的暗中透亮部分。依照明暗层次来描绘物象，一直是西方绘画的基本方法。

明暗是自然界的物理现象——由于光线总是从某个角度照射物体，物体各个侧面受光的不均匀性造成明暗变化，这样的明暗变化使物体呈现出立体感。绘画正是利用这一原理，通过明暗层次的处理来表现物象的层次感的。

第四节　绘画欣赏的要点

视频3-4-1
绘画欣赏的基本要点

不论是对自然或生活中的美好景象进行再现，还是对事物形象所蕴含的思想、道德和精神进行表现，绘画作品在创作的过程中都会对描绘对象进行典型化的处理。经过典型化的处理之后，绘画中的景象已经不再是自然的物象，有的被倾注了创作者的感情，有的被赋予了一定的思想、道德或精神。因此，欣赏绘画作品不能像欣赏自然景象那样单纯地进行审美观照。应该怎样欣赏呢？

一、审美观赏

作为一种视觉艺术，绘画作品的欣赏首先必须从观赏入手。怎样观赏呢？一是弄清楚所画内容，即看清楚画上都画了些什么，以及所画物象的主从关系等。二是整体观赏，获得视觉印象。由于题材不同、画种不同，绘画给人的视觉印象是互有差异的，有的让人觉得美，有的使人感到意趣，有的使人看到一种精神。例如，图 3-4-1 齐白石先生的这幅画首先让人感到一种意趣，继而从画题产生联想与思考；图 3-4-2 苏轼的《墨竹图》首先让人看到的是铮铮傲骨，继而使人联想到做人的气节和精神。三是用心感悟，获得审美体验、道德启示等。绘画的题材丰富，意思表达各不相同，要真正把一幅画看懂，还需要用心感悟，这样才能获得充分的审美体验、明确的道德启示或强烈的精神激励等。

图 3-4-1　齐白石《他日相呼》

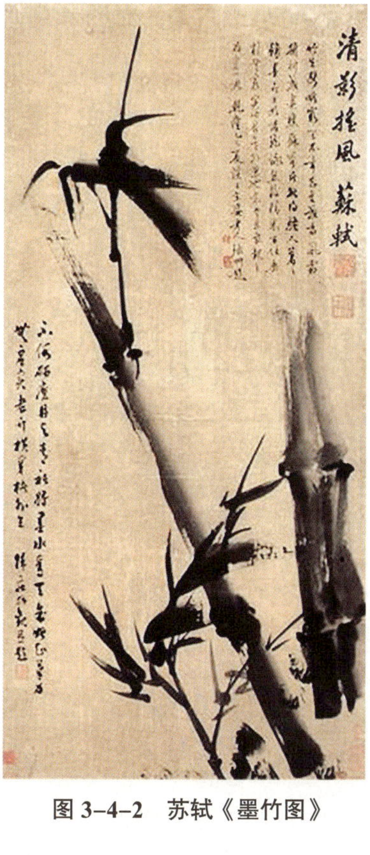

图 3-4-2　苏轼《墨竹图》

二、思想分析

不论是西洋画，还是中国画，都十分重视思想感情的表达。特别是中国画中的花鸟画，其思想性比审美性更加突出。因此，绘画欣赏要特别重视画作的思想分析。怎么分析呢？一是从所画物象的寓意或象征义入手进行分析。因为现实存在的各种景象很多被人们赋予了文化意义，这些景象入画之后都有明确的思想含义。例如，日出象征着希望，风帆寓意远行，竹子象征着平安，牡丹象征着富贵等。二是从物象的组合关系着眼进行分析。具有明确寓意或象征义的物象相互组合，意思表达更加丰富和多样。组合不同，其思想意义不同。例如，竹子和牡丹组合成画，表达的意思是平安富贵；竹子和石头组合，表达的意思是平安稳定。三是从画题分析入手。现实存在的很多景象具有丰富的文化内涵，其寓意和象征义很多。例如，自古以来，人们从竹子这一物象上发现了很多道德和精神特征，赋予了它丰富的思想内涵。如图 3–4–3 和图 3–4–4，同样画的是竹子，构图也相似，但由于画题不同，画作的思想意义便不同。前一幅的画题是《高节虚怀真君子》，表现的是竹有傲骨但无傲气的美德；后一幅的画题是《欲扶佑弱小　须强大自己》，表现的是竹发愤自强和勇于担当的精神。这两幅画都是以竹寓人的。四是从物象的特征和比例关系等着眼进行分析。例如，苏东坡所画竹子显得傲骨铮铮，表现的是刚健精神；郑板桥所画竹子显得清瘦清雅，表现的是贫不失节的美德。

图 3–4–3　黄高才《高节虚怀真君子》

图 3–4–4　黄高才《欲扶佑弱小　须强大自己》

三、艺术分析

绘画创作的选材、构思、主题表现等与文章写作极其相似，因此，对画作进行艺术分析不仅可以使欣赏活动上升到理性的高度，而且可以从中受到一些方法的启示，有助于写作能力的提高。一般来讲，对画作进行艺术鉴赏主要从四个方面入手：一是看素材处理是否巧妙和恰当。根据创作方法来分，绘画作品分为再现和表现两大类。表现性的绘画作品一般要对描绘对象进行取舍和剪裁，处理得当，不仅使绘画的可观赏性增强，而且使其思想表现得更为突出。例如，齐白石先生的作品常常只画几片叶子、几只虫子或一两个果实，不仅富有意趣，而且主题突出。二是看整幅作品的构图。绘画作品的构图不仅决定其视觉效果，而且决定其思想表现。看绘画作品的构图，主要是看其构图是否和谐、物象关系是否清楚、虚实处理是否恰当等。例如，吴昌硕先生的国画作品最大的特点是构图十分和谐，让人看了心里舒服。三是看技法的运用。技法的运用是为了增强表现效果，但使用不当就会弄巧成拙。因此，从艺术的角度分析绘画作品，还要看技法的运用是否得当，是否取得了好的表现效果。四是看一般手段的运用，其中包括线条的使用是否得体、色彩的运用是否恰当、明暗的处理是否到位等。

四、价值判断

绘画欣赏的意义不仅仅是从中获得审美享受、思想启示、道德感召和精神激励，而且要对绘画作品优劣进行判定，为作品收藏提供参考。因为绘画作品收藏自古以来就是一种十分重要的投资和财富获取行为。怎样才能对一幅画作的价值作出正确的判断呢？就画作本身而言，应把握住三点：一是看画作的整体质量。一幅画的收藏价值首先是由它的质量决定的，其中包括内容质量和艺术水准两个部分。就内容来看，画作能够对人产生的积极文化影响越大，质量越高；就艺术水准来看，画作的可观赏性越强，质量越高。二是看画作的独创性和独特性。一幅画作的独创性越强，特点越突出，其收藏价值越大。三是看画工。一般来讲，作品的画工越好，收藏价值越大。何谓画工好？用笔自然、用色恰当、没有败笔、画面干净等，都是画工好的表现。

第五节　中国绘画艺术管窥

中国绘画艺术的源头可以追溯到 1 万年以前的内蒙古阴山岩画。阴山岩画的创作年代可上溯到 1 万多年前，历经旧石器时代晚期、新石器时代、青铜时代、战国时期、秦汉时期、南北朝时期、隋唐时期、西夏时期、元代、明清时期共 10 个阶段。在长达 1 万多年的时间里，人们用各种图画把整个山体变成了一条东西长达 300 公里的画廊，作画民族之多和延续时间之长世所罕见。

阴山岩画由几万幅优美动人的图画组成。目前已发现 153 个岩画分布群，其中较密集的分布区有 19 处，已发现 5 万余幅岩画。这些岩画题材广泛，内容有狩猎、放牧、车辆、列骑、战争、舞蹈、天体、神灵以及各种刻画符号等。从岩画痕迹看，作画方法基本为两种，即敲凿法和磨刻法，到晚期才出现线刻的方法。

1954—1957 年，中国科学院考古研究所对西安半坡仰韶文化遗址进行了 5 次发掘，出土了一批距今 6000 多年的彩绘陶器。陶器上绘画的内容题材多样，有写实的，有想象的，其中不乏生动性、审美性俱佳的作品。如图 3-5-1 这个人面鱼纹彩陶盆，写实与想象结合，表达了上古人类渴望生活富裕的人生理想。图 3-5-2 这个鸟鱼纹彩陶葫芦瓶上的图案，以现实存在的鸟和鱼形态为基础，进行了大胆的艺术处理，拓展了人们艺术审美的想象空间。

图 3-5-1　人面鱼纹彩陶盆

图 3-5-2　鸟鱼纹彩陶葫芦瓶

总体来看，阴山岩画的图案已经具备了艺术的属性和特点，可以看作是中国绘画艺术的早期作品。而半坡彩陶上的图案体现了写实与虚构的结合，标志着浪漫主义创作手法的产生。这就是说，中国的绘画艺术产生于距今1万多年的旧石器时代晚期和新石器时代早期，早在6000年以前，中国绘画的艺术思想已经出现。

一、中国绘画艺术发展概况

中国绘画的历史可追溯到旧石器时代晚期的岩画和新石器时代仰韶文化时期的彩陶绘画。尽管岩画和彩陶绘画技巧还比较稚拙，但已显露出绘画艺术的特点，画作注重造型，对动物、植物等动静形态的表现都比较生动，基本上已能准确表达先民的信仰、愿望以及对于美好生活的向往之情。

先秦绘画，如周代宫殿、庙祠中的历史人物画，战国漆器、青铜器纹饰，楚国帛画等，都已达到较高的水平。如图3–5–3这幅1949年在长沙陈家大山楚墓出土的《龙凤仕女图》。画面上绘一侧立的妇女，宽袍大袖，雍容华贵。她双手合掌，作祈祷状。前上方，飞翔着一只凤鸟，翅膀张开，头高高抬起，凤鸟的尾部飘舞着两根长长的羽毛。凤鸟的前面浮动着一条上飞螭龙，头向上，与凤鸟相对（图3–5–4）。

图3–5–3 《龙凤仕女图》（原画）

图3–5–4 《龙凤仕女图》（临摹素描）

图 3-5-5　西汉壁画《鸿门宴图》

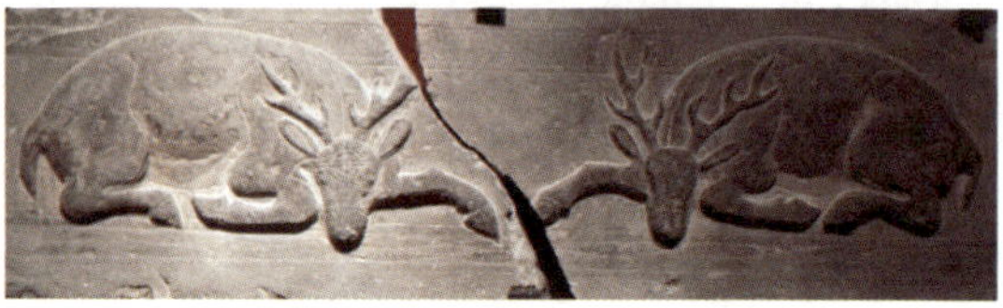
图 3-5-6　东汉《双鹿》画像石

秦汉两代文化出现腾飞之势，绘画艺术空前发展与繁荣。尤其是汉代的墓室壁画、画像砖、画像石，以及随葬帛画，所绘人物形象生动，在反映现实生活方面取得了重大成就。其画风大多气魄宏大，笔势流动，既粗犷豪放，又细密瑰丽，内容丰富，表现形式多姿多彩。图 3-5-5 是洛阳西汉墓出土的壁画《鸿门宴图》。此图表现了楚汉相争时，项羽的谋士范增设鸿门宴谋杀刘邦的场面。图中最右边的是“状貌如妇人好女”①的张良，中间为手持长矛、怒目而视的范增，最左边是杀气腾腾、借机行刺的项庄。作品以墨线勾画，表现人物的动势与神情，又用对比强烈的大色块渲染，使画面有声有色。图 3-5-6 是现藏于山东博物馆的东汉《双鹿》画像石，画中两只梅花鹿相对而卧，安详自然。此画像表达了人们渴望福禄常在的美好愿望。

魏晋南北朝时期，是中国绘画艺术迅速发展的一个重要时期。这一时期，不仅雕塑艺术的空前繁荣对绘画艺术产生了一定影响，书法的发展也为中国画创作提供了借鉴。这一时期，绘画的主要成就是人物画，其代表性作品主要有顾恺之的《女史箴图》《洛神赋图》和梁元帝萧绎的《职贡图》（原作已失，现存宋人摹本），以及敦煌莫高窟的壁画。除了人物画外，山水画和花鸟画也开始萌芽，这一点，在顾恺之的《洛神赋图》中有具体的体现。

隋唐时期，书法的高度发展和繁荣，为绘画艺术的发展提供了技术支持，尤其是书法的用笔方法被移植到绘画上，直接促进了中国画以线条为主要表现手段这一显著特点的形成。从近年来隋唐陵墓出土的壁画来看，不论是人物画，还是动植物画，都以线描为主要表现手段。隋唐时期的绘画，人物画

① 司马迁 . 史记 . 北京：中华书局，2016.

和花鸟画都有较高的成就，其中的代表作主要有周昉的《簪花仕女图》、张萱的《捣练图》与《虢国夫人游春图》、阎立本的《步辇图》和韩滉的《五牛图》等。

五代两宋时期，中国绘画艺术进一步成熟，尤其是到宋代，出现了一个鼎盛时期。宋代，朝廷在官学中设置画科，上自皇帝，下至庶民，绘画风气极盛。特别是一大批文人学士将绘画视作雅事，并提出了关于绘画的一些独到见解，这些都促进了绘画的发展。宋代的绘画，不论是人物、花鸟，还是山水，都有极高的艺术成就。这一时期，画家人才辈出，精品大量涌现，堪称代表之作者不可胜数。

元、明、清时期，绘画艺术完全成熟，文人学士大多热衷于此，在表现手法上不断创新。特别是强调思想与情志表现，不追求形似的主流思想使中国画写意的特点得到了充分表现。这一时期，山水画和花鸟画占据了绝对的地位，人物画数量相对较少。

二、唐墓壁画

壁画，顾名思义，是指绘在壁上的画。中国壁画是一个延续性好、发展稳健、艺术珍品众多的东方绘画艺术体系。从西周到魏晋南北朝，各个时期的宫殿和墓室壁画时有发现。例如，1980—1982 年发掘的北齐娄睿墓出土了一批珍贵的墓室壁画。壁画现存 200 余平方米，气势壮观，技艺精妙，代表了北朝绘画的最高水平。如图 3-5-7 这幅《出行图》壁画，人物主次分明，马匹神态各异，动静结合，充满写实主义风格。又如图 3-5-8 这幅现藏于山东博物馆的隋墓壁画《备骑出行图》，描绘了仆人侍奉主人出行的场景。图中两人一马，其中一人持缰，一人携乐器从马后走来。

图 3-5-7　娄睿墓壁画《出行图》

图 3-5-8　隋墓壁画《备骑出行图》

唐代是中国壁画艺术发展的鼎盛时期，产生了大量的艺术杰作，留世珍品数量可观。不论出土数量，还是艺术价值，唐墓壁画都是空前绝后的。目前考古发掘的唐代壁画墓百余座，绝大部分在陕西。其中以乾陵陪葬墓和昭陵陪葬墓出土的壁画数量最多，艺术价值最高。

1. 永泰公主墓壁画

永泰公主是唐中宗李显的第七个女儿，唐高宗李治和武则天的孙女，名仙蕙，死于唐大足元年（701 年），时年仅 17 岁。后与她丈夫武延基合葬在一起，陪葬乾陵。

1960—1962 年，国家文物部门对永泰公主墓进行了发掘清理。该墓的墓室满绘壁画，其中前室东壁所绘的一组《宫女图》（图 3-5-9），异常精美，是唐墓壁画中的杰作，堪称国之瑰宝。

图 3-5-9　永泰公主墓《宫女图》

画中共有九人，除一人着男装外，其他均云鬟雾鬓，发髻巍峨，分别着小袖罗襦，上罩“半臂”，披帛结绶，胸微袒露，长裙曳地。为首一人，头梳高髻，披巾绕肩，双臂挽于胸前，神情雍容端庄，目视前方，似为“领班”，正率领其他宫女徐徐前行，去侍奉公主安寝。宫女们分别拿着方盘、食盒、烛台、团扇、高足杯、拂尘、包裹、如意，彼此顾盼呼应、悄声细语、步履轻盈、动作灵巧、仪态万方。她们神态安然自若，表情各不相同。飘逸的衣纹，柔中有劲，不但表现了衣服的质感，而且表现了女性的婀娜姿态。其中一个手捧高足杯的宫女，头梳螺髻，面颊丰润，蛾眉、樱唇，神采奕奕，肩披纱巾，胸部袒露，长裙飘曳，双手托杯，身姿窈窕，亭亭玉立，风韵殊绝，光彩照人。

在构图上，画面结构高低参差，疏密有致。人物或正面，或侧面，或背向；或凝视，或默视；或倾听，或低语：彼此呼应，连成一气，毫无松散杂乱之感。这幅壁画，无论是构图设计，还是形象塑造、勾线敷彩，均能代表唐代人物画的高度发展水平。

2. 章怀太子墓壁画

章怀太子，名李贤，是唐高宗李治和武则天的次子，在高宗的子女中是比较有才的一个。章怀太子墓位于乾陵东南约3公里处。墓中壁画50多幅，保存基本完好。其中《打马球图》《狩猎出行图》《宾客图》《观鸟捕蝉图》等都很精彩，画中的人物，比例匀称、和谐、准确，造型逼真，显示了唐代绘画艺术的高超技艺。

《宾客图》（图3–5–10）形象地再现了唐代官员接待外国使臣及少数民族使节的场面。图中六人，前三人为唐朝官员，头戴笼冠，束带，红长袍，三人围成小圈，似在商量向朝廷汇报解决来使所提的问题的方案。第四人身穿反领紫袍，束带，黑靴，秃顶，鹰钩鼻，深眼眶，阔嘴，他紧锁双眉，聚精会神地听着前面三人的谈话，是东罗马帝国使者。第五人头戴羽冠，羽冠左右分别有两支羽毛，身穿红色襟边白袍，两手蜷于袖中拱于胸前，是高丽使者。最后者皮毛圆领大氅，皮裤，皮鞋，束带，双手拱于袖内，是东北少数民族使节。图中的人物步履凝重迟缓，步态各异，神情肃穆，但又各具形貌。画作线条遒劲沉着，疏密有致，刻画了不同人物的气质与性格。中国古代绘画有关外交题材的并不多见，这幅壁画反映了唐王朝活跃的外交及唐王朝与我国其他少数民族友好往来的情景，是极珍贵的历史资料。

图 3–5–10 《宾客图》

图 3–5–11 《观鸟捕蝉图》

《观鸟捕蝉图》（图3–5–11）生动地描绘了宫女在庭园捕蝉的情景。其人物体态婀娜自然，线条流畅、洒脱，富有表现力和韵律感。在色彩处理上，作者使用的原色极少，效果单纯而雅致。画面线条圆润流畅，带有典型的唐代绘画特征。

3. 懿德太子墓壁画

懿德太子李重润，是唐中宗李显的长子，于大足元年（701 年）与其妹永泰公主被武则天杖杀。神龙二年（706 年），中宗复位后陪葬乾陵。

1971 年 7 月至 1972 年 5 月，有关部门对懿德太子墓进行发掘。懿德太子墓墓壁绘满壁画，由于受从“盗洞”灌入的淤泥的侵蚀，壁画损毁严重，约有 40 幅留存。墓道两壁以楼阙城墙为背景，绘太子出行仪仗，过洞绘驯豹、架鹰、宫女、内侍等。图 3–5–12 是懿德太子墓的《执扇宫女图》，墓室东西两壁各一幅。所绘人物端正秀美，线条圆润凝重，设色华丽绚烂。形象写实而又生动传神，具有很高的艺术价值。

图 3–5–12　懿德太子墓《执扇宫女图》

4. 韦贵妃墓壁画

韦贵妃墓的壁画画面普遍比较完整，色彩饱和。其中的《备马图》（图 3–5–13）形象生动，笔法细腻，细节描画栩栩如生，堪称唐初绘画的扛鼎之作。韦贵妃墓出土的《乐伎图》（图 3–5–14）中的人物形象十分优美：头梳飞仙髻，柳叶细眉，面带酒窝；身穿白色窄袖衫，外套朱红色宽袖衫，对襟，无纽扣，相交下束于裙内，裙为紫红长裙，形象舒展、优美，情态活灵活现。

图 3–5–13　韦贵妃墓《备马图》

图 3–5–14　韦贵妃墓《乐伎图》

总体来讲，唐墓出土的壁画内容丰富、色彩绚丽，为研究唐代的历史和文化提供了极为重要的资料。这些壁画颜色鲜艳、明净，红色运用多而色彩艳丽，体现了唐代绘画作品那种线条挺劲、用色大胆而丰富、色彩对比强烈的豪放雄健风格，让人感受到那个时代热烈与灿烂的情调。

三、独具魅力的中国画

视频3-5-1
中国十大名画

中国画，又称国画，是一种区别于西洋画的中国传统绘画样式。工具和材料有毛笔、墨、国画颜料、宣纸、绢等，题材可分人物、山水、花鸟，技法可分工笔和写意。

中国画不拘泥于外表形似，更强调神似。它以毛笔、水墨、宣纸为特殊材料，建构了独特的透视理论，大胆而自由地打破时空限制，具有高度的概括力与想象力。这种出色的技巧与手段，不仅使中国传统绘画独具艺术魄力，而且日益为世界现代艺术所借鉴。

（一）中国画的分类

依据题材来分，中国画分为三类：人物、山水、花鸟。三种画品，各有境界。人物画表现的是社会生活中人与人的关系；花鸟画表现的是大自然的各种生命与人和谐相处的意境；山水画所表现的是人与自然的关系，将人与自然融为一体。

1. 人物画

人物画是指以人物形象为主体内容的绘画。中国画中的人物画，大多采用线描的表现方法，勾勒出人物的外形特征，然后用传神之笔“点睛”和进行细节美化，使人物形象形神兼备。中国的人物画自魏晋南北朝时期开始，就十分重视借助环境对人物形象进行衬托，从而凸显人物的性格。

东晋时期的顾恺之是采用“以形写神”手法创作人物画的典型代表，他创作的人物画，善于用淡墨晕染增强质感，运用“铁线描”勾勒出劲挺有力的细线，人物五官描写细致入微，动态处理自然大方。现今传世的顾恺之作品摹本有《洛神赋图》（图 3–5–15）、《女史箴图》和《列女仁智图》等。

唐代阎立本也是擅长人物画的大家。阎立本的人物画，线条刚劲有力，神采如生，色彩古雅沉着，笔触较顾恺之细致，人物神态刻画细致，其作品被时人列为“神品”。其传世作品有《步辇图》（图 3–5–16）、《历代帝王图》

和《职贡图》等。

唐以后画人物画的画家就更多了，历代都有，传世名作也很多。如五代南唐顾闳中的《韩熙载夜宴图》，北宋李公麟的《维摩诘像》，南宋李唐的《采薇图》、南宋梁楷的《李白行吟图》，元代王绎的《杨竹西小像》，明代仇英的《列女图》卷、曾鲸的《侯峒嶒像》，清代任伯年的《高邕之像》等。

图 3-5-15 《洛神赋图》（局部）

图 3-5-16 《步辇图》

2. 山水画

山水画，俗称风景画，是指以描写自然景色为主要内容的绘画。山水画在魏晋南北朝已经出现并有所发展，但大多还是作为人物画背景。从隋唐开始，山水画作为一个独立的种类面世，如王维的水墨山水、王洽的泼墨山水等。五代、两宋山水画大兴，名家辈出，佳作不断涌现，如北宋米芾、米友仁的水墨山水和南宋赵伯驹、赵伯骕的青绿山水，将山水画创造推向高峰。中国历代山水画的共同特点是运用笔墨、色彩、技巧，使自然风光之美跃然纸上，气韵清逸，赏心悦目。

山水画的构图元素包括山、水、石、树、房屋、楼台及春夏秋冬特征性风景等。按画法风格来分，山水画主要分为青绿山水、金碧山水、水墨山水、浅绛山水、淡彩山水和没骨山水等。现择要介绍如下。

（1）青绿山水

山水画的一种。用矿物质石青、石绿作为主色的山水画。有大青绿、小青绿之分。前者多勾廓，少皴笔，着色浓重，装饰性强；后者是在水墨淡彩的基础上薄罩青绿。青绿山水始创于唐时的李思训，北宋的王希孟所画的《千里江山图》也是青绿山水的代表之一。南宋的赵伯驹和赵伯骕也以擅长青绿山水著称。图 3–5–17 是清代著名画家王鉴的《青绿山水图》。

（2）浅绛山水

浅绛山水画是中国画常见的画种，多用以表现深秋和早春时节及斜阳夕照的景色。其特点是素雅静淡，明快透彻。浅绛山水画，以树、石、云、水为

图 3–5–17 王鉴《青绿山水图》

主要表现内容，在水墨勾勒皴染的基础上，着色以浅赭为主。这种设色特点，始于五代董源，盛于元代黄公望。如图 3–5–18 这幅黄公望的《水阁清幽图》。

图 3–5–18　黄公望《水阁清幽图》

（3）金碧山水

中国山水画的一种。以泥金、石青和石绿三种颜料作为主色，比“青绿山水”多泥金一色。用于勾染山廓、石纹、坡脚、沙嘴、彩霞，以及宫室、楼阁等建筑物。

（4）水墨山水

水墨山水指纯用水墨所作之画。水墨画被视为中国传统绘画，也就是国画的代表。最基本的水墨画，仅有水与墨、黑与白色，但进阶的水墨画，也有工笔花鸟画，色彩缤纷。水墨画的基本特点有三：单纯性、象征性、自然性。

水墨画相传始于唐代，成于五代，盛于宋元，明清及近代都有发展。以笔法为主导，充分发挥墨法的功能。“墨即是色”，指墨的浓淡变化就是色的层次变化，“墨分五彩”，指不同色彩可以用多层次的水墨色度来区分。

水墨画有着自己明显的特征。讲究“气韵生动”，不拘泥于物体外表的相似，而多强调抒发作者的主观情趣；讲求“以形写神”，追求一种“妙在似与不似之间”的神韵；讲究“骨法用笔”，不讲究焦点透视，不强调环境对于物体的光色变化的影响；讲究空白的布置和物体的“气势”。如图 3–5–19 沈周的《报德英华图》。

图 3–5–19　沈周《报德英华图》

3. 花鸟画

在中国画中，凡以花卉、花鸟、鱼虫等为描绘对象的画，被称为花鸟画。花鸟画按画法可分为“工笔”“写意”“兼工带写”三种。工笔花鸟画即用浓、淡墨勾勒动象，再深浅分层次着色。写意花鸟画即用简练概括的手法绘写对象。介于工笔和写意之间的就称为兼工带写。

值得注意的是，在中国绘画中，花鸟画是一个宽泛的概念，除了本义花卉和禽鸟之外，还包括畜兽、虫鱼等动物，以及树木、蔬果等植物。如韩滉的《五牛图》（图 3–5–20）就属于花鸟画。

图 3–5–20　韩滉《五牛图》

（二）中国画的艺术特点

受中国文化思想的影响，中国画以崇尚自然、注重表现人的心性和情志见长。其特点主要表现在以下几个方面。

其一，中国画在形象塑造和表现手法上，经常采取以大观小、小中见大的方法，从而使绘画具有“千载寂寥，披图可鉴”的认识作用，又起到“恶以诫世，善以示后”的教育作用。即使山水、花鸟等纯自然的客观物象，在观察、认识和表现中，也自觉地与人的社会意识和审美情趣相联系，借景抒情，托物言志，体现了中国人“天人合一”的观念。如图 3–5–21 这幅《奋发向上　自强不息》图（黄高才作）就是以竹的形象来象征人自强不息、刚健有为的品德和精神。

图 3–5–21　黄高才《奋发向上 自强不息》

其二，中国画在创作上重视构思，讲求意在笔先和形象思维，注重艺术形象的主客观统一。造型上不拘于表面的相似，而讲求“妙在似与不似之间”和“不似之似”。其形象的塑造以能传达出物象的神态情韵和画家的主观情感为要旨。

其三，在构图上，中国画善于打破时空的限制，把处于不同时空中的物象，依照画家的主观感受和艺术创作的法则，重新布置，构造出一种画家心目中的时空境界。于是，风晴雨雪、四时朝暮、古今人物可以出现在同一幅画中。同时在一幅画的构图中注重虚实对比，讲求“疏可走马”“密不透风”，虚中有实，实中有虚。例如，图 3–5–22 这幅《平安富贵》图（黄高才作），为了表现人们物质与精神的双重追求，运用典型化的艺术手法，将象征富贵的石头和象征平安的竹子组合在一起，表现“平安富贵”的主题。

其四，中国画以其特有的笔墨技巧作为状物及传情达意的表现手段，以点、线、面的形式描绘对象的形貌、骨法、质地、明暗及情态神韵。这里的笔墨既是状物、传情的技巧，又是对象的载体，同时本身又是有意味的形式，其痕迹体现了中国书法的意趣，具有独立的审美价值。由于并不十分追求物象表面的相似，因此中国画既可用全黑的水墨，也可用色彩和墨色结合来描绘对象，而越到后来，水墨所占比重越大，因此，现在有人甚至称中国画为水墨画。

图 3–5–22　黄高才《平安富贵》

其五，中国画，特别是其中的文人画，在创作中强调书画同源，注重画家本人的人品及素养。在具体作品中讲求诗、书、画、印的有机结合，并且通过在画面上题写诗文跋语，表达画家对社会、人生及艺术的认识，既起到了深化主题的作用，又是画面的有机组成部分。

第六节　外国绘画艺术管窥

受不同文化思想的影响，中西方的绘画艺术经历了不同的发展道路，绘画材料、创作手法、反映的内容、绘画风格等均存在着差异，艺术成就也各不相同。相对于中国画的写意来讲，西方绘画的写实性更强一些，写实作品的艺术成就更高一些。下面我们从三个不同的方面来了解一下外国绘画艺术的概况。

一、外国早期绘画

人类绘画艺术的历史悠久，目前已知的人类最古老的绘画是法国肖维岩洞的岩画。关于这些岩画，考古学家通过碳检测后得出结论：这些岩画创作于两个不同的时间段，分别距今 3.5 万年和 3 万年。那些画经雕刻后，由红赭石和黑色颜料涂绘，内容有马、犀牛、狮子、水牛，以及打猎归来的人们等。到现在为止，人类早期的绘画作品在世界各地多有发现，其中著名的有西班牙阿尔塔米拉洞窟壁画、法国拉斯科洞窟壁画等。

1. 西班牙阿尔塔米拉洞窟壁画

阿尔塔米拉洞窟位于西班牙北部，是 19 世纪 70 年代发现的一处旧石器时代晚期的古绘画遗迹。该洞窟长约 270 米，深邃而曲折。洞顶和洞壁多是简单的风景草图和分散的动物画像，如野牛、野马、野猪、猛犸、山羊、赤鹿等，多以写实、粗犷和重彩手法，刻画原始人熟悉的动物形象，有站，有跑，有卧，千姿百态，栩栩如生。这些岩画大多为彩色，主色调是赭红和黑色，也有些许黄色和紫色，色彩艳丽，动物形象逼真。其中，一头站立的野牛，比例真实，肌肉丰满，尾巴翘起像在甩动，脸上表现出狂野不羁的神态。一匹野马，线条流畅，身体显得挺拔、矫健。经测定，这些壁画距今约有 1.4 万年至 2 万年的历史。这一发现证实，早在 1 万多年以前，人类已经开始使用色彩鲜明的矿物颜料作画。1985 年，该洞窟被列入世界遗产名录。

阿尔塔米拉洞窟壁画中最著名的一幅作品是长约 2 米的《受伤的野牛》（图 3-6-1 和图 3-6-2）。画中有两只负伤的野牛，它们的身躯蜷缩成一团，外轮廓被处理为稳定的三角形状。在细节方面，诸如抽搐的四蹄、甩动的尾部、斜刺如剑的双角、直竖的耳朵，都采用寓动于静的手法，把野牛处于生

图 3–6–1 《受伤的野牛》（原作）

图 3–6–2 《受伤的野牛》（临摹作品）

命的最后时刻死死挣扎的特点表现得惟妙惟肖。野牛倒在地上两腿无法站立起来，却低着头来保护自己，这也是极为生动的一个画面，表现了动物的尊严与力量，以及它在生命最后一刻的挣扎。

2. 法国拉斯科洞窟壁画

拉斯科洞窟壁画于1940年由法国西南部道尔多尼州乡村的三个孩子发现。拉斯科洞窟由一条长长的、宽狭不等的通道组成，其中一个外形不规则的圆厅最为壮观，洞顶画有 65 头大型动物形象，有从 2 米到 3 米长的野马，有野牛、鹿，其中 4 头巨大的公牛，最长的 5 米以上。拉斯科洞窟被誉为“史前的卢浮宫”。

拉斯科洞窟壁画给人的印象是线条粗犷、气势磅礴、动态强烈，与西班牙阿尔塔米拉洞窟的静态恰好形成对比。如其中的《狮子和犀牛》（图 3–6–3）展现一群犀牛集体对抗狮子的侵犯，将其驱逐出“领地”的场面，整个构图和谐自然，气势壮观，动感强烈。

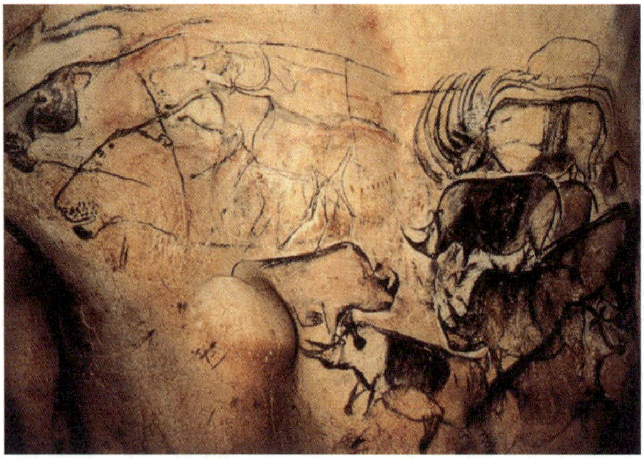
图 3–6–3 《狮子和犀牛》

二、油画

油画是用透明的植物油(一般为亚麻籽油)或松节油调和颜料，在特殊的布、纸、板等平面上创作的绘画。作画时，采用易于挥发的松节油或亚麻籽油做稀释剂调和颜料，调好后在画布或其他平面上一层层地绘画，借助于颜料的遮盖力和透明性，使描绘对象的立体感表现出来。油画是西方绘画的一个主要品种，以其色彩丰富、立体感和空间感强而深受人们喜爱。

油画由 15 世纪之前欧洲绘画中的蛋彩画发展而来，其创始人是尼德兰画家扬·凡·艾克（1385—1441），他对蛋彩画的颜料进行改良和创新后创造了油画。

油画具有以下几个特点：

1. 色彩美

油画靠色彩对比和明暗变化造型，颜色笔笔衔接，铺满画面；层层积色，构成灿烂、艳丽或凝重浑厚的色彩效果。与其他画种相比，它如同气势雄浑的色彩交响乐。因此，色彩美是油画的重要的形式美。

2. 丰富的表现力

油画以色彩造型，并且遵循透视学、色彩学、解剖学等原理，善于在平面上创造出一个“立体”的世界，即将色彩缤纷的立体空间转移到平面之上，真实地表现出人对现实世界的视觉感受。例如，油画能真实地表现出物象的立体性、深远的空间性、逼真的质感、光照的明暗效果以及阳光的跃动等。油画也正是由于具有如此丰富的表现力和色彩美，才一跃成为世界性的画种。

3. 技法的多样性

油画的技法有厚涂法、薄画法、点画法、色块构成法、笔画法、刀刮法、堆积颜色法、制作凹凸底子法、吸油画法、不吸油画法、上亮光油等。油画手法有的细腻，有的粗犷，笔触有显有隐等。正因为表现技法多样，所以油画呈现出多姿多彩的面貌。

总之，油画注重透视关系，讲究人物比例，强调色彩变化，所以画出的人物十分逼真。因为油画创作多采用焦点透视，所以较适用于从某一视角表现风景，不大适合画大型的风景。

三、外国名画举例

相对于中国画来讲，西方传统绘画注重写实，以透视和明暗方法表现物象的体积、质感和空间感，与此同时，注重色彩的运用，因此，所绘物象十分逼真，给人的直接视觉美感要比中国画浓烈一些。现举例如下。

图 3–6–4 《泉》（油画）

1.《泉》（油画；安格尔）

油画《泉》（图 3–6–4）描绘的是一位站立的裸体少女。少女形体优美，体态丰腴，洋溢着青春的活力。画面典雅恬静的美和体现出的精神的纯洁性，给人以深刻的印象。这是安格尔的审美思想与具体写实的少女的美的完美结合，是自然美与理想美的统一。

安格尔一生在裸体素描上下过精深的功夫。《泉》是安格尔最著名的画作之一。实际上，画中少女上肢的姿态并不符合人体的动态规律。安格尔为了使少女的动态看起来更美，为她编造了这样一个不可能存在的动作。这幅作品对于水的表现非常神奇。从水瓶中倾泻而出的泉水是宁静的画面上最具动态的因素。经过画家的巧妙处理，飞泻的清泉非但没有打破画面的宁静感，还使之平添了一种流动的韵律。

图 3–6–5 《岩间圣母》（油画）

2.《岩间圣母》（油画；达·芬奇）

《岩间圣母》（图 3–6–5）以圣母居图中央，她右手扶婴孩圣约翰，左手下方坐婴孩耶稣，一天使坐于耶稣身后，形成三角形构图，他们之间以手势彼此响应。背景则是幽深的岩窟，花草点缀其间，洞窟通透露光。人物、背景的微妙刻画，烟雾状笔法的运用，科学写实以及透视、缩形等技法的采用，表明达·芬奇在处理逼真写实和艺术加工的辩证关系方面达到了新的高度。这幅画是标志达·芬奇创作盛期开始的作品。

3.《睡着的维纳斯女神》(油画；乔尔乔内)

图 3-6-6 《睡着的维纳斯女神》(油画)

《睡着的维纳斯女神》(图3-6-6)是乔尔乔内最成功的油画作品，最后由提香完成。作品中的维纳斯展示出造化之美，没有任何宗教女神的特征。全裸的维纳斯作对角线动势，横卧于户外自然中，她微闭双目，带着进入梦乡的安逸明朗的神情，作沉睡状。躯体优美而温柔，形体匀称地舒展，起伏有致，与大自然互为呼应。女神高抬右手枕于脑后，左手的姿势既有遮蔽又有性的暗示，体现了开放与禁锢并存的时代精神。这种艺术处理不是为了给人以肉感的官能刺激，而是为了表现人的具有生命力的肉体和纯洁心灵之间的美的统一。这种充满人文精神的美的创造，是符合文艺复兴时期理想“美”的典范的。

4.《劫夺吕西普斯的女儿》(油画；鲁本斯)

图 3-6-7 《劫夺吕西普斯的女儿》(油画)

《劫夺吕西普斯的女儿》(图3-6-7)根据希腊神话创作。锡尼国王吕西普斯的孪生女儿招来了宙斯的孪生子——双子神的爱恋，他们俩便劫夺了这对姐妹。在惊跳起来的两匹马之间，两个威尼斯风格的丰满裸女被左边骑着马的卡斯特和右边的波乐克斯捉住，少女扭曲的身体形成回旋式的构图。图中马、神、人以及小天使在完全动态与众多方向中互相弥补，形成对比。马匹色彩的棕黑、青灰，兄弟二人粗壮的臂膀、结实的肌肉、紫铜色的皮肤与姐妹二人丰满的躯体、白皙的肌肤形成强烈对比。人物之后的背景是一片牧歌式的田园景象，它静静地向着广漠的远景展开。鲁本斯用低低的水平线来强调远景，用大浮雕式的手法表现十分情绪化的近景。

5.《苹果与橘子》（油画；塞尚）

《苹果与橘子》（图 3-6-8）是一幅静物画。在白桌布上熠熠发光的橘子和苹果，一下子跌入眼中……塞尚完全置自然主题于不顾，只强调、突显他的视觉作用，从好几个不同的角度来表现物体的大小结构。这种角度的多样性为立体主义打下了思想基础。塞尚创造了自己独特的空间，他完全摆脱了传统的透视法。

这些既相近又迥然不同的东西，却在整合之间产生了群体关系。同白色形成对比的水果和桌布的生动色彩，以及布局的“结构”等，都带有一种新的含义，也许是一种抽象的含义，但在表现静物上却更具客观性。

6.《日出·印象》（油画；莫奈）

《日出·印象》（图 3-6-9）这幅画是印象派运动命名的由来，也是莫奈单以色彩来建构整张作品的最佳范例。所有传统观念中的内容或是主题在这幅画中都已经不复存在，只有光线和空气才是主题。画中的河水、雾气、隐在雾中的小舟和远方初升的红日，以及河面上映照着红日的点点倒影，不仅很真实，而且色彩和气氛生动自然。莫奈认为即使是最暗的阴影也是由几乎难以察觉的不同层次的光和颜色构成的，因而他采用小幅的、便于携带的画布，以便在户外用油彩捕捉瞬间的光彩变化。

图 3-6-8 《苹果与橘子》（油画）

图 3-6-9 《日出·印象》

图 3–6–10 《向日葵》

7.《向日葵》（油画；梵高）

1888 年 2 月，已 35 岁的梵高从巴黎来到法国南部小城阿尔寻找他的阳光、他的麦田、他的向日葵。图 3–6–10 这幅《向日葵》就是他在阳光灿烂的法国南部所作。画作笔触粗厚有力，色彩的对比单纯强烈。然而，在这种粗厚和单纯中又充满了智慧和灵气。观看此画，观者无不为那激动人心的画面效果而感动，心灵为之震颤，激情也喷薄而出，融入梵高丰富的主观感情中去。总之，梵高笔下的向日葵不仅仅是植物，而是带有原始冲动和热情的生命体。

8.《由飞舞的蜜蜂引起的梦》（油画；达利）

《由飞舞的蜜蜂引起的梦》（图 3–6–11）描绘的是达利的妻子加拉的一个梦境。画面上，赤裸的加拉躺在一块礁石上，因受到睡梦中"扑过来"的老虎惊吓，上半身呈惊起姿态。当老虎扑向加拉的时候，加拉脚上方的石榴中跳出一条大鱼，大鱼一口咬住了扑向加拉的一只老虎；加拉头部的左上方，一只蜜蜂伸着长腿，阻止右边扑向加拉的猛虎；一把枪直指加拉，尖尖的刺刀头点在加拉的臂膀上，大概是蜜蜂刺向猛虎的刺刺偏了，误中了加拉。这幅画中所画物象之间没有必要联系，但作者借助于梦境的形式将其组合在一起，充分体现了艺术创作的浪漫主义思想。

图 3–6–11 《由飞舞的蜜蜂引起的梦》

第四章　雕塑艺术欣赏

雕塑是运用可塑性、可雕性的物质材料，如玉、石、木、金属、黏土等，通过雕、刻、塑、铸、焊等手段制作的反映社会生活，表现理想、愿望、精神寄托等主题的一种可视、可触、静态和立体的造型艺术。

第一节　雕塑艺术的特点

视频4-1-1 雕塑艺术的基本特点

雕塑艺术是在三维空间内通过形体塑造来表达思想、抒发感情、表现审美意趣和精神寄托的一种艺术形式。与其他门类的艺术形式相比，雕塑艺术具有以下几个特点。

一、以形体为基本表现形式

雕塑作品的思想内涵、审美意趣都是通过一定的形体来表现的，以形体为基本表现形式是雕塑艺术的最大特点。正是因为以形体为基础，所以雕塑作品长于表现事物的外形特征，易于做到形神兼备，并且容易在视觉上给人们以强烈的“冲击力”，把人们的目光吸引过来，使其有意无意地成为欣赏者。与此同时，形体本身的直观性又决定了雕塑艺术易于为大多数人所感知和欣赏，这就决定了它是一种大众性的艺术形式。

以形体为基本表现形式决定了雕塑的简洁性和概括性，短于叙事而长于精神表现，因此，雕塑作品常常用于表现精神寄托、信仰和崇拜以及审美意趣等。例如，图 4-1-1 这件北齐时期的石刻佛坐像（现藏山东青州博物馆）就是用于表现精神寄托、信仰和道德崇拜的。

图 4-1-1　北齐石刻佛坐像

二、表现手段单一

舞蹈艺术不仅有形体动作，而且有音乐、灯光的配合；绘画不仅可以借助于形象和色彩，而且可以借助于概括主题的标题和题诗等。相对于这些艺术形式来讲，雕塑的表现手段比较单一，它只能依靠单纯的人物形象或事物形体来表现一定的思想、寄寓某种道德或象征某种精神等。这一特点决定了雕塑作品本身既要形象明确、特点突出，也要十分清楚地凸显或暗示细节。例如，西汉霍去病墓前的大型雕塑《马踏匈奴》这件石雕作品，通过已被踏在马下仍左手持弓、右手执箭的细节刻画，旨在暗示这一匈奴败将的垂死挣扎。

三、富有象征性和寓意性

因为雕塑艺术是借助于事物的形体来抒发情感、表达思想和表现道德精神的，所以它难以像绘画那样进行细致和复杂的描绘，而只能凭借单纯的形象触发和唤起人们的想象与联想，使人们通过想象和联想把握其思想内涵，这就决定了雕塑作品的象征性和寓意性。例如，中国古代雕塑中的龙、凤、龟、狮、麒麟等形象，都有其象征意义。

雕塑艺术的象征性和寓意性常常与人们普遍的思想观念、审美意趣和知识经验联系起来，使人们很容易看到其内在的思想或所表现的精神。如中外人体雕塑作品非常注意人物姿态、表情、局部特征的雕琢，这是由人们普遍的审美观念决定的。与此同时，雕塑作品的象征义与寓意常常隐含于与形象紧密联系的幕后故事之中。例如，当我们看到鲁迅雕塑的时候，自然而然地会想到他为民族的前途与命运呐喊与鼓呼的事迹，继而从这一雕像本身看到其所象征的与邪恶势力不屈不挠斗争的精神。

四、具有体量美与视觉冲击力

雕塑作品的体量美包括两层含义：一是指大型单体雕塑作品以其形体的

高大给人以庄严、雄壮、厚重等美感，二是指群雕作品以其数量和规模给人以壮观、恢宏、博大等印象。例如，洛阳龙门奉先寺的唐代石刻卢舍那大佛（图 4–1–2），通高 17.14 米，头高 4 米，耳长 1.9 米，形象高大，气势壮观；现陈列于陕西省咸阳博物馆的汉兵马俑以其数量众多给人以场面宏大、气势壮观的体量美。雕塑作品的体量美首先体现为强烈的视觉冲击力，继而转化为一种心灵震撼力，使人获得强烈的审美快感。

图 4–1–2　卢舍那大佛

第二节　雕塑艺术的种类

根据不同的分类标准来划分，雕塑可以分为很多种。其常用的分类标准如下。

视频4–2–1
雕塑作品的分类

一、按雕塑作品的制作材料来划分

按制作材料来划分，雕塑作品可分为石刻、木雕、泥塑、陶塑、金属雕塑、玻璃钢雕塑等；在雕塑上施以粉彩的，叫彩雕或彩塑。例如，图 4-2-1 是现藏于浙江省博物馆的宋代彩绘菩萨立像。这尊立像是一件泥塑施彩的雕塑作品。

图 4-2-1　宋代彩绘菩萨立像

二、按形态来划分

雕塑按其形态来分，可分为圆雕、浮雕和透雕（镂空雕）三种。圆雕是不依附背景的、完全立体的、可从四面观赏的一种雕塑。浮雕是只有一个观赏面的雕塑。其基本特点是有一块底板为依托，所雕塑的形体被不同程度地压缩后在一定的空间内凸显出来。例如，图 4-2-2 是现藏于陕西历史博物馆的唐代陶塑佛像，这件陶塑作品就是浮雕。透雕是在浮雕基础上镂空背景部分的雕塑。

图 4-2-2　唐代陶塑佛像

三、按放置环境和用途来划分

雕塑按放置环境和用途来分，可分为城市雕塑、园林雕塑、室内架上雕塑、案头雕塑等。

第三节　雕塑艺术欣赏的要点

视频4-3-1 雕塑作品的欣赏要点

因为雕塑形象明确具体，很容易看得清楚，所以一般人都可以观赏，这是雕塑艺术的大众性。但与此同时，由于雕塑作品一般都有它的寓意或象征义，而其寓意和象征义常常是与雕塑形象背后的故事、古代神话、历史传说等联系在一起的，因而需要具备一定的历史文化知识才能够正确理解，这是雕塑作品的人文性。欣赏雕塑作品不仅要观赏其形象，把握其所表现的思想、昭示的道德和象征的精神，而且要看其雕塑工艺和创作手法等方面的可取之处。欣赏要点如下。

一、观赏雕塑形象

观赏雕塑形象，主要应把握住三点：一是看清楚雕塑作品的基本构成，其中包括主体形象、陪衬形象和背景雕饰等。在此基础上，明确雕塑作品所塑造的主要形象的类属。二是看雕塑作品中形象的姿态和形体特点等。因为形象的姿态不同，所表现的精神风貌也不同。例如，《马踏匈奴》（图 4-3-1）和《马踏飞燕》（图 4-3-2）这两件雕塑作品，虽然都是马的形象，但因为形象的姿态不同，表现出的精神风貌也就不同。前者通过马坚实站立的形象表现其力量，后者通过马奔跑的姿态表现其速度。三是看雕塑作品的体量。雕塑作品的体量不仅决定其观赏性，而且反映着创作者的雕塑水平和艺术精神等。例如，不论是秦始皇陵出土的秦兵马俑，还是咸阳杨家湾汉墓出土的汉兵马俑，几千个士兵形象没有一个与其他形象是相同的，这不仅反映了创作者高超的技艺，而且反映了他们追求完美的艺术精神。

图 4-3-1 《马踏匈奴》

图 4-3-2 《马踏飞燕》

二、把握思想意义

雕塑作品的真正价值不是审美表现，而是思想表达。因此，欣赏雕塑作品必须准确把握作品的思想意义。怎样才能准确把握作品的思想意义呢？一是通过了解形象在特定文化背景下的寓意或象征意义来把握。以中国古代雕塑作品的欣赏为例。在中国传统文化中，很多事物的形象都有其基本的寓意和象征意义，如龙象征着刚健有为、马象征着厚德载物、牛象征着吃苦耐劳等。二是通过形象的基本特征和细节特点来把握。例如，《掷铁饼者》（图 4-3-3）这尊青铜雕像，通过强健有力的肌肉和突出的筋腱等形象特征来表现人物的强健有力，使人们感受生命与健康的美好。三是通过形象背后的故事来把握雕塑作品的思想意义。例如，图 4-3-4 这尊《苏武牧羊》雕塑。这尊雕像以苏武形象为主体，以两只羊和苏武手中的旌节为辅助，讲的是苏武持节牧羊的故事。只要熟悉苏武牧羊的历史故事，就能正确理解这尊雕像的思想意义。四是通过与雕塑作品形象相关的历史传说、神话故事等来分析其思想意义。例如，天禄是中国古代传说中主持公道的一种神兽，遇到不公平的事情时，它就用角去抵过错的一方。唐代皇帝的陵前石刻中，都有天禄（图 4-3-5）这种神兽雕塑，要把握这些雕塑作品的思想意义，就需要知道相关的历史传说。五是根据雕塑作品创作的背景、放置环境等分析其思想意义。例如，《统一六国》（图 4-3-6）雕塑放置在咸阳市的城市广场，其思想意义是象征着这个城市的历史。

图 4-3-3 《掷铁饼者》

图 4-3-4 《苏武牧羊》

图 4-3-5　唐顺陵天禄

图 4-3-6 《统一六国》

三、分析艺术特色

因为各种艺术门类的创作手法大多是相通的，对雕塑作品艺术特色的分析不仅能加深对它的认识和理解，获得更充分的美感体验，而且能够受到思想方法和创作方法的提示，提高思想分析能力和文艺作品的创作能力。

对于雕塑作品艺术特色的分析主要从四个方面入手：一是从构图元素的分析入手。因为在雕塑作品中，不仅每一个构图元素都具有一定的含义，所有元素按照一定的关系组合起来共同支撑着作品的主题，而且某一元素的巧妙使用能使作品的主题很好地凸显出来，或者使作品的艺术魅力一下子得到增强。例如，青铜雕塑《马踏飞燕》中，被踩在马蹄下的燕子这一元素的使用使得骏马飞奔的主题被成功地凸显出来；大理石雕像《断臂的维纳斯》（图 4-3-7）中，下半身的长裙这一元素的使用，使得雕塑形象显得高雅起来。二是从创作方法入手。在古今中外难以数计的雕塑佳作中，既有现实主义的珍品，也有浪漫主义的杰作。由于创作手法的不同，作品的风格各异，艺术魅力也各不相同。与此同时，写实的作品大多表现的是人们的道德认同、生活愿望和审美志趣等，虚构的雕塑形象常常表现的是人们的精神崇拜和精神寄托等。例如，中国古代雕塑中的青龙、朱雀等神兽形象，就是人们采用浪漫主义的创作方法虚构出来的。人们虚构这些形象的目的，主要是寄托精神。三是从表现手法入手。根据表现主题的需要，在雕塑创作中，创作者们经常使用夸张、对比和衬托等表现手法来塑造形象。例如，在西汉霍去病墓前的大型石刻雕像群中有一件《人与熊》雕塑。这件雕塑采用了夸张的表现手法，让人与熊不仅相互抱着，而且互相咬着，将人与熊殊死搏斗的精神成功地凸显出来。四是从雕塑工艺入手。雕塑工艺不仅在一定程度上决定着作品的思想表现力，而且决定着作品的艺术魅力。例如，图 4–3–8 这件东魏时期的石刻佛像（现藏麦积山研究院）将衣饰的纹理雕刻得生动细腻，增强了整个作品的美感。

图 4–3–7 《断臂的维纳斯》

图 4–3–8　东魏时期石刻佛像

第四节　中国古代雕塑艺术览胜

雕塑艺术是中国古代艺术门类中产生最早、作品数量最多、珍品最多的一种艺术形式。从上古到近代，每一个时期都产生了大量的雕塑艺术珍品。限于篇幅，我们在这里择要介绍如下。

一、先秦时期的雕塑

视频4–4–1
先秦时期的雕塑

先秦时期的雕塑可分为史前时期和夏商周时期两个阶段的雕塑来看，史前时期以陶雕为代表，夏商周时期以青铜雕塑为代表，各时期都出现了大量的艺术珍品。

（一）史前雕塑

史前时期的雕塑是中国远古艺术的主要样式，见证了远古人类对美好生活的向往与追求。这一时期的雕塑艺术主要表现为陶器上的雕塑元素和独立的陶制工艺品。陶器上的雕塑元素主要有两种表现形式：一是以动植物形象作为陶器的造型，如河姆渡遗址出土的猪嘴形支架，这件陶器的造型模仿了自然界中的猪嘴，同时又加入了古代工匠的艺术处理；二是陶器上的装饰性雕塑，如西安半坡博物馆的红陶人头壶，人头塑像主要是作为装饰的。

独立存在的陶制小工艺品是古代工匠们不假任何工具而信手捏制的，形体小巧，生活气息浓厚，意趣横生，如西安半坡遗址出土的陶塑蛙（图4–4–1）、河姆渡遗址出土的陶鸟（图4–4–2）等。这些陶制小工艺品不仅表现了人们的审美意趣、精神寄托，而且表现了远古人类对美好生活的向往和追求。

图4–4–1　陶塑蛙

图4–4–2　陶鸟

（二）夏商周三代雕塑

夏、商、周三代被史学家称为“青铜时代”，这一时期的雕塑作品主要表现为青铜器上的雕塑元素，以及相对独立的青铜造像。概括起来讲，大致有这么三类：一是以动物形象为主体造型的青铜器，例如，图4–4–3是现藏于安阳殷墟博物馆的商代牛尊，其主体造型就是牛的形象；二是青铜器上的装饰，包括圆雕、浮雕、透雕等形式，例如，现藏于中国国家博物馆的四羊方尊（图4–4–4）上的青铜圆雕装饰；三是相对独立的青铜造像，例如，四川广汉三星堆出土的铜鸟（图4–4–5）就是一件表现人们审美意趣、精神寄托以及对美好生活向往和追求的雕塑艺术作品。

图 4-4-3　商代牛尊

图 4-4-4　四羊方尊

图 4-4-5　铜鸟

相关链接

四羊方尊

四羊方尊于 1938 年出土于湖南宁乡县（今宁乡市），现藏中国国家博物馆。这是一件商代早期的青铜器，是迄今为止发现的商代青铜方尊中最大的一件，器高 58.3 厘米，整器重 34.5 公斤。尊这种器物是古代的酒器，主要流行于商周时期，以青铜和原始青瓷两种材质的最为常见。

从器物造型来看，四羊方尊整体上为方形，敞口宽沿，上半部分整体上为方斗形，颈部高耸，饰以蕉叶纹、兽面纹和三角夔纹，整体造型简约但不失华美。此器高足，上小下大，稳定感十足。特别值得一提的是，器足的四个面上各塑高浮雕羊腿两只，与器腹的羊身连接起来形成一个整体，既增加了美感，又加强了器物的稳定性。

从艺术的角度来看，方尊的腹部是最大看点，器物腹部的四个角上各塑一只羊，圆雕的羊头和脖子伸出器外，羊身和羊腿与器身融为一体，采用圆雕和浮雕结合的形式使羊的前半个身子分明地呈现出来，设计十分巧妙。在每一个面的中部两羊相邻处各塑一高浮雕的兽首。四羊方尊这件器物采用平面纹饰和立体雕塑相结合的形式，大大增强了器物的可观赏性。

从雕塑思想的角度来看，此器的主体雕塑为四只羊，寓意为吉祥；两羊之间塑高浮雕龙首，也取平安祥瑞之意。因此，这件器物不仅代表了商代青铜器制造的工艺水平，而且是人们思想观念、生活愿望等的一个综合体现。

在以青铜器雕塑为主要代表的同时，这一时期还产生了大量的石雕、玉雕、陶雕等雕塑作品。以玉雕为例，其题材多样，造型生动，内涵丰富，表现了当时人们的审美情趣、生活理想以及精神寄托等。商周墓中出土的玉鳖、玉虎、玉人等为数不少的玉雕作品，表现手法简洁明快，人或动物的形象十分生动。20 世纪七八十年代，在陕西宝鸡西周墓先后出土了一批形态各异、纹饰简洁、琢磨细致、栩栩如生的玉鹿作品（图 4–4–6 至图 4–4–9）。

图 4–4–6　玉鹿

图 4–4–7　玉鹿

图 4–4–8　玉鹿

图 4–4–9　玉鹿

图 4–4–6 这件作品昂首前视，圆目平视，前胸微凸，后部突起，后肢前屈，蹄足作奔跑状；图 4–4–7 和图 4–4–8 两鹿均作站立回首顾盼状；图 4–4–9 无角，头顶有两只大耳竖起，似为幼鹿作站立回首张望状，鹿身丰腴，匀称美观，充满幼鹿的生趣。

二、秦汉时期的雕塑

视频4–4–2
秦汉时期的雕塑

秦汉时期是中国艺术思想迅速走向成熟的时期，雕塑艺术在这一时期得到了前所未有的发展，出现了举世闻名的秦兵马俑大型陶制雕塑、铜车马，以及有“东方的太阳神和维纳斯”之称的汉俑等一大批雕塑艺术珍品。

（一）秦代雕塑

大秦帝国虽然只有短短 15 年的历史，但在雕塑艺术方面却为我们留下了十分宝贵的遗产。秦代雕塑的代表是秦兵马俑和瓦当。

1. 秦始皇陵兵马俑

秦始皇陵兵马俑（图 4–4–10）是世界考古史上最伟大的发现之一。秦始皇陵位于西安市临潼区，距西安市城区约 37 公里，南倚骊山，北临渭水。自 1974 年以来，在秦始皇陵园东 1.5 公里处发现从葬兵马俑坑三处，出土陶俑 8000 件、战车百乘以及数万件实物兵器等文物。其中，几千件大型陶俑令世人叹为观止。它见证了早在 2000 多年前，我国的雕塑艺术就已经发展成熟。

图 4–4–10　秦始皇陵兵马俑

秦始皇陵兵马俑为大型陶塑俑，用陶泥塑造后烧制而成，有的先烧后接，有的先接再烧；烧成后着以彩绘（秦始皇陵兵马俑刚出土时局部还保留着鲜艳的颜色，但出土后由于被氧化，颜色消失，现在能看到的只是残留的彩绘痕迹）。从大的造型方面来看，这些兵俑有的头挽发髻，身穿战袍，足登短靴，手持弓弩；有的免盔束发，身穿战袍，外披铠甲，手持弓弩，背负铜镞；有的头戴软帽，穿袍着甲，足登方口浅履，手持长铍。陶马有的双耳竖立，有的张嘴嘶鸣，有的闭嘴静立。从局部细节方面来看，这些兵俑有的嘴唇努起、胡角反卷，内心似聚结着怒气；有的立眉圆眼，眉间的肌肉拧成疙瘩，似有超人的大勇；有的浓眉大眼，阔口厚唇，性格憨厚纯朴；有的舒眉秀眼，头微低垂，性格文雅；有的侧目凝神，机警敏锐。总之，兵俑的脸型、胖瘦、表情、眉毛、眼睛和年龄互有差异（图 4–4–11）。每一个形象都具有明显的个性特征，逼真、自然而富有生气。

图 4-4-11　秦始皇陵兵马俑长相、面部表情等比较图

2. 瓦当

瓦当，俗称瓦头，是指筒瓦顶端的一部分，有圆形和半圆形两种。瓦当是我国古代建筑中特有的一种装饰物，主要起着保护屋檐、防风雨侵蚀、延长建筑物寿命的作用。

瓦当除了实用的作用外，其上面还雕刻有各种图案，寄托着人们希望宅第平安、家业兴旺、好运长久等生活理想。秦瓦当的纹饰除动物纹外，还有大量的植物纹和各种云纹。动物纹主要有鹿纹（图 4-4-12）、双獾纹、夔凤纹、鸿雁纹、鱼纹等，这些瓦当图案反映了当时人们祈福求祥的心理，如鹿音谐“禄”，羊音谐“祥”，獾音谐“欢”，鱼音谐“余”，等等。秦代的各种云纹瓦当，其图案是各种各样的祥云图案，寄寓着人们渴望上天“降灵”、保佑“康宁”的愿望。

图 4-4-12　秦子母鹿纹瓦当

除了以上两个代表外，秦代还产生了大量的玉雕、石雕、金属雕塑等。玉雕如现藏于咸阳博物馆的龙凤合体玉佩，金属雕塑如秦始皇陵陪葬坑出土的青铜仙鹤（图 4-4-13）和青铜凫雁（图 4-4-14）等。

图 4-4-13　青铜仙鹤

图 4-4-14　青铜凫雁

（二）汉代雕塑

汉代是中国艺术思想发展至成熟的时期，这一时期，雕塑艺术得到了前所未有的发展，各种材质、各种题材的作品大量涌现，产生了大量的艺术珍品。这一时期代表性的作品有西汉霍去病墓大型石雕群、咸阳杨家湾汉兵马俑、汉景帝阳陵的各类陶俑，以及各种纹饰的瓦当。

1. 西汉霍去病墓大型石雕群

西汉霍去病墓大型雕塑是一批里程碑式的作品，这些作品既有现实主义的杰作，又有浪漫主义的佳作，还有现实主义与浪漫主义相结合的珍品。在表现手法方面，写实与写意相结合，灵活使用圆雕、浮雕、线刻的表现手法，既雕出了形象的自然形态，又雕出了其神韵与精神。这一批雕塑既是中国艺术思想至汉代已经完全成熟的标志，也是中国古代雕塑艺术水平的见证。

2. 咸阳杨家湾汉兵马俑

出土于咸阳杨家湾西汉墓的约 3000 件汉兵马俑，有步兵、骑兵、文官、武士、伎乐俑等，是一批汉代陶塑艺术珍品。与秦兵马俑相比，杨家湾出土的汉兵马俑（图 4-4-15 和图 4-4-16）更具艺术性。秦兵马俑的制作在很大程度上是一种“模仿”性的写实，而杨家湾汉兵马俑采用写意的手法，艺术色彩更浓厚一些；虽然写意性的作品形体较小，细节的雕塑难度相对增大，但是这些汉兵马俑造型生动，姿态各异，从主体到细节都栩栩如生，其雕塑、彩绘水平明显高于秦兵马俑。

图 4-4-15　大骑兵俑

图 4-4-16　小骑兵俑

仔细观察，不难发现，不论是大骑兵俑，还是小骑兵俑，不论是骑兵，还是战马，各个形象局部细节上都互有差异。

3. 汉阳陵陶俑

汉阳陵出土的汉俑采用多种雕塑材料制作，题材十分丰富，其中不仅有数以千计的武士俑，有成百上千的宦官俑、乐伎俑等人物俑，而且有数以万计的牛、羊、猪、狗、鸡等陶质动物俑。其中的人物俑（图 4-4-17）在当时制作成型后都身着各色美丽的服饰，胳膊为木制，可以灵活转动，但经过两千年岁月的消磨，衣服与木胳膊都已腐朽，出土后只剩下了裸露的陶质身躯。汉阳陵出土的武士俑披坚执锐、严阵以待；仕女俑宽衣大袖、美目流盼，女骑兵俑面目清秀，身材匀称：这些人物俑比例合度，细腻传神，称得上“东方的太阳神和维纳斯”。这里出土的动物俑成千上万，千姿百态，生动异常，尤其是细部的雕塑十分到位，如图 4-4-18。

从艺术的角度看，汉俑以现实生活为题材，采用写意的创作手法，注重个性特征的表现，从脸庞轮廓到五官分布乃至不同个体的面部表情，都表现得十分生动、细腻，丰富而传神，即使被时间脱去了衣裳裙甲的裸俑，也能够显示出制作者们对形体的比例、线条和轮廓的准确把握。

图 4-4-17　汉阳陵出土的人物俑

图 4–4–18　汉阳陵动物俑

4. 汉代瓦当

“秦砖汉瓦”作为陕西文化的代名词，其含义有二：一是比喻陕西文化精神的博大与厚重，二是形容陕西文化思想内涵的丰富。前者取意于秦砖——秦代的大砖长一米左右，宽四五十厘米，厚二十厘米左右，厚重感十足；后者取意于汉瓦——汉代的瓦当图案与文字内容十分丰富，思想内涵博大。

汉代的图像瓦当以青龙、白虎、朱雀、玄武四灵像浮雕瓦当（图 4–4–19 至图 4–4–22）最为著名。这类瓦当一般是在当面有效范围内，尽量表现出所塑动物的神态，着力凸显其气势和力量感，达到寄托精神愿望和进行审美表现的目的。青龙、白虎、朱雀、玄武四灵神分别代表天上东、西、南、北四个方位的星宿，为四方神兽，具有辟邪禳灾、祈福承喜、保佑康乐安宁之“神力”。这就是说，汉代瓦当的四神兽纹饰表达了人们祈求平安、渴望幸福康宁的美好愿望。除了四神兽纹饰外，还有各种动物、植物等纹样，如龟纹、豹纹、鹤纹、玉兔纹、花叶纹等。

图 4–4–19　青龙纹瓦当

图 4–4–20　白虎纹瓦当

图 4–4–21　朱雀纹瓦当

图 4–4–22　玄武纹瓦当

汉代的文字瓦当以“千秋万岁”（图4-4-23）、“长生无极”等吉祥语或赞颂语为塑刻内容，表现了人们的生活理想、人生向往，以及精神寄托等。这些文字瓦当多为小篆书体，兼有鸟虫篆、隶书、真书等，排列有序，和谐匀称，布局讲究，显示出汉代质朴浑厚的艺术风格。其艺术观赏性可与精致的印章相媲美。汉代的文字瓦当，在制作时首先是对当面进行划分，划分的基本方法是用一小圆圈标明当面中心，圆内置一乳钉装饰，再根据要塑刻的字数用线将当面分成几个独立部分，每部分塑刻一字。汉代的文字瓦当以四字的居多，两三字的也比较常见；塑刻文字四字以上的较少，多达十几字的更少。这些瓦当文字布局疏密相间，用笔粗犷，是中国陶塑中独具魅力的珍品。

图 4-4-23　西汉“千秋万岁”瓦当

相关链接

四大灵兽

四大灵兽是古代传说中的四种祥瑞动物，更确切地说，是人们根据精神寄托需要、以现实存在的事物为基础通过想象创造出来的，它们分别是青龙、白虎、朱雀、玄武。人们在创造这几种灵兽的时候，将青龙想象为东方的守护神，将白虎想象为西方的守护神，将朱雀想象为南方的守护神，将玄武想象为北方的守护神。今天我们还能见到的青龙门、朱雀门、白虎门和玄武门的命名都是根据四灵兽镇守的方位来确定的。

人们在创造这四种灵兽的时候，充分参照了现实中事物的形象和生性特点，将青龙和白虎塑刻得气势威猛，凸显其辟邪的神力，将朱雀和玄武塑刻得相对温和一些，表现其调和阴阳的法力。在四灵兽创造出来之后，随着时间的推移，人们不断赋予其思想和精神内涵，使其有了多种象征意义。下面，我们分别来看一下。

青龙，也称苍龙，古代传说中的东方之神。因为自古以来，人们都认为龙具有阳刚之气，象征着自强不息、不断进取的精神，所以将其与太阳的升起联系在一起，视其为东方之神。到汉代时，人们又根据太阳光辉普照天下之意，将龙视作天子，即皇帝的象征。关于龙的形象，一般认为是蛇身、麟首、鹿角、鱼尾、五爪。青龙既是正义力量的象征，也是阳刚之气的象征，同时代表着男子。

白虎是人们根据现实中的虎想象再造出来的。因为在中国古代人们所能见到的最凶猛的动物是老虎，所以将其视为“百兽长”，白虎成为勇猛威武和不可战胜的象征。古代军队中立白虎旗、兵符上刻白虎像或将兵符做成白虎形，都取意于此。因为猛虎下山有势不可当之力，故而人们将其与日落联系起来，视其为西方之神，认为其具有避邪禳灾、匡扶正义等神力。

朱雀，也叫玄鸟，传说是凤凰的一种。在中国古代，凤凰被人们视为一种美丽吉祥的神鸟，认为它能给人间带来祥瑞。与此同时，人们还认为凤凰品性高洁，“非梧桐不栖，非竹实不食，非醴泉不饮”(《庄子·秋水》)，是纯洁与美丽的象征，代表着女子，由此又引申出了阴柔的象征。

玄武是人们根据现实存在的龟和蛇加以想象组合创造出来的一种灵物。玄，本义为黑色，这里引申为黑暗、阴暗；武，勇猛。玄武指的是阴暗处的神灵。这个基本义是人们根据构成玄武的动物的特点概括出来的，即龟生活在水中，蛇一般活动在草丛中，都是不易发现的动物。因为南为阳，北为阴，所以玄武被认为是北方之神。此外，因为乌龟长寿，玄武又是长生不老和健康长寿的象征。

在五行学说盛行的年代里，五行家们根据阴阳五行给东南西北中配上五种颜色，而每种颜色又配上一个神兽与一个神灵：东为青色，配龙；西为白色，配虎；南为朱色，配雀；北为黑色，配武；黄为中央正色。此外，四大神兽又代表着不同的季节：青龙代表春季，白虎代表秋季，朱雀代表夏季，玄武代表冬季。因此，古人希望四季平安、四方来财等都把四神兽作为仰仗。《三辅黄图·未央宫》：“苍龙、白虎、朱雀、元武，天之四灵，以正四方，王者制宫阙殿阁取法焉。”

除了以上几个代表性的作品外，汉代的金属雕塑和玉石工艺品雕塑数量众多，雕刻手法细腻，产生了大量的艺术珍品。常见的有带钩、印纽、头饰、玉佩，以及玉蝉、玉猪等。这些小型玉雕小中见大，选材精良，造型精美。

三、魏晋南北朝时期的雕塑

视频4-4-3 魏晋南北朝时期的雕塑

魏晋南北朝时期，我国的雕塑艺术进一步发展。尤其是佛教的盛行，使佛教雕塑艺术得到了巨大发展，人物雕塑艺术更加成熟。这一时期雕塑艺术的典型代表当为石窟佛像雕塑。这一时期比较著名的石窟有甘肃敦煌的莫高窟石窟、甘肃天水的麦积山石窟、山西大同的云冈石窟、河南洛阳的龙门石窟，这几个石窟并称“中国四大石窟”。

1. 敦煌莫高窟

敦煌莫高窟位于甘肃省敦煌市，是我国著名的四大石窟之一，也是世界上规模最大、内容最丰富和历史最悠久的佛教艺术宝库。该石窟从前秦建元二年（366 年）开始开凿、造像和绘画，到元代基本结束，前后经过大约一千年的不断开凿、造像和绘画，留下了极其丰富和十分宝贵的文化遗产。敦煌莫高窟的文化价值不仅在于其绘画和彩塑艺术，还在于其丰富的文献资料。1900 年，在莫高窟的“藏经洞”中发现了大批文物，涉及时间从公元 4 世纪到 14 世纪，总数达五六万件。

由于莫高窟所在山体不具备石刻条件，因而这里的造像除四尊大佛为石胎泥塑外，其他的均为木骨泥塑像。雕塑内容主要是佛教人物，其中有佛、菩萨、弟子、天王和力士像等。塑像有的单身雕塑，有的组合造像。组合造像一般是佛居中心，菩萨和弟子侍立两侧，天王和弟子两边护法。莫高窟的组合造像少的为 3 身一组，最多的是 11 身一组。彩塑形式有圆塑、浮塑、影塑和善业塑等。总的来看，这里的彩塑像雕塑手法细腻，造像栩栩如生，尤其是细节刻画十分到位，极富视觉美感。

图 4-4-24　敦煌 275 窟中央造像

图 4-4-24 是莫高窟第 275 窟中央

（北凉时期）菩萨造像。菩萨头戴化佛三珠宝冠，交足坐于双狮座上，面部丰满圆润，肩宽胸平，体态健硕，两腿在裙下显出自然的粗细变化，左臂自然下垂，左手施与愿印，右臂抬起，右手残损，但可以看出是做说法印。再仔细看，菩萨的颈部戴贴花镶宝的项圈，胸前挂璎珞；披肩显得丝质般柔滑，腰束翻边羊肠大裙，衣褶塑刻得十分生动和细腻。总的来看，此尊造像整体上造型简约，但细节上雕饰细腻，特别是菩萨的面部神情、身体姿态都十分符合菩萨的身份和性格。

2. 麦积山石窟

麦积山因形似麦垛而得名；麦积山石窟位于甘肃天水，是我国四大石窟之一。这一石窟始建于后秦时期（384—417 年），历经北魏、西魏、隋唐、五代和宋、元、明、清各个朝代的不断开凿和建设，最终成为中国著名的石窟群之一。

麦积山石窟的窟龛凿于高 20 ～ 80 米、宽 200 米的垂直崖面上，因唐代开元年间遭遇大地震，中部洞窟损毁，使现存洞窟成为东、西两崖分布形式。麦积山石窟现存窟龛 194 个，其中东崖 54 窟，西崖 140 窟；现存泥塑、石胎泥塑和石雕造像共 7800 余尊，其中最大的造像东崖大佛高 15.8 米；现存壁画 1000 余平方米。

由于麦积山山体由砂砾岩构成，石质疏松，不便精雕细刻，因而麦积山石窟同莫高窟一样，也是以精美的泥塑著称于世。麦积山石窟泥塑像分为圆雕、墙面高浮塑、墙面影塑和壁塑四类。由于跨越时间长，因而各个时代的造像风格各异，从一定程度上反映了我国雕塑艺术的发展历程。在几千尊造像中，与真人大小相仿的圆塑泥塑造像最为精彩。

相对于其他三大石窟来看，麦积山石窟的造像不仅更加生动，而且有世俗化的倾向，具体表现为佛与菩萨造像面目秀美和善，天王和力士等造像的身材和面部表情接近生活，童男童女造像显得天真可爱。

图 4-4-25 是麦积山第 62 窟北周时期的造像。第 62 窟位于麦积山西崖中部，平面方形，四角攒尖顶，是麦积山现存北周洞窟中造像保存最好且未经后代重修的一个洞窟。该窟正、左、右壁各开一圆券龛，龛内塑坐佛一身，龛外两侧胁侍菩萨各一身。前壁塑二弟子，窟外壁左侧塑一力士（右侧力士已失），全窟共存塑像 12 身。正壁坐佛高 0.92 米，头微俯，双目低垂，结跏趺坐，作说法状。龛外左侧菩萨高 1.15 米，右侧菩萨高 1.12 米，均戴三珠宝冠，头发拢得很高，顶上再束小髻。胁侍菩萨肌肉丰满、身段修长，既有北

朝秀骨清像的余韵，又开隋唐丰满圆润之新风。

图 4-4-25　佛与弟子

3. 云冈石窟

云冈石窟位于山西省大同市西郊，是中国规模最大的古代石窟群之一。石窟群布局在武周山南麓 1 公里长的山崖上，现存主要洞窟 45 个，大小窟龛 252 个，石刻造像 51 000 余尊。

云冈石窟始凿于北魏文成帝和平初年（460 年），一直到北魏孝明帝正光五年（524 年）止，造像工程前后持续 60 多年。云冈石窟现存造像，绝大部分完成于北魏迁都洛阳 (494 年) 之前。窟中菩萨、力士、飞天形象生动活泼，塔柱上的雕刻精致细腻，上承秦汉现实主义艺术的精华，下开隋唐浪漫主义艺术之先河。

云冈石窟的造像很多形体高大，气势宏伟。例如，第三窟后室雕刻的一佛二菩萨像，本尊坐佛高约 10 米，两菩萨立像各高 6.2 米；第五窟中的释迦牟尼大佛造像高 17 米；第 16 窟中的主尊释迦牟尼造像高 13.5 米。不仅形体高大，云冈石窟造像的内容也十分丰富，这里的造像不仅突出了释迦和弥勒佛的地位，而且以释迦和多宝二佛并坐像独树一帜，造像中的护法天神、伎乐天和供养人造像等都十分生动，堪称公元 5 世纪中国石刻艺术之冠。

按照开凿的时间划分，云冈石窟造像可分为早、中、晚三期。早期的

"昙曜五窟"主要造像为三世佛，佛像高大，面相丰圆，高鼻深目，双肩齐挺，显示出一种劲健、浑厚、质朴的造像作风。中期石窟造像题材内容多样化，佛像面相丰圆适中，特别是褒衣博带的佛像盛行，出现了许多新的题材和造像组合，以精雕细琢、装饰华丽著称于世，显示出复杂多变、富丽堂皇的北魏时期艺术风格。晚期窟室规模虽小，但人物形象清瘦俊美，比例适中，是中国北方石窟艺术的榜样和"瘦骨清像"的源起。此外，石窟中留下的乐舞和百戏杂技雕刻，也是当时佛教思想流行的体现和北魏社会生活的反映。

图 4-4-26 是云冈石窟第 20 窟的大佛造像。大佛结跏趺坐，两侧各一立侍菩萨、一立佛，其西胁侍立佛与菩萨像已崩毁。大佛于北壁禅定坐卧，高肉髻，广额丰颊，眉间施白毫，鼻翼高耸，有八字髭。嘴角微微上翘，法相庄严。袒右肩式袈裟，衣褶用曲回的折带纹表现。大佛身躯挺拔健硕，气韵雄放，彰显出北方游牧民族的彪悍与强大，是云冈石窟雕刻艺术的代表和象征，也是中国早期佛教雕刻艺术的空前杰作。

图 4-4-26　云冈大佛

4. 龙门石窟

龙门石窟位于河南省洛阳南郊，是中国著名的三大石刻艺术宝库之一。龙门石窟始凿于北魏孝文帝迁都洛阳前后，历经东魏、北齐、隋、唐多个朝代，开凿和造像时间前后持续 400 余年。龙门石窟现存窟龛 2300 多个，佛塔 70 余座，造像 10 万余尊。

宾阳中洞开凿于北魏时期，是龙门石窟中北魏时期洞窟的代表。洞内造像为三世佛题材，主尊是释迦牟尼。这里的释迦牟尼造像面颊清瘦，脖颈细长，坐姿挺健，充分体现了北魏时期以瘦为美的思想。释迦牟尼两侧侍立二弟子、二菩萨。菩萨含睇若哂，面部表情温和，显得文雅敦厚。弟子凝神若思，显得十分虔诚。

奉先寺是龙门石窟中规模最大的摩崖造像群。这里的造像面部丰圆、两耳下垂，表情安详、温和，体态丰盈，既体现了唐代造像丰满、健硕的特点，也反映了盛唐时期国富民安的时代风貌。奉先寺的主佛卢舍那大佛为释迦牟尼的报身佛，佛像通高 17.14 米，头高 4 米，耳朵长达 1.9 米；佛像面部丰满圆润，双眉弯如新月，衬托着一双秀目，鼻梁直挺高耸，嘴巴微闭，面带笑意。身着通肩式袈裟，衣纹简朴无华，一圈圈同心圆式的衣纹，把头像烘托得异常鲜明而圣洁。

龙门石窟是历代皇室贵族造像最集中的地方，在一定程度上是皇家意志的体现。这里的北魏造像和唐代造像风格迥异。北魏造像脸部瘦长，双肩瘦削，胸部平直，衣纹的雕刻使用平直刀法，坚劲质朴，整体表现出秀骨清像式的艺术风格。唐代的佛像面部丰满圆和，双肩宽厚，胸部隆起，衣纹的雕刻使用圆刀法，自然流畅。龙门石窟的唐代造像继承了北魏的优秀传统，又汲取了汉民族的文化，创造了雄健生动而又纯朴自然的写实作风，达到了佛雕艺术的顶峰。

相关链接

石窟是指在山崖上凿成的石室，也泛指石洞。石窟是起源于印度的一种佛教建筑形式，后来随佛教传入中国。因为佛教提倡遁世隐修，所以僧侣们常常选择在山上开凿石窟，以供修行之用。我们在这里所讲的石窟特指在山崖上开凿的佛教建筑，里面有佛像或佛教故事的壁画。北魏至隋唐时期，是我国石窟开凿的鼎盛时期，特别是唐代，开凿的石窟数量很大；

唐代以后开凿石窟数量逐渐减少。甘肃敦煌莫高窟、甘肃天水麦积山石窟、山西大同云冈石窟和河南洛阳龙门石窟被称为“中国的四大石窟”。

石窟艺术是一种宗教文化，其内容取材于佛教故事，以石刻造像和壁画为主要表现形式。中国的石窟艺术在吸收了印度犍陀罗艺术（南亚次大陆西北地区的一种佛像雕塑艺术）精华的基础上，融汇了中国绘画和雕塑的传统技法和审美思想，比较充分地反映了佛教思想及其汉化过程。

我国现存的主要石窟群大多是北魏至宋元时期建造的，其中以石刻著名的是大同云冈、洛阳龙门、天水麦积山和重庆大足四大石窟。

除了石窟雕塑外，魏晋南北朝时期第二大雕塑代表作品是“麒麟”和“辟邪”两种神兽雕塑。

麒麟，亦作“骐麟”，是中国古人创造的虚幻动物，集龙头、鹿角、狮眼、虎背、熊腰、鱼鳞、马蹄、牛尾于一身。这种复合型的造型是将许多备受人们珍爱的实有动物所具备的优点全部集中在麒麟这一幻想中的神兽的身上，充分体现了中国人的“集美”（将一切美好的东西集中在一个事物上的一种表现手法）思想。麒麟被认为是吉祥之宝，主太平，带来丰年、福禄、长寿与美好。

在麒麟这一形象的创造过程中，古代的艺术家们选择了鹿、牛、马、鱼等吉祥动物进行组合，杂取众长，“集美”于一身，表达了人们的生活愿望与精神寄托。其中，鹿在古代象征义很丰富：一是作为帝王的象征，二是被当作长寿仙兽，三是与“禄”谐音，象征福禄。牛是传说中到人间帮助人类的天上神灵，它具有吃苦耐劳、无私奉献的精神，能使人们富足。马在古代被认为是聪明、忠诚、勇敢而耐劳的动物，具有高贵、飘逸、优雅的气质。鱼身上的鳞皮被珍视为吉祥、美丽的装饰，“鱼鳞锦”就是传统的吉祥纹样。此外，鱼又与“余”谐音，成为生活富足、美满的象征。中国古人将以上几种吉祥动物与其他一些动物创造性地进行组合，创造了麒麟这一神兽的形象，赋予了它多方面的象征意义。

辟邪，又名貔貅，是我国古代传说中的一种神兽，似狮而带翼。在南方，一般人喜欢称这种瑞兽为“貔貅”，而在北方则称为“辟邪”。貔貅是以财为食的，纳食四方之财。中国传统观念认为，“貔貅”和龙狮一样，有将邪气赶走、带来欢乐及好运的作用。

貔貅为龙头、马身、麟爪，形状似狮子。经过历代的变化，貔貅的形态已比较统一。现在常见到的貔貅多是独角、长尾巴。

貔貅是凶狠的瑞兽，且护主心特别强，有镇宅辟邪的作用。传统的风水学认为，貔貅有这么几个作用：一是有镇宅辟邪的作用。将已开光的貔貅安放在家中，可令家运转好，好运加强，赶走邪气，貔貅成为家中的守护神，保阖家平安。二是有趋财旺财的作用。除助偏财之外，对正财也有帮助，所以做生意的人常在公司或家中放置貔貅。三是有化解五黄大煞的作用。

相关链接

在民间传说中，麒麟与儒家学派的创始人孔子有着密切的渊源关系。传说孔子降生的当天晚上，有麒麟降临在孔府阙里人家，并吐玉书，上有“水精之子孙，衰周而素王，徵在贤明”字样。也就是告诉众人孔子非凡人，乃是自然造化之子孙，虽未居帝王之位，却有帝王之德，堪称“素王”。孔子家人将一彩绣系在其角上，以示谢意。周敬王末年，有人在曲阜掘土犁田，竟挖出了当初系于麟角的那条彩绣。以后，人们又引申出玉书三卷，孔子精读后成为圣人。至今，在文庙、学宫中还以《麟吐玉书》为装饰，以示祥瑞降临，圣贤诞生。

四、隋唐时期的雕塑

视频4-4-4
隋唐时期的雕塑

隋唐时期是我国雕塑艺术发展的鼎盛时期，这一时期的雕塑作品，因地取材，利用了各种材质的雕塑材料，题材丰富，形式多样，产生了大量的艺术珍品。

（一）隋代的雕塑

隋朝是中国历史上很强盛的一个时代。这一时期，中国文化得到了长足的发展，尤其是隋文帝以振兴佛教为己任，用各种方式在全国倡导佛教，使得营造佛寺、佛像之事大行天下。隋炀帝继位后，造像之风更盛。因此，隋代产生了数以万计的各种小型佛教雕像，以及遍布全国的石窟。

隋代的雕塑艺术成就主要有二：一是石窟造像，其中最有代表性的是敦煌莫高窟、麦积山石窟等。其造型上的主要特点是，普遍较前代更为健硕，体态丰满。二是小型佛教雕像，其中以鎏金佛像最为典型。

（二）唐代的雕塑

唐代雕塑作品数量巨大，名品众多，其中的代表性作品有佛教造像、陵墓石刻、唐三彩三大类。

1. 唐代佛教造像

唐代的佛教造像数量非常大，遗迹遗存遍布全国。这一时期的佛教造像融入了一些世俗的成分，人物形象更加生动活泼，生活气息十分浓厚。雕塑技法更加成熟，人物形象丰满，性格鲜明，细节生动。

图 4–4–27　唐代彬县大佛

唐代开凿的彬县大佛寺大佛窟造像（图 4–4–27）是唐代佛教造像的代表作之一，其中的大佛为丝绸之路上的第一大佛。佛窟中，大佛依岩趺坐，身高 24 米，造型雄伟、雕饰富丽，发式作螺髻形，雍容端庄，披衣、袒胸、盘膝端坐在莲花宝座上，体态自然丰满，颇显唐代雕塑风格。大佛洞还保存了当年华丽的大佛背光雕刻，上面有七佛环坐，22 身雕工精湛的飞天伎乐拱卫着弥勒佛宝阁，呈现出一派西方极乐世界的欢乐景象。大佛的两旁为身高 5 米左右的胁侍菩萨造像，造像形象丰满，细节生动，雕刻笔法细腻。窟壁凿小佛龛，其中有各种造像 400 多个，神态各异，栩栩如生。

2. 唐代的石雕

唐代的石雕以陵墓雕塑闻名于世，其中唐太宗昭陵的“昭陵六骏”和唐顺陵大型石兽雕塑堪称极品。

“昭陵六骏”石刻雕塑的是唐太宗李世民曾经乘骑的六匹战马，它们既象征唐太宗一生所经历的六大战役，同时也寓意他在唐王朝创建过程中立下的赫赫战功。六匹骏马的名称：一是飒露紫，二是拳毛䯄，三是青骓，四是什伐赤，五是特勒骠，六是白蹄乌。“昭陵六骏”石刻中的六匹骏马，三匹为奔驰状，三匹为站立状。六骏采用高浮雕手法，以简洁的线条、准确的造型，生动传神地表现出战马的体态、性格和战阵中的英勇。六骏均为三花马鬃，束尾，其鞍、鞯、镫、缰绳等，都逼真地再现了唐代战马的装饰。据说，“昭陵六骏”石刻是依据当时绘画大师阎立本的手稿雕刻而成的。

顺陵石刻是指武则天母亲杨氏陵墓前的石雕群像。陵园内现存石刻 34 件，多数列置陵前，有华表、独角兽、石狮、石人、石羊。石刻均由整块青石雕刻而成，形象逼真，姿态生动。其中，石走狮、天禄（图 4-4-28）和坐狮（图 4-4-29）是顺陵石刻中的珍品。石走狮高达 4 米，体型庞大，造型雄伟，作阔步缓行的动态，整个雕刻气势磅礴，极富质感，被誉为“中华第一狮”。天禄头似鹿，身如牛，有双翅，双翅上雕有美丽的卷云花纹，足为马蹄，尾垂与石座相连，是唐陵中最富有神韵且最温和的石雕，堪称国宝。坐狮高约 3 米，为历代石雕坐狮中最大的，张口吐舌，筋肉突出。前肢和足爪，刻画特别坚实粗大，把狮子雄健的形象作了有力的夸张。整个石雕刻制精美，强劲有力，气势慑人，表现了盛唐时期石雕艺术的宏伟风格。

图 4-4-28　顺陵天禄

图 4-4-29　顺陵坐狮

3. 唐三彩

唐三彩是一种低温铅釉陶器，在色釉中加入不同的金属氧化物，经过焙烧，便形成浅黄、赭黄、浅绿、深绿、天蓝、褐红、茄紫等多种色彩，但多以黄、赭、绿三色为主。它主要是陶坯上涂上的彩釉，在烘制过程中发生化学变化，色釉浓淡变化，互相浸润，斑驳淋漓，色彩自然协调，花纹流畅，是一种具有中国独特风格的传统工艺品雕塑。

唐三彩雕塑形体圆润、饱满，与唐代艺术的丰满、健美、阔硕的特征是一致的。唐三彩的造型丰富多样，一般可以分为动物、生活用具和人物三大类，而其中以动物居多。三彩人物和动物的比例适度，形态自然，线条流畅，生动活泼。在人物俑中，武士肌肉发达，怒目圆睁；女俑则高髻广袖，亭亭立玉，悠然娴雅，十分丰满。

盛唐时期，天下一片歌舞升平，俳优歌舞广泛流行于皇室和民间，所以在唐代墓穴中也大量出现手舞足蹈的俳优俑，动作夸张、表情丰富，在人物塑造方面达到了相当高超的艺术水平。

图 4-4-30 是现藏于陕西历史博物馆的三彩载乐骆驼俑。骆驼站在那里，似引颈长嘶，驼背上的驮架为一平台，铺有色彩斑斓的毛毯，上面坐着八名乐手。其中七名男乐手身着汉服，手持不同乐器，面朝外盘腿坐着演奏，中间有一站立女子正在歌唱。这一雕塑采用浪漫的手法，将舞台设置在驼背上，表现了一个以驼代步、歌唱而来的巡回乐团，有主唱，有伴奏。骆驼背上放置一平台，七个乐器演奏者围坐在平台边沿上演奏，个个神态坦然，全神贯注，沉浸在美妙的音乐中，达到了忘我的境界。中间站立的那位唱歌的女子，梳着唐朝妇女典型的发型，身穿高束腰的长裙，线条流畅，头向上扬，右臂动作优美，神态优雅、自信，骆驼在走，她站在乐队中间婉转歌唱，显然已是唱到了动情之处（图 4-4-31）。整件作品中人物形象个个生动鲜活，连骆驼也显得沉稳有加，好似踏着乐步徐徐行进。

图 4-4-30　三彩载乐骆驼俑

图 4-4-31　三彩载乐骆驼俑局部特写

五、宋元时期的雕塑

视频4-4-5
宋元时期的雕塑

中国雕塑艺术至宋代更加贴近生活，走向世俗，写实性更强，艺术方面也更加成熟，尤其是以彩补塑、以线塑形的雕塑手法达到了炉火纯青的艺术高度。宋代造像雕塑，以大足佛教摩崖造像和晋祠的侍女泥塑为代表。

大足石窟位于重庆市大足区境内。开凿于晚唐，盛于宋代，是中国宋代造像最集中的地区。以佛教造像为主，也有部分儒道题材。现存石刻造像 5 万多尊，分布 40 余处，其中北山摩崖造像、宝顶山摩崖造像规模最大。雕刻形式有圆雕、高浮雕、浅浮雕等，其中以高浮雕为主。造像中不仅有不计其数的各阶层人物形象，以及众多的社会生活场面，而且配有大量的文字记载，犹如一幅生动的历史画卷。

大足石刻以其浓厚的世俗观念、纯朴的生活气息在石窟艺术中独树一帜。在内容取舍和表现手法方面，都力求与世俗生活及人们的审美意趣紧密结合。其人物形象大多文静温和，衣饰华丽，身体很少裸露；形体上力求美而不妖、丽而不娇。造像中，无论是佛、菩萨，还是罗汉、金刚，以及各种侍者像，都颇似现实中各类人物的真实写照。特别是宝顶山摩崖造像，反映了极其丰富的社会生活内容，很多世俗生活的场景在这里都有展现。毫不夸张地讲，大足石刻犹如公元 12 世纪至 13 世纪中期（宋代）这段时间的社会生活图卷。

宝顶山大佛湾造像群长约 500 米，是大足石刻十分精彩的一个部分。这里不仅有根据佛经故事创作的石刻雕像，而且刻有讲述佛经故事的文字，图文并茂，内容十分精彩；这里的石刻布局和构图严整，教义体系完备，是世界上罕见的有总体构思、历经 70 余年建造的一座大型石窟密宗道场。造像既追求形式美，又注重内容的表达。其所“讲述”的故事内容对世人能晓之以理，诱之以福乐，威之以祸苦。

大足石刻以其规模宏大、雕刻精美、题材多样、内涵丰富和保存完整而著称于世。它集佛教、道教、儒家“三教”造像艺术的精华，以鲜明的民族化和生活化特色，成为中国石窟艺术中一颗璀璨的明珠。

大足石刻的“养鸡女”（图 4-4-32）刻画的是一位农家妇女掀开鸡笼后，两只鸡出笼争啄一条蚯蚓的场面。雕像显示了充满诗意的乡村风情。

图 4-4-32　大足石刻养鸡女

相关链接

大足石刻的艺术成就

大足石刻是中国洞窟造像向摩崖造像方向发展的一个典范。在雕塑造型的技法创新方面，大足石刻采用了写实与夸张结合的手法，根据不同人物的性格特点突出局部特征，力求生动传神。在思想表现上，强调善恶、美丑等的对比，塑刻内容贴近生活，解说文字通俗浅显，既有很强的观赏性，又有着很大的社会教化作用。在选材上，既取材于经典，又不拘泥于经典，大胆取舍和改造，力求更加接近生活，尽可能地反映世俗信仰中惩恶扬善和规范行为的义理要求。

概括起来讲，大足石刻的艺术成就主要表现在两个方面：一是表现形式的创新，在以往单纯运用石刻雕像表现内容的基础上，采用了文字注释手段；二是艺术思想的创新，即神像人格化；三是创作手法的创新，既注重写实，又善于运用想象和夸张。

晋祠，原名唐叔虞祠，在太原市西南 25 公里悬瓮山下，晋水发源处，是为纪念晋国开国诸侯唐叔虞而建。据史料记载，西周时期，叔虞受封于此地后，利用晋水兴修水利，大力发展农业生产，使唐国经济繁荣、百姓生活富足。叔虞死后，后人在悬翁山下晋水发源处修建祠堂纪念和供奉他，取名

"唐叔虞祠"。叔虞的儿子燮父继位后，感恩于晋水对这方土地的滋养和对人们的养育，将国号由"唐"改为"晋"，这也是山西简称"晋"的由来。北宋天圣年间，朝廷追封唐叔虞为汾王，并为其母邑姜修建了圣母殿，殿内彩塑邑姜主尊和侍女像。

晋祠中的彩塑（图 4-4-33）历来被认为是宋代雕塑的珍品。圣母殿大殿正中神龛内的主像是圣母邑姜，两侧侍从 42 尊，分列于主像两侧。这些彩塑中，邑姜居中而坐，神态庄严，雍容华贵，凤冠霞帔，威严肃穆。侍者塑像形象逼真，造型生动，情态各异，自然传神。

除以上两个代表作外，宋代雕塑的另一个亮点是工艺品雕塑。这一时期，竹、木、陶瓷、玉石等各种材料制成的小型玩赏性的雕塑，题材丰富，形式多样，走进百姓生活，为广大人民群众所喜爱。

图 4-4-33　晋祠彩塑

六、明清时期的雕塑

视频4-4-6
明清时期的雕塑

明清时期，中国雕塑艺术迅速走向生活，不同材质、各种题材的工艺品雕塑大量涌现，象牙、翡翠、水晶、玉石等雕塑珍品数量众多，木雕、泥塑数量空前。

明清时期雕塑艺术生活化的突出表现是各种建筑中大量使用

雕塑艺术作品。现举例说明如下。

1. 明代三原城隍庙的建筑雕塑

三原城隍庙位于陕西三原县东大街，总建筑面积 13 000 多平方米，始建于明洪武八年（1375 年），距今有 600 余年历史，是我国现存较完整的明清古建筑群之一。

城隍庙古建筑群以均衡对称的正统方式把楼、殿、廊、庑亭等 40 多个单座建筑，按主次布局在纵横轴线上，全部建筑琉璃盖顶、雕梁画栋、结构严谨、肃穆壮观。有“殚土木之功，穷造形之巧”的美誉。就其中的雕塑艺术品来讲，这里有圆雕、浮雕、透雕等各种雕塑艺术形式，有石雕、木刻、陶塑和金属雕塑等多种材质的雕塑作品。

城隍庙前的影壁高十余米，壁的中央位置镶嵌有透雕的鲤鱼跳龙门陶雕作品（图 4–4–34），影壁前两万余斤重的一对铁旗杆上铁龙缠绕，气宇轩昂；山门东西两侧的墙壁上有“苍龙训子”（图 4–4–35）和“鱼龙变化”的砖雕，形象逼真而栩栩如生。

图 4–4–34　鲤鱼跳龙门陶雕

图 4–4–35　苍龙训子砖雕

正门前建有一座 12 米高的歇山牌坊，坊上木雕“龙戏珠”“凤还巢”“狮子滚绣球”等吉祥图案，给人以博大雄浑之感。城隍庙的第三道木牌坊，上书“陟降在兹”，下有浮雕“尧王访贤”“岳飞赶考”“李白醉写”等典故，形象生动，立体感强。第四道木牌坊位于中院，是全庙最大的一座，上刻“明灵奠佑”，坊上斗拱重叠，奇巧精密，木雕有浮雕“八仙过海”“圯桥纳履”“女娲补天”等典故。

第二道石牌坊额上石刻“明灵保障”，额坊上雕着“十八学士登瀛洲”“三顾茅庐”等典故，造型典雅，雕刻细致。

石牌坊北面是戏楼，为九脊歇山式建筑，建造精致，前后风格各异。在额方等构架上有木雕“苍龙戏鳌”“凤鸣朝阳”“龙吟虎啸”“威狮祥麟”等飞禽走兽，神态自然有趣。

除了大量的木刻浮雕作品外，三原城隍庙建筑雕塑的又一大亮点是屋脊上的圆雕和浮雕陶塑作品，这些作品题材丰富，造型活泼生动，具有极强的审美性。

2. 清代三原孟店民居的建筑雕塑

三原县孟店民居始建于清乾隆末年（1787—1797 年），是刑部员外郎周梅村的府第。原有房屋建筑 17 院，现仅存一院。此院建筑兼有南北建筑之长，古朴典雅，雕梁画栋，高台石阶，庭院深深，其间琳琅满目的砖雕、木雕、石雕数量大，内涵丰富，工艺精湛绝伦。这里的雕塑作品集圆雕、浮雕、透雕之大成，其中的彩绘木刻和砖雕堪称极品，柱石雕塑可谓精绝。

孟店民居雕塑的第一大亮点是大量的彩绘木刻。这里的彩绘木刻融绘画与雕刻艺术于一体，注重意境的描绘和意趣的表现，题材丰富，审美性十足。这里的彩绘木雕集中于穿过二门的两边廊房和紧接廊房的大厅的外墙墙裙上，以及门格上。木刻题材丰富：东廊房雕有陕西著名的“长安八景”及“八蛮进宝”等画面，反映了主人深究学问，逸情于自然及乾隆年间太平盛世，周边民族年年进贡、岁岁来朝的情景；西廊房雕有名胜古迹，渔、樵、耕、读图及古代著名大诗人的传说典故等，反映了主人高雅的文化涵养。穿过廊房，便是大厅，厅房外墙裙和门格上雕有“介子推割股奉君”“岳母刺字”和“郭子仪大拜寿”等典故或戏剧图案，形象生动，活灵活现。木雕艺术精湛，线条圆润流畅，栩栩如生。

孟店民居雕塑的第二大亮点是砖刻浮雕。这里的砖刻浮雕，不凭丹青，不借金玉，单凭工匠高超的雕刻技艺在朴实无华的砖墙上镂刻出各种题材的图案，细腻生动，栩栩如生，令人叹为观止。其中的精品有传说中的“唐尧放象”“大禹牧牛”，以及寓意深刻的“鹰、熊逢猴”（谐音“英雄封侯”）等。

这里的砖雕（图 4-4-36 至图 4-4-39），圆雕、浮雕、透雕，各种形式并存，人物、动物、植物，题材丰富，其生动性达到了荷可闻香、蛙可闻声的艺术高度。

图 4-4-36 为官清廉

图 4-4-37 福禄双至

图 4-4-38 高浮雕石榴

图 4-4-39 高浮雕葡萄

孟店民居雕塑的第三大亮点是柱石雕塑。孟店民居大厅门两旁的每个柱石的落地处都雕有两个圆雕狮子，狮子上方是高浮雕的人物、器物或花草图案，构思颇具匠心；其他各处的柱石有以高浮雕作品装饰的，也有以浅浮雕作品装饰的，还有高浮雕、圆雕并用，或高浮雕、线刻并用的。

总体来讲，孟店民居的石雕作品形式多样、题材丰富、思想内涵博大。从思想方面讲，这里的雕塑作品将艺术的教化作用发挥得淋漓尽致，如这里的“英雄封侯”“岳母刺字”等旨在教育子女以天下为己任，渔、樵、耕、读图是主人在富甲天下的情况下仍不忘勤劳持家、继续发奋的内心写照，附以那“闻善心喜”“见书手抄”的家训，我们在这里看到的是一个儒雅、勤奋、志存家国天下的道德楷模形象。从艺术的角度讲，这里的雕塑作品精美细腻、惟妙惟肖，很多堪称艺术珍品。

第五节　外国雕塑名作举隅

视频4-5-1 外国雕塑名作举例

外国雕塑作品多以人物为表现对象，产生了大量的人物雕塑精品。这些人体雕塑，以人的健康、活力和形体美为内容，或表现男性的阳刚、雄健，或表现女性的柔媚、娇美，显示着恒久的艺术魅力。现举例如下。

一、维纳斯雕像

维纳斯雕像原件于1820年在希腊米洛斯岛的山洞里被发现，经辗转买卖，后来有人将其献给了路易十八。这尊雕像现存于巴黎的卢浮宫，是世界上著名的雕塑艺术珍品，一直被认为是迄今发现的希腊女性雕像中最美的一尊。

作为爱与美的化身，维纳斯雕像集真、善、美于一身，圣洁而崇高。她上半身裸露，显示了人体的自然美与生命的活力，下半身被富有表现力的衣褶覆盖，既托出了上身的秀美，又显示了她人格的优雅与尊贵。从整体上看，这尊雕像丰满而圣洁，柔媚而单纯，优雅而高贵。她肌肤丰腴，焕发着青春活力；从面部表情看，她是那样平静，没有半点娇艳或羞怯，只有纯洁与典雅；她的嘴角上略带笑容，却含而不露，给人以矜持而富有智慧的感觉；她的身姿既亭亭玉立，微妙动人，又展示了曲线美的魅力。尤其令人惊奇的是她的双臂虽已残断，但那雕刻得栩栩如生的身躯，仍然让人感到完美无缺。

从表现手法上讲，这尊雕像没有刻意追求笔法的细腻，而是采用了简洁概括的艺术手法，通过自然的真实外貌，表现出了生命的活力、青春美和人物内心深处的美德。整尊雕像蕴藏着无穷无尽的变化，蕴含着微妙多姿的美，充满了无限诗意，无论从哪个角度欣赏，都能发现某种独特的美。

相关链接

“维纳斯”取材于希腊神话传说。传说在很久以前，天王宙斯之父克洛诺斯和宙斯的祖父乌拉诺斯争夺王位，克洛诺斯在盛怒中砍了乌拉诺斯一刀。鲜血从乌拉诺斯的手上流下，滴入了爱琴海里，蔚蓝的大海立刻溅起洁白的浪花。洁白的浪花中托出了一位美丽的女子，她的眼睛像海水一般碧蓝，皮肤像浪花一般洁白，面庞像桃花一般美丽，她就是美和爱之神，希腊语称之为阿芙洛季蒂斯。阿芙洛，是白色浪花之意，季蒂斯是托出之意，合起来即“浪花托出的人”。她在天上的星宿是金星，英文叫维纳斯。她是先神的血和大海、浪花、阳光共同孕育的，被人们视为美的象征。历来的艺术家们多以她为题材，创作出各种艺术作品，这尊雕塑是其中最杰出的代表。

二、掷铁饼者

《掷铁饼者》是古希腊著名雕塑家米隆的代表作，作于公元前450年左右。这尊雕塑表现了人体的美和运动所显示出的生命力，被誉为“体育运动之神”。原作为青铜，现已失传；大理石复制品高约152厘米，罗马国立博物馆、梵蒂冈博物馆、特尔梅博物馆均有收藏。这尊雕像整体构思颇具匠心，审美性十足。

从思想上来看，这尊雕像以人类的健康为主题，传达了“人体美首先在于健康”的审美理念。《掷铁饼者》雕像是健美、活力与运动的象征。

从造型来看，这尊雕像取材于现实生活中的体育竞技活动，刻画的是一名强健的男子在掷铁饼过程中最具有表现力的瞬间。雕塑选择的是铁饼摆回到最高点即将被抛出的一刹那，表现了一种强烈的爆发力。虽然它是一件静止的雕塑，但由于雕塑家成功地抓住了掷铁饼者最用力的一瞬间动作，把一系列复杂而连贯的动作概括在这一瞬间里，因而它表现出了一种激荡人心的动态美。掷铁饼者张开的双臂像拉满的弓，铁饼和人头的两个圆形，左右呼应；紧贴地面的右腿如同一个轴心，使曲折的身体保持稳定。整个雕塑给人的印象是，健美、和谐，洋溢着青春的活力。

从艺术性来看，这件作品将掷铁饼的强烈动感与雕像的稳定感结合得非常好。雕像的重心落在右腿上，因此右腿成了使整个雕像身体自由屈伸和旋转的轴心，同时又保持了雕像的稳定性。掷铁饼者张开的双臂像一张拉满弦的弓，带动了身体的弯曲，呈现出不稳定状态，但高举的铁饼又把人体全部的运动统一了起来，使人们体会到了暂时的平衡。这尊雕像成功地解决了一个支点的重心问题，为后来的雕塑家创造各种运动姿态动作树立了榜样。

三、思想者

图 4-5-1 《思想者》

人体雕塑必须展示人体的美，这一点是无疑的。但更重要的是通过人体形象的塑造，表现出人的精神世界。罗丹的《思想者》就是这方面的典型代表。

《思想者》（图 4-5-1）是罗丹的代表作，原作为青铜，现收藏于巴黎罗丹美术馆。《思想者》是一个强有力的深思者的巨人形象。那遍身隆起的奔腾着热血的青筋，那毫无遮掩的粗糙强劲的肌肤，那用拳头支撑的低垂的头，那深沉的目光，构成了一种伟大的痛苦和悲剧的崇高美。这件作品将深刻的精神内涵与完整的人物形象融于一体，体现了罗丹雕塑艺术的基本特征：罗丹的人体雕塑不仅展示人体的刚健之美，而且蕴藏着深刻与永恒的精神。

这尊雕像的创作出自“地狱之门”，那是为巴黎装饰艺术博物馆而做的大门。罗丹在设计“地狱之门”铜饰浮雕的总体构图时，花了很大的心血塑造这一尊后来成为他个人艺术里程碑的圆雕《思想者》，它是被预定放在未完成的“地狱之门”的门顶上的，后来独立出来，放大了 3 倍。

这尊雕像塑造了一个体魄健壮的男子形象。这是一个强劲而富有内力、思想深刻的形象。他在凝神思索着人类的出路，特别是在思索着人类为什么会有“下地狱”的痛苦，怎样才能摆脱“下地狱”的命运；他在想，怎样做才能拯救人类。那显露着生命活力的躯体，紧皱的眉头，托腮的手臂，弯曲的下肢，似乎每一个部位都充斥着一道思考的力量，紧紧地向内聚拢和团缩，从脚趾一直到头部，整个身体的每块肌肉都好像在“思索”之中。正如罗丹所说：“他不仅用大脑、张大的鼻翼和紧闭的嘴唇思考，他还用胳膊、腿、背上的肌肉思考，用握紧的拳头和紧张的脚趾思考。”①

罗丹为什么塑造这尊粗壮结实的裸体雕塑，并准备把它安放在他的大件

① 丁一晋 . 罗丹关键词 . 长沙：湖南美术出版社 , 2010.

浮雕门饰“地狱之门”的顶上？这件作品的思想价值何在？罗丹关于雕塑艺术的论说给了我们最好的答案。罗丹说：“一个人的形象和姿态必然显露出他心中的情感，形体表达内在精神。对于懂得这样看法的人，裸体是最具有丰富意义的。”这件作品表达了作者对人类命运的思考，寄寓着作者对人类的苦难遭遇的极大同情和悲痛。

四、大卫雕像

《大卫》（图 4–5–2）是意大利文艺复兴时期著名雕塑家、画家米开朗琪罗的代表作，创作于公元 1501—1504 年，现收藏于佛罗伦萨美术学院。这尊雕像被认为是西方美术史上最值得夸耀的男性人体雕像之一。雕像高 3.96 米，连基座高 5.5 米，用整块大理石雕成。

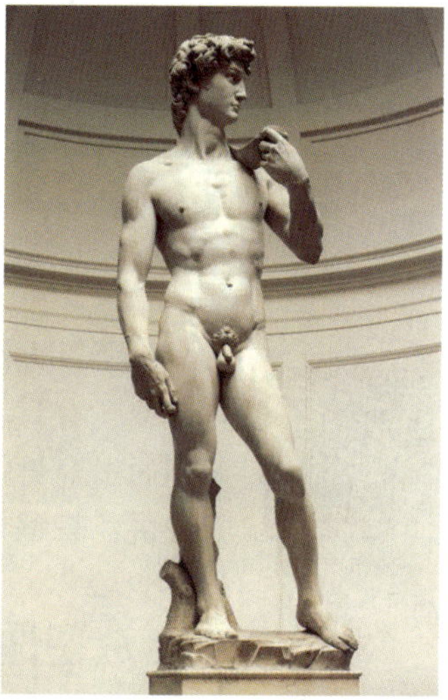

图 4–5–2 《大卫》

大卫雕像取材于《圣经》中的一段故事：大卫是以色列国的少年牧童，从小容貌俊美，机智勇敢，当非利士部族侵犯他的家乡，以色列城池受到严重威胁时，牧童出身的大卫挺身而出，用放牧时打死过狮子和熊的投石机把非利士的头领歌利亚杀死。大卫是意大利人最崇敬的英雄。米开朗琪罗塑造的是战斗即将来临，大卫静待敌人到来，准备给敌人以迎头痛击的瞬间形象。

这是一个怒目而视、准备战斗的全裸青年。他昂着头，双眉紧皱，威严的目光逼视着敌人，强有力的臂膀上扛着投石器，下垂的右手握着石块，有着压倒一切敌人的气概。这尊雕塑豪迈、粗犷、健美。雕塑家在人物结构上进行了大胆的艺术夸张处理：把头部的比例加大，下肢放长，手和脚的关节都较大，以增强英雄的形象效果。但各部分的解剖结构仍然是精确到无懈可击。

《大卫》的塑造不只是对人体的赞美，更表现了人类在改造世界、拯救自身命运中的巨大力量。

第五章　舞蹈艺术欣赏

舞蹈是以人的形体姿态和动作为主要表现手段，借以表现生命活力、生活激情，以及人们对生活的美好向往等情绪的一种艺术形式。舞蹈欣赏可以使人体会到人生的精彩、生活的美好，激发人的生活热情，振奋人的精神，使人更加热爱生活，更好地生活。

第一节　舞蹈艺术的基本特点

视频5-1-1
舞蹈艺术的基本特点

舞蹈以人体美为基础，把人体动作作为主要表现手段，通过有节奏、有章法地变换不同的动作姿态，塑造舞蹈艺术形象，使人们通过对舞蹈形象的理解和体会把握舞蹈所表现的思想。概括起来讲，舞蹈艺术主要有以下几个基本特点。

一、造型性

图 5-1-1　汉代男舞俑

舞蹈是以人体美为基本审美元素的艺术，舞蹈艺术形象主要是人物形象。换句话说，舞蹈艺术的美首先表现在人的形体美上，主要体现于人体的造型美。

舞蹈艺术首先呈现给人们的是充满生命活力的美的人体。不论什么舞蹈，首先跃入观众眼中的都是舞蹈演员匀称健美的形体和与之相关的局部身体特征，如表现男演员强健有力的臂膀、胸肌、腿部力量感（图 5-1-1），表现女演员温柔美丽的婀娜多姿的体态、优美迷人的曲线、纤纤玉手、美胸秀肩（图 5-1-2）等。

在舞蹈艺术中，表演主体的形体美主要是通

过舞蹈造型展示出来的。值得注意的是，舞蹈造型虽然有着与雕塑相似的象征与暗示意义，但它与雕塑的静态性不同，它是一种动态的造型艺术。具体地讲就是，舞蹈形象始终处在运动状态中，即运用一定的线索将一个个造型连接起来，并且使其具有前后相继性，借以塑造出各种活生生的动态形象。换句话说就是，舞蹈的造型，不仅仅是人物形象的静态造型，更主要是动态造型，是和人体动作相结合的造型美。

图 5–1–2　唐代舞蹈女陶俑

二、动作性

无论什么样的舞蹈，其基本的因素都是动作姿态、节奏和表情，而其中最主要的是人体动作。没有动作，就没有舞蹈。

舞蹈动作是一种具有审美特性而富于技巧性的人体运动，举手投足都要能够给人以美感。与此同时，舞蹈动作又不同于一般的人体动作，而是一种活生生的艺术表现手段。如图 5–1–3 的旋转动作通过轻灵舒展的舞姿和欢快的节奏表现生活的多姿多彩，使观众感受到生活的美好，继而产生对美好生活的向往之情。图 5–1–4 的欢快跳跃动作通过生命活力的展示，激发观众的生活热情，振奋其精神。

图 5–1–3　旋转

图 5–1–4　跳跃

舞蹈动作的产生主要有两个途径：一是对生活动作的典型化处理，二是对自然的模仿。

生活中自然性的动作一般没有象征和暗示意义，所以不能直接用于思想表达。这就需要对其进行艺术加工，使之成为舞蹈化的动作，也就是成为有节奏的、具有造型美的和富有表现力的动作。对生活中自然性的动作的加工也就是我们在艺术创作理论上所讲的典型化。如图 5–1–5 这个象征着携手奋进的动作是以现实生活中的携手、攀登、迈进、展望等多种自然动作为基础，经过艺术加工和巧妙组合而创造出来的。

为了既充分展示人体美的特征，又清楚明白地表达舞蹈思想，舞蹈创作者常常模仿人们所熟知的事物的形态来创造出一些舞蹈动作。这样，既可以使整个舞蹈充满意趣与活力，又可以使舞蹈动作的象征与暗示意义更加明显。如，为了表现女性的婀娜多姿，模仿风摆细柳的情态，以腰臂柔和的扭动表现出形体的匀称美、曲线美，乃至女性的温柔美；为了表现男性的刚健，模仿骏马奔腾或鹞子翻身等情态，将生命的活力充分地展示出来。此外，如模仿兰花的形状表现手指秀美，模仿鸟的飞翔姿态表现身体的轻盈（图 5–1–6）等。

不管是哪一类动作，一般都具有两个特性：一是能够展示出人体美的特征，表现出生命活力；二是有明确的象征和暗示意义，能够很好地表现舞蹈主题。

图 5–1–5　携手奋进

图 5–1–6　振翅欲飞

三、节奏性

动作与节奏是一对孪生兄弟，只要有动作就有节奏。舞蹈是动作的艺术，因此，舞蹈离不开节奏。舞蹈节奏就是舞蹈动作在力度的强弱、速度的快慢、能量的增减以及幅度的大小等方面的对比和变化。舞蹈动作的连续性决定了它必须在一定的节奏下进行，即必须通过节奏的速度、力度、能量及抑扬顿挫等来表达思想。可以说，没有节奏就不可能有动人的舞蹈。节奏既是表达内在情感的基础，又是构成舞蹈艺术的要素之一。

相同的动作，由于节奏的不同，可以表现出不同的情绪和情感，表达出不同的思想内容。如图 5-1-7，同样是表现悲愤之情的动作，动作节奏的幅度、力度不同，所体现出来的情感的强烈程度就不同。又如图 5-1-8，同样是翩翩起舞的动作，动作节奏的速度不同，表现出来的人物性格就不同——动作节奏舒缓，表现人物性格的文雅与温和；节奏欢快，表现人物性格的开朗活泼。

图 5-1-7　悲愤

图 5-1-8　翩翩起舞

舞蹈节奏分为内在节奏和外在节奏两种。内在节奏是指人的各种情绪和情感在人的肌体内部所引起的节奏反应。外在节奏是指与舞蹈配合的音乐节奏、画外音的语速，以及场景的变换节奏等。内在节奏一般体现于动作的快慢、幅度的大小、力度的强弱等。外在节奏不仅可以通过音乐节奏的快慢、声音的强弱、场景的变化来表现，而且可以通过其他演员的配合等手段来表现。

四、抒情性

任何一种艺术形式都离不开抒情。抒情是舞蹈艺术的灵魂。阮籍在《乐论》中说："歌以叙志，舞以宣情。"《诗大序》说："诗者，志之所之也，在心为志，发言为诗。情动于中而形于言，言之不足故嗟叹之，嗟叹之不足故永歌之，永歌之不足，不知手之舞之，足之蹈之也。""手舞足蹈"是感情自内心喷发而出的一种表现。这也就是说，情感是舞蹈形成的根源、基础、出发点和落脚点。

人类借以抒情的语言主要有两种，一种是口头语言，一种是体态语言。口头语言是一种听觉语言，体态语言是一种视觉语言。舞蹈是运用体态语言进行抒情的一种艺术形式。说得具体一点就是，舞蹈运用面部表情、手势、形体姿态、肢体动作等具象性的体态语来表达思想，抒发感情。由于各种体态语都是以活生生的形象出现的，因此，舞蹈的抒情不仅生动形象，富有意境性，而且审美性和感染力都极强，既能给观众以强烈的视觉享受，又能够把观众带进广阔的想象空间。

五、综合性

舞蹈艺术是以经过提炼加工的动作为主要表现手段，通过节奏、造型等对动作的艺术处理，塑造出具有直观性和动态性的舞蹈形象，表达人们的思想感情的一种艺术样式。

舞蹈是人体艺术，但又不单是人体艺术。舞蹈不仅与音乐艺术高度融合，而且吸收了很多的艺术元素，综合性的特点十分突出。今天，所有的舞蹈都有舞曲伴奏，音乐，特别是歌曲也常常借助舞蹈来创造意境。在歌曲演唱中，我们经常可以看到"歌伴舞"的情形，歌舞相衬，优势互补，创造出一种动静结合极富魅力的美妙意境。

随着声光技术的发展，舞台造景更加容易，舞蹈场景的创造和变化更加丰富多彩，灯光、道具、背景音乐等手段的运用更为丰富多样，舞蹈的艺术魅力得到了进一步的提升。

第二节 舞蹈的分类

视频5-2-1
舞蹈的分类

作为一个大的艺术门类，舞蹈的种类繁多。依据舞蹈的功用来分，舞蹈可以分为生活舞蹈和艺术舞蹈两大类。生活舞蹈是指人们在日常生活中出于自娱、健身、社交等需要而选用的舞蹈形式。其特点是动作简单、随意，可以即兴发挥，具有广泛的群众性和普及性。艺术舞蹈是指专业或业余演员在舞台上表演的供观众欣赏的舞蹈。这类舞蹈一般都是根据一定的主题表达需要而创作的，舞蹈动作都经过了精心的设计与美化处理，具有较高的技艺水平、完整的艺术构思、鲜明的主题思想、生动的艺术形象。

一、生活舞蹈的分类

生活舞蹈是应人们的各种生活需要而产生的，以交际性舞蹈、自娱性舞蹈和健身性舞蹈为主要组成部分。生活舞蹈常见的有以下几种。

（一）交际舞

交际舞也叫交谊舞、舞厅舞，起源于欧洲，20 世纪以来在世界各国普遍流行，包括华尔兹、探戈、迪斯科、霹雳舞，以及拉丁舞中的桑巴、伦巴、恰恰舞、斗牛舞、牛仔舞，等等。还有，我国许多少数民族的青年男女在进行社会交往、自由选择配偶时都借助特殊的“共舞”活动，这也属于“交际舞”。

（二）自娱舞

自娱舞是人们以自娱自乐为主要目的的舞蹈。这类舞蹈主要是用来抒发人们内心的喜悦之情，表达人们对美好生活的热爱、向往之情，以及对未来生活的信心等。如我国各民族在传统喜庆节日里跳的各种舞蹈，大都属于这一类。

（三）体育舞

体育舞是指以健身为主要目的的舞蹈。如各种健身舞、韵律操、中老年迪斯科、冰上舞蹈、水上舞蹈、街舞，我国传统武术中的舞剑、舞刀，以及模拟各种动物姿态、运动方式的象形拳和五禽戏等。

舞蹈的分类是相对的。实际上，以上三种舞蹈的功能是互有交叉的，如交际舞也具有良好的健身功能，各民族在喜庆节日里进行的各种舞蹈活动也具有交流感情的作用。

二、艺术舞蹈的分类

艺术舞蹈是为了供观众欣赏而表演的舞蹈。这种舞蹈除了在某种场合由舞者即兴表演之外，一般都有主题思想、情节和人物（角色），还有音乐、灯光、舞美等辅助表现手段，通过扮演者的表演抒发感情，表现特定的主题。

艺术舞蹈品种繁多，有多种不同的分类方法。一般情况下，常采用以下三种分类标准。

（一）根据表现形式来分

根据舞蹈的表现形式来分，艺术舞蹈可分为独舞、双人舞、群舞、组舞、歌舞、舞剧等。

1. 独舞

独舞是由一个人表演的完成一个主题的舞蹈，多用来直接抒发人物的思想感情和揭示人物的内心世界。

2. 双人舞

双人舞是由两个人表演，共同完成一个表演主题的舞蹈，多用来表现人物的思想感情交流和表现人物的关系。

3. 群舞

凡四人以上的舞蹈均可称为群舞。群舞一般没有复杂的情节，而是以情代叙，重在意境创造和情绪的抒发。它没有明显的人物角色划分，而是通过一个统一的群体形象塑造，来表现特定群体的性格。在表现手法上，主要是通过舞蹈队形变化和不同速度、不同力度、不同幅度的舞蹈动作，以及姿态、造型等来创造出一种诗的意境，将观众带进想象之中，使其获得强烈的审美享受。

4. 组舞

组舞是由若干个相对独立但又表现同一个主题的舞蹈组成的大型舞蹈作品。其中各个舞蹈有相对的独立性，但它们又都统一在共同的主题之下。组舞中的每一个舞蹈都可以单列出来表演。

5. 歌舞

歌舞是一种歌唱和舞蹈相结合的艺术表演形式。其特点是载歌载舞，既长于抒情，又善于叙事，能表现人物复杂、细腻的思想感情和广泛的生活内容。

6. 舞剧

舞剧是以舞蹈为主要表现手段的戏剧形式，它具有完整的戏剧结构，舞剧中的舞蹈一般分为情节性的舞蹈和表演性的舞蹈两类，形式上包括独舞、双人舞、群舞、组舞等。情节性的舞蹈表现舞剧的剧情，从中刻画人物的性格和行为，表演性的舞蹈是剧情中作为舞蹈表演而出现的，即舞中之舞。舞剧中的独舞，多表现人物内心的独白及其性格、情绪等；双人舞用来刻画舞剧中人物之间的关系、感情和矛盾、冲突；群舞在舞剧中是作为表演性的舞蹈或在剧情中表现群众情绪的舞蹈场面。这些舞蹈形式加上必要的哑剧成分，按舞剧内容情节的需要交替出现，融会贯通，就形成了舞剧的形式。舞剧有大型舞剧、中型舞剧、小型舞剧和独幕舞剧之分。

（二）根据艺术风格来分

根据舞蹈的不同艺术风格来分，舞蹈可分为古典舞蹈、民间舞蹈、现代舞蹈和芭蕾舞等。

1. 古典舞蹈

古典舞蹈是指在民族和民间舞蹈的基础上，经过艺术工作者提炼、整理、加工改造，并经过长期艺术表演实践获得人们的认可而最终保留下来的，具有典范性和古典艺术风格的舞蹈。

2. 民间舞蹈

民间舞蹈是由广大人民群众在长期的生活实践中集体创造，不断发展和完善，并在群众中广泛流传的一种舞蹈形式。它直接反映人民群众的思想感情、理想和愿望。由于各民族各地区人民的生活方式、文化心态、风俗习惯互有差异，因而民族舞蹈的种类繁多，风格各异。如我国的民间舞中，不仅有汉族的秧歌舞、花灯舞、龙灯舞、狮子舞等，还有各少数民族的民间舞，如蒙古族的安代舞、筷子舞、盅碗舞，藏族的锅庄舞、弦子舞，维吾尔族的赛乃姆、多朗舞，朝鲜族的扇子舞、长鼓舞，瑶族的铜鼓舞，傣族的孔雀舞，苗族的芦笙舞，彝族的阿细跳月等。真可谓百花齐放，百舞争辉。

3. 现代舞蹈

现代舞蹈是 19 世纪末 20 世纪初在欧美兴起的一种舞蹈流派。其特点是摆脱了古典芭蕾过于僵化的动作程式，以合乎自然运动法则的舞蹈动作，自由地抒发人的真实情感，反映现实社会生活。

4. 芭蕾舞

芭蕾舞是一种欧洲古典舞蹈。芭蕾舞孕育于意大利文艺复兴时期，17 世纪后半叶开始在法国流行并逐渐职业化，在不断革新中风靡世界。芭蕾舞最重要的一个特征即女演员表演时以脚尖点地，故此舞又称脚尖舞。其代表作品有《天鹅湖》《仙女》《胡桃夹子》等。

第三节　舞蹈欣赏的要点

视频5-3-1 舞蹈欣赏的基本要点

舞蹈是展示生命活力、展现人体魅力和表现生活激情的造型艺术，舞蹈之美首先表现为生命之美、运动之美、健康之美，其次表现为造型美和动作美，再次才是技艺美。因此，舞蹈欣赏首先是感受生命活力、体验生活热情，然后是欣赏舞蹈造型、鉴赏动作技巧和把握舞蹈主题。

一、感受生命活力，体会生活热情

世界上宝贵的东西很多，生命为最，生命之美又以健康为最。人健康的标志，一是富有活力，二是快乐，三是热爱生活。舞蹈艺术通过生命活力的展示，使人们看到生命的美好和人生的快乐，借以激发人们的生活热情。因此，欣赏舞蹈艺术，首先是感受生命活力。怎样感受呢？主要是通过舞蹈动作来感受。在各种舞蹈中，演员的跳跃、旋转和屈伸等动作都能够显示出活力。与此同时，各种动作的轻盈、欢快、有力等都能使人感受到健康与活力。

二、欣赏舞蹈造型

形体美是人体语言最本真的一面，也是舞蹈艺术最能打动人心的地方之一。面对身材匀称、曲线优美或肌肉强健的演员，谁能不喜欢呢？这是一种自然本能。舞蹈创作者正是利用了人们这一自然的审美心态，精心地设计出各种优美的人体造型，把人体的自然美充分地展示给观众，诱发其喜爱之情，振奋其精神。因此，欣赏舞蹈很重要的一个着眼点就是舞蹈造型。

对舞蹈造型的欣赏，实际上是对人体美的欣赏。它可以使人真切地感受到生命之美、青春之美等，激发人的生活热情，振奋人的精神，唤起人对美好生活的向往和追求。

三、鉴赏动作技巧

舞蹈技艺的欣赏主要是舞蹈动作的欣赏。舞蹈是一门艺术，它主要是通过对生活动作的典型化来反映生活，表达一定的主题思想。典型化的一个重要方法是各种动作技巧的运用。在舞蹈表演中，演员时不时地做出诸如跳、翻、转等技术性很强的高难度动作，以更好地表现生命的活力与激情，增加新奇性和观赏性。有了这些高难度的动作在其中烘托气氛、渲染情绪和画龙点睛，观众的情绪很容易被感染，想象力很快被激活，继而获得强烈的美感体验。因此，对舞蹈动作技巧进行鉴赏是舞蹈欣赏的一个重要切入点。

四、把握舞蹈主题

舞蹈借助于人体造型诱发人的想象和联想，使观众通过想象与联想将舞蹈艺术造型与现实生活联系起来，从而把握舞蹈所抒发的感情和表达的思想。其中最关键的一点是理解和把握舞蹈造型的象征与暗示意义。

那么，怎样才能正确理解和把握舞蹈造型的象征与暗示意义呢？首先要从一系列连贯的舞蹈动作中捕捉到那些表现舞蹈主题的造型。舞蹈造型常常表现为一系列连贯动作中相对静止的瞬间停顿，或者说短暂的“亮相”。因此，舞蹈欣赏要善于从一系列连贯的动作中捕捉到那些用来表现舞蹈主题的相对静止的瞬间，即舞蹈造型。其次是联系生活，弄清楚舞蹈造型的基本构成。因为舞蹈造型有的是人们生活姿态的典型化，有的是事物美好形态的模仿，两者的表意方式互有差异，所以，只有弄清了舞蹈造型的基本构成，才能透彻理解其表达的意思。再次是根据舞蹈造型的基本构成分析其象征与暗示意义。如图 5–3–1 这一舞蹈造型，两人均作鸟儿飞翔的姿态，暗示了比翼双飞、乐观进取的主题。如图 5–3–2 这一舞蹈造型是模仿孔雀的姿态——因为孔雀被喻为“百鸟之王”，是吉祥、善良、美丽、华贵的象征，所以，这一舞蹈造型象征着美丽与吉祥。

图 5–3–1　比翼齐飞

图 5–3–2　孔雀舞

第四节　中国舞蹈欣赏

舞蹈是最古老的艺术形式之一。它起源于劳动，是从人们的各种劳动动作中吸收了大量的动作元素予以艺术的加工和提炼而创造出来的一种艺术形式。已有确切的证据证明，舞蹈这种艺术形式在我国的发展历史在五千年以上，不仅从未间断过，而且发展速度很快，成熟的过程很短。

一、中国古代舞蹈艺术管窥

图 5–4–1　舞蹈纹彩陶盆

视频5–4–1
中国古代舞蹈
管窥

1973 年于青海省大通回族土族自治县上孙家寨出土的舞蹈纹彩陶盆（图 5–4–1）证明，早在五千多年前，我国的舞蹈艺术已经产生。近年来，各地出土的大量陶塑舞俑、乐舞图和玉雕舞者形象等都说明，舞蹈艺术不仅在我国的发展一直未间断，而且始终处于一种繁荣的状态。

（一）先秦舞蹈管窥

近年来，我国各地相继出土了一些有关先秦时期中国舞蹈的实物资料，其中战国时期的玉舞人和乐舞图最为精彩，也最能说明一些问题。如图 5–4–2 这件战国时期的连体玉舞人，两人屈膝扭胯成 S 形，长袖挥舞，衣带飘逸，配合默契。从这件玉舞人我们可以看出，战国时期的舞蹈不仅关注人体的动作美，而且已经注意服饰、舞蹈节奏等对舞蹈整体美感制造的辅助作用。

1978 年在湖北随县（今随州市）曾侯乙墓出土了一件彩绘乐舞图鸳鸯漆盒，盒腹两侧绘有乐舞图。图 5–4–3 是其右侧绘的一幅乐舞图，其中一人持

图 5–4–2　玉舞人

图 5–4–3　鸳鸯漆盒乐舞图

捶敲打乐器，旁边的佩剑“武士”正随着音乐翩翩起舞。从这幅乐舞图上面，我们起码可以解读出这么几个方面的信息：一是舞者飘举的长袖证明了《韩非子·五蠹》中所说的“长袖善舞”的先秦舞蹈美学思想，说明了先秦时期人们已经开始重视服装和道具在舞蹈魅力制造方面的作用。二是从这幅乐舞图中我们还可以看到舞蹈与音乐的密切关系。

（二）秦汉舞蹈管窥

有关秦代的舞蹈，文献和文物为数较少，我们不作论述。

近年来，我国各地出土的汉代乐舞俑为数不少，同时也出土了一批玉舞人。从这些文物上面，我们可以解读出汉代舞蹈发展的基本状况。如图 5-4-4 这两件 1986 年出土于河南永城芒山镇僖山汉墓的白玉舞人佩。舞人身体扭动的姿态呈现出一种曲线美，飘动的长袖透射出了一种轻歌曼舞的意境，拖地长裙衬托出舞者的优雅。这些都显示了舞蹈艺术的本质特征。

图 5-4-5 是 1955 年 1 月于广州一座东汉墓出土的乐舞俑。乐舞俑一组四件，其中三件为乐俑，一件为舞俑。乐俑中一人在弹奏，两人似手持打击乐器。舞俑长袖宽衣，长裙拖地，右手在前做抒情动作，左手向侧后挥舞，衣袖飞舞，呈翩翩起舞状。这组陶俑生动地再现了汉代歌舞表演的场面。这组歌舞俑既具有轻歌曼舞的风格，同时又具有较强的节奏感。

图 5-4-4　白玉舞人佩

图 5-4-5　东汉乐舞俑

西汉时期，国家政治稳定，经济繁荣，乐舞艺术得到蓬勃的发展，长袖舞就是当时所盛行的舞蹈之一。长袖舞的特点是舞者扬举长袖，在空中飘扬，营造出神入化的神韵，给人以飘逸的美感。如图 5-4-6 是 1954 年在陕西省西安市白家口出土的西汉女舞俑。女俑长发，前额中分，颈后挽髻，发梢左垂，身穿交领右衽深衣，深衣褶袖内露长舞袖。这件彩绘陶舞俑抓住了舞女舞动长袖的一刹那，把轻盈、舒展而柔美的长袖舞刻画得生动传神。

汉代是中国乐舞、杂技等“百戏”艺术空前发展的时期，舞蹈常常和“百戏”结合在一起表演。《乐府诗集》中记载：“自汉以后，乐舞寖盛。”图5-4-7是现藏于陕西历史博物馆的百戏俑。该组陶俑塑造的是三个歌舞者，整体给人以节奏鲜明、舞步劲健的感觉。这是西汉时期蓬勃向上的时代精神的体现。

图 5-4-6　西汉女舞俑

图 5-4-7　百戏俑

（三）隋唐舞蹈管窥

隋唐时期是中国艺术蓬勃发展和空前繁荣的时代，舞蹈艺术在这一时期也进入了鼎盛期，并且与音乐艺术高度融合。这一点可以从近年来出土的大量文物上得到印证。

图5-4-8是现藏于西安博物院的隋代黄釉乐舞女俑。其中两人奏乐，一人舞蹈。从舞者的姿势来看，隋代舞蹈依然追求人体美与生命活力的表现。但从服饰来看，隋代舞蹈服饰已经开始从汉代的宽袍大袖向紧身简洁过渡，以便更好地凸现人体的曲线美。

图 5–4–8　隋代黄釉乐舞女俑

到唐代，各种民间乐舞形式经过改造发展为宫廷乐舞。唐代宫廷乐舞按艺术风格可分为“软舞”和“健舞”两类。唐代软舞以舞动长袖或飘带为主，舞者低身举袖，犹如燕起纷飞，格调高雅，美不胜收；健舞动作矫健，节奏明快。两种舞蹈的规模一般都不大，多是独舞或双人舞，但是动作技巧水平较高。如，著名的《霓裳羽衣舞》属于“软舞”，由西域传过来的《胡旋舞》则属于“健舞”。

图 5–4–9 是现藏于故宫博物院的一组唐代乐舞俑，其中六人奏乐，两人舞蹈。舞蹈者所表演的舞蹈为典型的软舞。图 5–4–10 是 1991 年 9 月在河南孟津县出土的一组唐代彩绘乐舞陶俑。这组彩绘乐舞陶俑造型优美、栩栩如生。彩绘乐舞陶组俑，共计十件，其中乐俑六件，舞俑四件。现由洛阳市博物馆收藏。六件女乐俑均呈跽坐状。乐俑头梳双髻，身着半臂衫，长裙铺地，表情专注，作吹奏或弹奏乐器状。在乐俑的伴奏下，四件女舞俑翩翩起舞。乐舞俑表情温婉，面部丰满圆润，形体优美异常，突出表现了人体形态美。从舞俑的姿态来看，其表演的是当时非常流行的软舞。

图 5–4–9　唐代乐舞俑

图 5–4–10　唐代彩绘乐舞陶俑

值得注意的是，唐代舞蹈打破了汉代以来舞蹈和杂技并存的局面，使舞蹈成为独立表演的艺术品种。其舞种之多样，舞姿之新颖，气魄之宏伟，都是空前的。近年来出土的文物可以证明这一点。

图 5–4–11 是现藏于西安大唐西市博物馆的一对唐代黄釉陶女舞俑。女舞俑上身着圆领半臂衣，下着曳地长裙，身体左倾，左臂抬起，长袖飘拂，潇洒自如，风格雍容大度，舞姿优美。这是唐代流行的双人舞蹈。图 5–4–12 是昭陵陪葬墓李勣墓出土的双人对舞图。两舞伎相对翩翩起舞，面容俊秀，体态窈窕，梳双环望仙髻，着朱红色广袖衫，束腰，穿条纹长裙，婀娜多姿，舞姿轻盈。这幅图真实地描绘了唐代双人对舞表演的真实情景，具有极高的史料价值。

图 5–4–11　唐代黄釉陶女舞俑

图 5–4–12　唐舞伎图

（四）宋以后舞蹈

到宋代，舞蹈艺术在民间又开始兴盛起来，这也与宋代词曲艺术的空前繁荣有很大的关系。宋及以后，我国舞蹈艺术的发展更加快速，舞蹈形式多样，发展脉络复杂，限于篇幅，我们这里就不赘述了。

关于中国舞蹈起源与发展的研究，是历史学家和艺术史家们的事，我们没有必要在那上面耗费精力。我们在这里列举舞蹈艺术文物实例只是想通过对历史资料的分析和研究，弄清楚中国古代舞蹈的独特魅力。

通过以上实物资料的分析和研究，笔者把中国古代舞蹈的特点概括为十六个字：以情带舞，形神兼备，舞乐相谐，富于意境。

第一，以情带舞。舞蹈长于抒情，善于表现情绪。它是以生命状态呈现的方式来表情达意的，动作、节奏、人体造型是其基本表现手段，人体本来的自然魅力和生命本身的活力是其关键的抒情元素。舞者主要是运用人体的动作和姿态造型来抒发欢愉之情，或宣泄郁闷情绪，观者通过舞者动作节奏、力度、造型等生命状态，把握舞蹈所抒发的情感。

舞蹈动作是由情感孕育而成的。情感作为一种生命的内驱力，直接促使愿望表达的产生。当我们不能用有声语言来表达时，肢体语言就派上了用场，这就是所谓的情动于中而形于外。中国古代舞蹈强调的舞之以心、动之以情实际上就是强调以情带舞，使舞蹈动作富有情调和感染力量。

第二，形神兼备。舞蹈以人的形体为媒介，通过表情、姿态，以及形体动作的力度、幅度与角度等的变化来表达内心的情感。舞蹈动作不是生活动作的自然模仿，而是经过提炼和升华之后的感情载体。中国古代的舞蹈十分讲究形神兼备，刚柔并济，虚实相兼，动静结合，要求一招一式都要有神韵、有内涵，是一种生命激情的释放。它们能够使观众在欣赏舞蹈时，看到的不仅仅是身体在跳跃，而是灵魂在舞动。

第三，舞乐相谐。舞蹈虽然具有造型艺术的一些特点，似乎是一种动态的造型艺术，但实际上它更偏重表现和抒情，而不是模仿和再现。从上面这些出土文物可以看到，中国古代的舞蹈始终与音乐紧紧地联系在一起。音乐不仅赋予了舞蹈一种特殊的魅力与神韵，而且为舞蹈动作增添了浓厚的抒情色彩。动作节奏与音乐的和谐统一是中国古代舞蹈的一大特点。

第四，富于意境。舞蹈的世界是感情的世界。舞蹈表演者用传达情感的舞蹈语言，创造具有诗情画意的舞蹈形象，旨在唤起观众的情感体验，使其通过想象与联想进入一种艺术情境，从而获得强烈的美感体验。为了有效地把观众带进一种情境，中国传统舞蹈特别重视动作的快慢与音乐的配合来增强意境的创造。

二、中国现当代舞蹈管窥

中国现当代舞蹈既继承了中国古代舞蹈优秀的一面，又吸收了西方舞蹈的长处，同时借助于各种现代舞美手段塑造舞蹈形象和创造舞蹈情境，创作了许多优秀作品。现举例如下。

（一）芭蕾舞剧《白毛女》

大型芭蕾舞剧《白毛女》是依据著名歌剧《白毛女》改编、创作的，是我国第一部“民族化、大众化”的芭蕾舞剧。在塑造人物方面，既运用了芭蕾语汇，又吸取中国民族民间舞、传统戏曲以及武术之长，动作舒展自如，技巧性强。该剧以鲜明的时代特点和亲切感人的艺术形象深受广大观众喜爱。

（二）舞蹈《千手观音》

舞蹈《千手观音》是2005年春节联欢晚会上中国残疾人艺术团推出的一个舞蹈节目。21个聋哑演员配合默契，成功地塑造了千手千眼观世音菩萨形象。其动作高度一致、节奏把握恰到好处，几乎达到了天衣无缝的程度。与此同时，该舞蹈把舞蹈艺术的魅力发挥到了极致，给人以视觉的享受与强烈的心灵震撼。这个舞蹈可以说是现当代舞蹈中塑造舞蹈形象最成功的范例之一。

（三）舞蹈《小城雨巷》

舞蹈节目《小城雨巷》是原南京军区文工团在2007年春节联欢晚会上表演的一个女子集体舞。这个作品采用现代舞美手段，以演员轻柔舒缓的舞步和清新淡雅的音乐为人们创造了一个绝美的舞蹈意境，它所展开的美轮美奂的画卷使我们读到了一种久违的诗情，轻柔、淡雅、婉转、舒缓、空蒙、湿润、清丽而又纯净。加上音乐和表演一唱三叹式的铺陈，作品娓娓道来，在诗歌的意象里放大和强化了一种韵味和氛围。舞蹈《小城雨巷》展现出的是一个富有感染力和表现力的诗性世界。这个舞蹈可以说是现当代舞蹈中舞蹈意境创造的范例之一。

三、中国民族舞蹈举隅

我国是一个多民族的国家，民族舞蹈的资源相当丰富，其中著名的民族舞蹈有蒙古族舞、傣族舞、藏族舞、朝鲜族舞和新疆舞等。很多优秀的民间舞蹈，在特定节奏的配合下，往往只通过几个并不复杂的动作，就能使人触摸到这个民族的心灵，感觉到这个民族或是优美抒情，或是活泼豪爽，或是矫健强悍，或是含蓄深沉的不同性格。

（一）傣族舞蹈

云南的傣族舞蹈，优美恬静，感情内在含蓄，手的动作非常丰富，舞姿富于雕塑性，四肢及躯干各关节都要求弯曲，形成特有的“三道弯”造型。

傣族舞蹈中最具代表性的是孔雀舞。在傣族人民心目中，“圣鸟”孔雀是幸福吉祥的象征。许多人不但在家中饲养孔雀，而且把孔雀视为善良、智慧、美丽、吉祥、幸福的象征。在种类繁多的傣族舞蹈中，孔雀舞是人们最喜爱、最熟悉的舞蹈之一。

杨丽萍创作的《雀之灵》就是最能体现孔雀舞特点的一个舞蹈。这个独舞选取了“孔雀”的几个典型动作，通过杨丽萍运用手指、手臂、腰、胯等部位的优美动作与婀娜的身段进行模仿式的再现，塑造出了一个精巧、灵秀、美丽的孔雀形象，表达了傣家人民对和平、幸福、美满、安宁生活的向往之情，既有诗的意境，又有美的内涵，还有对心灵的震撼。

（二）蒙古族舞蹈

蒙古族是能歌善舞的民族。蒙古族舞蹈的特点是节奏明快，热情奔放，语汇新颖，风格独特。动作多以抖肩、翻腕来表现蒙古族姑娘欢快优美、热情开朗的性格。男子的舞姿造型挺拔豪迈，步伐轻捷洒脱，表现出蒙古族男性剽悍英武、刚劲有力之美。蒙古族舞蹈久负盛名，传统的马刀舞、鄂尔多斯、筷子、驯马手、小青马、盅碗舞等，节奏欢快、舞步轻捷，都表现出了蒙古族劳动人民纯朴、热情、精壮的健康气质。保留节目有“筷子舞”“马刀舞”“驯马舞”“鹰舞”“牧民的喜悦”和“鼓舞”等。

（三）新疆舞

新疆舞蹈活泼优美，步伐轻快灵巧，身体各部分的运用较为细致，尤其是手腕和舞姿的变化极为丰富。北疆以伊犁为代表，它的赛乃姆舞蹈，吸收了其他一些民族的舞蹈成分，动作潇洒豪放，轻快利落，不时出现戛然静止和幽默风趣的小动作；东疆以哈密为代表，这里的赛乃姆音乐比较缓慢，节奏中保留了不常见的节拍，它的舞蹈动作稳重，手腕的变化不大，基本是半握拳式，在头上左右摆动，单步较多。

由于各地区的赛乃姆风格特点不同，因而群众习惯在赛乃姆前面冠以地名以示区别，如喀什赛乃姆、伊犁赛乃姆等。伴奏乐器一般有弹布尔、热瓦普、都塔尔、沙塔尔、达甫（即手鼓）等。手鼓在赛乃姆中起着重要作用，既掌握速度，又以响亮流畅的鼓声渲染气氛，鼓舞人心。

（四）安徽花鼓灯

花鼓灯是我国淮河流域特别是淮北一带农村十分盛行的歌舞形式。安徽的花鼓灯以打击乐器伴奏为主要节奏表现手段，锣鼓点丰富，节奏多变，能以长短轻重的变化来控制角色的情绪，根据鼓声的抑扬顿挫来表现或娓娓细说或热情倾诉的人物内心活动。

第五节　外国舞蹈艺术管窥

相对于中国舞蹈注重抒情、形象塑造和意境创造而言，外国舞蹈更注重人体美的展示、生命活力的表现和生活激情的释放。这些特点在芭蕾舞和现代舞上都得到了充分的体现。

一、芭蕾舞

视频5-5-1
芭蕾舞

芭蕾是从欧洲宫廷舞蹈发展而来的，起初是宫廷中专有的舞蹈形式，后来转移到剧场中去演出。它有一整套技术规范和要求，被称为古典芭蕾。古典芭蕾是表演性舞蹈中技巧要求最高和最讲究形式规范的舞蹈。

“芭蕾”起源于意大利，兴盛于法国。“芭蕾”一词本是法语“ballet”的音译，意为“跳”或“跳舞”。“芭蕾”作为舞蹈名称，特指有一定动作规范、技巧和审美要求的欧洲古典舞蹈形式；或泛指以人体动作、姿态表现戏剧内容推动情节发展，以及表现一定的情绪、意境、心理状态和行为的舞蹈表现形式。

芭蕾作为一种舞台艺术形式，始见于文艺复兴时期意大利宫廷盛大的宴饮娱乐活动之中，后来由佛罗伦萨公主——美第奇的凯瑟琳带入了法国宫廷。1581 年，法国宫廷表演的第一部芭蕾舞《王后的喜剧芭蕾》在欧洲引起极大反响，各国宫廷纷纷效仿，并把芭蕾视为宫廷娱乐的典范。1661 年，法国国王路易十四在巴黎创建了皇家舞蹈学院，又于 1669 年授权在巴黎成立了歌剧院，从此结束了“芭蕾”的宫廷时代。

芭蕾进入剧场之后，先后经历了“喜剧芭蕾”和“歌唱芭蕾”阶段。18 世纪中叶，“情节舞”及相关的理论日趋完善，芭蕾才彻底改变了依附于戏剧和歌剧，仅仅在幕间表演的地位，发展为用舞蹈和音乐推动剧情发展，具有思想内涵的剧场艺术形式。

19 世纪初是芭蕾发展史上的又一个黄金时代，在内容与题材、技巧与表演及演出形式等方面均有重大突破。脚尖舞技巧逐渐成为女演员的主要表演手段，并积累了一套系统、科学的训练方法。受浪漫主义文化思潮影响，欧洲各国芭蕾的发展更加注重民族精神和气质的表现，形成了意大利学派、法国学派、俄罗斯学派和丹麦学派等不同风格的芭蕾学派。

20 世纪以来，俄罗斯取代意大利和法国成为传统芭蕾发展的中心。而在欧美各国的舞台上，不同风格和不同流派的现代芭蕾逐渐显露出蓬勃的发展势头，从而为芭蕾艺术的发展注入了新的活力。

芭蕾舞高雅、轻柔，其技巧性和复杂性在众多舞蹈艺术里首屈一指，是一种很具审美价值的舞蹈。芭蕾舞的特点主要表现在体形特征、足尖技巧和高难技巧三个方面。

体形特征表现为开、绷、直、立、弧和长六个字。“开”是指各种姿态均要求双腿从髋关节向外打开（图 5–5–1），以增加动作幅度，使动作姿态更为优雅；“绷”是指脚背必须绷直（图 5–5–2），脚面突出，使腿显得更加修长、舒展；“直”是指基本站立和甩腿都要求保持笔直、稳定、有力，使舞姿更为舒展、劲健；“立”是指直立要挺拔向上，身体姿

图 5–5–1 “开”

图 5-5-2 “绷”

态挺拔舒展，讲究形态美；“弧”是指手臂动作要流畅、呈弧形，手指应柔若无骨，呈柔和的圆形；“长”是指演员的腿、臂及身体要尽可能伸展。

足尖技巧是芭蕾舞区别于其他舞蹈的显著特点，它突出了演员双腿的功夫和轻盈感，使芭蕾成为最生动、最典雅和最美丽的艺术。

高难技巧主要包括旋转、跳跃、双人舞技巧等。旋转，即以一只脚为轴，另一只脚在膝盖处或脚踝处做伸展运动，外旋或内旋。评判其动作质量，不仅看转圈的数量，还要看旋转速度和节奏，以及结束动作是否平稳、利落、漂亮。跳跃分大跳、小跳、移动中跳等，最感人的跳跃是不仅跳得高、跳得轻、落得稳，还要把握好音乐节奏，手臂、头以及脸部表情协调一致。双人舞技巧动作包括托举、支撑旋转和平衡三大类。其美感不是为了表现男演员的力气，而是为了突出女主角在空中的轻盈飘逸。

总之，芭蕾舞是一种高雅、高贵的舞蹈，是柔美中透出力量的舞蹈。它讲究精准的动作和饱满的情感表达。舞者完成动作的难度很大，体力消耗也很大，但观众看来却十分优雅轻盈。

相关链接

芭蕾舞剧《天鹅湖》及其启示

芭蕾舞剧《天鹅湖》之所以为全世界人民所喜爱，成为不朽的经典性作品，在世界舞台上久演不衰，有着强烈的、巨大的艺术生命力，除了因为其具有高超的舞蹈技巧、优美抒情的舞蹈场面，能给人美的享受外，还因为作品中所表现出的真善美的胜利和假丑恶的失败，符合不同国家、不同民族的人们的思想感情和生活愿望。

《天鹅湖》的成功给了我们一个重要的启示：好的作品能使不同时代、不同民族的人产生思想感情的共鸣。之所以这样，从美学原理上看，是因为人类有共同的美感，即审美感受的共鸣性。具体来说，是因为这些优秀的舞蹈能以生动优美的形象、精湛高超的技巧反映人们共同的审美要求。

二、现代舞

视频5-5-2 现代舞

现代舞是20世纪初在西方兴起的一种与古典芭蕾相对立的舞蹈派别。其主要美学观点是反对古典芭蕾的因循守旧和单纯追求技巧的形式主义倾向，主张摆脱古典芭蕾舞过于僵化的动作程式的束缚，以合乎自然运动法则的舞蹈动作，自由地抒发人的真实情感，强调舞蹈艺术要反映现代社会生活。其创始人是美国舞蹈家伊莎多拉·邓肯（1877—1927）。她认为古典芭蕾的训练会造成人体的畸形发展。她向往原始的纯朴和自然的纯真，主张“舞蹈家必须使肉体与灵魂结合，肉体动作必须发展为灵魂的自然语言”，真诚地、自然地抒发内心的情感。

有人说，最初出现的现代舞是邓肯的“自由舞蹈”。严格地讲，邓肯的舞蹈还不是现代舞。她崇尚自然，继承了晚期浪漫主义“回到自然”的口号。她脱去舞鞋和紧身舞衣，随心所欲地自由舞蹈，给西方舞坛带来一股清新纯朴之风，为现代舞的产生准备了思想条件。而与她同时代的音乐家和舞蹈家E. 雅克·达尔克罗兹的“优律动”和拉班的“空间协调律”则为现代舞的产生准备了理论条件。特别是拉班，他全面探讨了人的身心活动规律、肌肉的松弛和紧张、动作的协调以及舞蹈空间等理论问题。

现代舞的最大特点是形式活泼，肢体自由舒展，便于人们抒发自我内心的感受。正如美国现代舞大师默斯·堪宁汉所说：“如果你不喜欢别人的作品，那就编一个自己喜欢的好了。”

三．交际舞

视频5-5-3
交际舞

交际舞是起源于西方的国际性的社交舞蹈，又称舞厅舞、舞会舞和社交舞等。最早起源于欧洲，到17世纪时，已发展为欧洲各国一种普遍的社交活动，故有“世界语言”之称。到20世纪20年代以后，交际舞在世界各地风行起来，所以人们又称它为“国际舞”。

交际舞需要男女两人合舞（图5-5-3）。今天，交际舞已经成为人们工作之余的一种积极的休闲生活方式。不论是在广场，还是在舞厅，音乐响起，人们踏着节拍翩翩起舞，身心顿觉轻松。即使不去跳，只看看那些或贫或富的身份各异的红男绿女欢快地舞着，乐而无忧的样子，我们的精神也会受到一种洗礼，身心倍感清爽，脚下倍感轻松，对生活的热爱之情也会油然而生。

交际舞之美主要表现在三点：一是运动之美。交际舞既是一种积极的休闲运动方式，也是一种能够给人以强烈的美感体验和精神快感的运动方式。在舞蹈过程中，人们对音乐的欣赏，对动作力度和幅度的把握，对舞蹈情境的品味等，都可以化作对美好生活的热爱与向往之情。二是和谐之美（图5-5-4）。男女双方构成交际舞的整体美。两人之间的和谐体现于舞姿的自然舒展、舞步的轻盈舒畅、舞感的心有灵犀，以及舞起来的轻松自如等。三是默契之美。默契是指双方的配合，它不仅取决于双方的艺术感悟力，而且决定于双方的心灵沟通。就艺术感悟来讲，双方对音乐节奏的感悟、对舞步力度与幅度的把握应是高度一致的；就心灵的沟通来讲，一方的一个微笑、一个暗示，另一方都会心领神会，并给予积极主动的回应。这样，双方的舞蹈就能进入一种美妙的意境。

图5-5-3　交际舞

图5-5-4　和谐美

第六章　戏剧艺术欣赏

戏剧是一门综合艺术。它以表演艺术为中心，融合了文学、音乐、舞蹈、美术等多种艺术元素。

戏剧艺术与音乐、舞蹈结合起来，成为歌剧、舞剧或歌舞剧。在歌剧或舞剧中，情节的因素比较简单，这便于更充分地发挥歌唱或舞蹈艺术的特长。

在整个戏剧艺术中，中国戏曲占有特殊地位。它是把戏剧的内容与歌舞的形式高度结合起来的一种特殊的戏剧艺术种类。

第一节　戏剧艺术的一般特点

视频6-1-1
戏剧的特点

戏剧通过演员的表演展示剧中人物的性格，表现环境，描述故事的发展过程。演员与观众的距离较近，观众可以直接感知和亲身体验剧中反映的生活。正因为戏剧用活生生的真人形象直接打动观众，所以它具有很大的艺术感染力，容易为大众所接受。戏剧的特点主要表现为以下五点。

一、综合性

戏剧是由演员扮演角色，运用多种艺术手段，在舞台上当众表演故事的一种综合艺术。它既综合了文学、舞蹈、音乐、美术等多种艺术元素，又借助于各种艺术的和非艺术的手段，如灯光、道具、服装、布景等来美化戏剧场景、制造舞台气氛和增强戏剧效果等。

二、表演性

戏剧以演员的表演为主要表现手段，在特定的空间和时间内，通过演员的对话、歌唱或动作等叙述故事或制造戏剧气氛。

三、矛盾冲突

戏剧的本质特征在于直接、集中地反映社会生活中的矛盾冲突。矛盾冲突既是情节发展的主要线索，也是刻画人物性格的主要手段。没有冲突，就没有戏剧。例如，中国传统剧目《窦娥冤》就是通过正直善良而性格坚强的窦娥与恶棍、昏官之间的一系列矛盾冲突来展开戏剧情节，塑造窦娥这一人物形象的。

四、虚拟性

戏剧要在有限的舞台空间内表现生活场景，不可能照搬或按照原型复制现实生活中的景象，只能采用象征或虚拟的手法来表现。这一点在中国传统戏曲艺术中表现得更加突出。例如，演员拿着桨表示走水路，通过演员虚拟上船和划船的动作，观众便能感觉到剧中人物在划船。

五、动作性与对话性

戏剧艺术虽然也要利用其他各种艺术的表现手段和表现方式，但还是以自己特殊的表现方式为主。例如，动作和对话在话剧艺术中居于支配的地位，而其他艺术媒介如绘画所用的色彩、线条等都从属于前者，为行动中的有思想的特定的人物性格和冲突的再现服务。

第二节　戏剧的分类

视频6-2-1
戏剧的分类

戏剧的种类繁多，可以从不同的角度、依据不同的标准进行分类。常见的分类方法主要有以下四种。

一、从戏剧冲突的性质和其产生的戏剧美学效果来分

根据戏剧冲突的性质和其产生的戏剧美学效果来划分，戏剧可以分为悲剧、喜剧、正剧和闹剧。

1. 悲剧

悲剧所表现的主要是人们的各种不幸，反映到作品中，通常表现为正面人物的失败或死亡。由社会原因造成的这一结局，称为社会悲剧；由自身性格原因造成的这一结局，称为性格悲剧。

2. 喜剧

喜剧的特点是善于在描述对象的本质和现象、内容和形式的矛盾中捕捉笑料。笑是喜剧应有的戏剧效果，它让人们在笑声中否定生活中恶的、腐朽的、荒谬的、落后的事物，肯定美好的、新生的、合理的、先进的事物，在笑声中获得教育。喜剧分为讽刺性喜剧和歌颂性喜剧两类。

3. 正剧

正剧是最接近于社会现实、最普遍、最主要的一种戏剧样式。它的内容有悲有喜，悲喜结合，一般是反映严肃的社会生活题材。正剧的戏剧冲突是反映社会生活中正面力量与反面力量或落后势力之间自觉的斗争和冲突，冲突的结果总是以正面力量的胜利或预示着胜利而告终。

4. 闹剧

闹剧也是喜剧的一种，特点是专门运用比一般喜剧更为夸张的手法，追求所谓“滑稽”的艺术效果。

二、从戏剧作品艺术表现形式来分

根据作品的艺术表现形式进行划分，戏剧可以分为歌剧、舞剧、话剧和戏曲等。

歌剧、舞剧和话剧都是“洋为中用”的东西，表现形式极为单调。歌剧以歌唱为主，说白和舞蹈很少；舞剧以音乐作为衬托，靠舞蹈动作表现主题，没有歌曲和说白；话剧以说为主，偶有歌舞，也只是穿插；具有民族特色的戏曲，是我国传统的戏剧形式，它将唱、念、做、打等各种艺术手法并用，实现了歌、舞、剧几个方面的完善统一，具有极强的艺术感染力。

三、从剧本的容量和场景设计来分

根据作品的容量和场景设计进行划分，戏剧可分为多幕剧和独幕剧。

四、从题材来分

按照题材的不同，戏剧分为历史剧、现代剧、儿童剧、童话剧等。

第三节 话剧与中国戏曲

欧美各国谈戏剧通常是指话剧，中国人谈戏剧一般指戏曲。话剧和戏曲是戏剧的两大主要形式。话剧与戏曲在表现与再现、时空建构、表演方式、戏剧结构等方面都有各自不同的特点。

一、话剧与中国戏曲的区别

视频6-3-1 话剧与中国戏曲的区别

（1）话剧注重再现生活，舞台大多是写实的和具象的，包括布景、化妆、灯光、效果、刀具等都力求真实，创造出使观众仿佛身临其境的舞台效果，在舞台上形象地展现出社会生活环境。

戏曲则注重表现生活，戏曲的舞台美术基本上是写意和抽象的，戏曲的布景和道具都很简单，全凭演员的虚拟表演来表现，演员手中的一根马鞭，可以让观众想象到剧中人物正扬鞭策马，疾驰如飞，演员手中的一支船桨，仿佛使观众看到大江中一叶扁舟正破浪前行。

（2）话剧注重写实，戏曲注重写意。话剧是一种在近代才普遍兴起的戏剧形式。它从诗剧发展而来，既没有舞蹈动作程式的限制，也摆脱了诗体韵律的束缚，而以散文对话和以生活动作作为直接基础的戏剧动作，集中反映现实生活中比较尖锐的矛盾冲突，富有浓厚的近似对象原型的生活气息。

戏曲艺术作为一种表现性艺术，是将生活中的动作加以变形和夸张，形成戏曲表演艺术特有的唱、念、做、打的程式和手、眼、身、步的身段，以之来表现生活的艺术。

（3）话剧长于叙事，中国戏曲长于抒情。例如，汤显祖的《牡丹亭》与莎士比亚的《罗密欧与朱丽叶》都是表现爱情故事的。两者虽然都有抒情成分，但莎剧在叙事性、哲理性方面见长，汤剧则以抒情性见长。在情感性方面，莎剧远远不及汤剧。汤剧那笼罩全剧的氛围，那人物内心情态的表现，都具有诗化的特征，感情容量极大。

二、中国戏曲艺术的特点

视频6-3-2 中国戏曲艺术的特点

中国戏曲艺术既具有人类戏剧的共同特点，又因不同的表现手段而区别于话剧等其他戏剧种类，具有自己的特点。

1. 讲究唱、做、念、打

唱、做、念、打是中国戏曲的突出特点。唱功中，行腔转调，发音吐字，都有一定规矩和要求；做功中，手、眼、身、步有各种程式，它们都要经过专门的严格训练；念白分韵白和口白，它们都要具有音乐性；武打要干净利落，稳妥准确，轻捷灵便。

2. 表演程式化

表演手段的程式，也是戏曲艺术的重要特点。特别是在古典戏曲中，上下场，唱、做、念、打和音乐伴奏，以及服装、化妆（图 6-3-1）、布景、道具等，都有一定规矩，这就叫作"程式"，如武打有许多固定的套子，对白有程式，唱腔有板式，舞也有程式。在演一出戏时，如何运用手势、如何运用眼神（图 6-3-2）、身体如何动作、头发如何甩动、步子怎样走，都是有讲究的。连怎样表现人物的喜、怒、忧、思、悲、恐、惊等感情，也全都提炼美化成一套完整程式。程式是戏曲区别于话剧等其他戏剧艺术的主要特点。在现代戏曲中，有些程式已被打破。

图 6-3-1　化妆

图 6-3-2　身法和眼神

3. 表演和表现具有虚拟性

从表演的角度看，在戏曲舞台上，采取上下场的分场方法，可以自由地处理舞台的空间和时间。舞台上的地点和时间随演员的表演而变动，演员离开舞台，地点和时间就不存在了。如越剧选段《十八相送》中梁山伯送祝英台，从书亭到长亭，走了十八里，一路上穿村庄，过小桥，傍井台，进庙堂，眨眼之间场景数变。

从表现的角度看，戏曲舞台上的很多景物和人物动作都是虚拟的，如以鞭代马、持桨当舟等虚拟动作，可以使人联想到骑马、行舟等。与此同时，伴随着人物的虚拟动作，观赏者的大脑中会因联想而产生高山、平地、江河、湖海、厅堂、卧室等场景，瞬息之间，厅堂、卧室又可转化为长街、小巷等。

4. 富有音乐性

相对于话剧而言，戏曲艺术富有音乐性。戏曲表演要运用唱、念、做、打诸种艺术手段，每一种手段都与音乐有不可分离的关系。唱，本来就是一种音乐的表演手段，这自不待说。念白虽不是歌唱，却要有音乐性，要求它在声调上有抑扬，有顿挫，节奏上能与歌唱相协调。至于做功、武打，都属于形体动作，但戏曲舞台上的形体动作又不是生活动作的直接模仿，而是具有舞蹈性的表演，它是强烈的、夸张的、富有节奏感的。因此这种形体动作与音乐紧密地结合在一起，融化于音乐的节奏之中。传统戏曲表演要求演员熟悉锣鼓经，亦即各种锣鼓点子的组合形式，身段动作要与锣鼓经合拍。

第四节　戏剧的内容要素

视频6-4-1
戏剧的内容要素

戏剧是一种要凭借舞台进行表演的直观性艺术。要在有限的时空内表现出波澜壮阔的生活，必须具有以简驭繁的独特表现手段与内容。它所使用的媒介和手段，是同看戏的观众一样能呼吸、有动作、会说话、活生生的人——演员。一部戏剧，之所以能成“戏”，主要取决于三个方面的要素：一是集中、尖锐的矛盾冲突；二是高度集中的人物、事件和场景；三是人物台词。

一、集中、尖锐的戏剧冲突

集中、尖锐地反映社会生活中的矛盾冲突，是戏剧艺术最基本的审美特征。可以说，没有冲突，便没有戏剧。戏剧正是通过一系列动态的矛盾冲突来展示情节、表现人物的。

什么是戏剧冲突呢？戏剧冲突是社会生活中的矛盾的反映。人是社会生活的主体与主宰，因而戏剧冲突主要表现为剧中人物之间的矛盾冲突以及人物性格自身的内在冲突。戏剧冲突不是生活矛盾的简单照搬，也不是任何生活矛盾都能构成戏剧冲突。戏剧冲突是剧作家对生活中的矛盾进行选择、提炼、集中概括和艺术加工的结果，是最足以展示人物性格和人物关系、反映社会生活本质的高度典型化了的矛盾冲突。它表现出来的，或是不同性格的人物之间的冲突，或是人物性格自身的内在冲突。

戏剧冲突由人物性格所决定，又为展示人物性格服务。如《雷雨》中的蘩漪这个人物，她具有敢爱敢恨的性格，得不到的，她就要毁了。当周萍和她决裂后，她暗中算计周萍，又公开她与周萍间的丑事，这些，只有她才做得出来。从《雷雨》中我们可以清楚地看到，剧中的矛盾冲突也好，人物命运也罢，都是由人物自身的性格决定的。假如侍萍具有与蘩漪相同的性格，或是鲁贵具有像鲁大海那样的个性，《雷雨》的故事就不会是现在这样的。

戏剧不但必须有冲突，而且其矛盾冲突还要尽可能地紧张和集中。戏剧受舞台空间和演出时间的双重制约，需要在有限的时间和空间内反映深刻的生活内容，刻画性格鲜明突出的人物形象，造成强烈的艺术效果，所以它必须有紧张而集中的矛盾冲突。只有这样，才能紧紧吸引住观众，继而感染观众。如果矛盾冲突不紧张、不集中，松散、拖沓，势必会降低单位时间内的戏剧容量，同时引不起观众的兴趣。

戏剧冲突的紧张性和集中性，往往是由必然性中的偶然性因素造成的。俗话说："无巧不成书。"这里所说的"巧"，指的就是必然性中的偶然性。戏剧家的创作，经常运用偶然性来形成戏剧冲突的集中和紧张，增强戏剧气氛，使情节跌宕曲折，引人入胜。但是，戏剧中的偶然性因素一定要符合生活的真实、人物的性格和事件发展的必然性，既要出人意料之外，又须入于情理之中。否则，不但不能使人相信，而且会失去它应有的教育意义。所谓"出人意料之外"，就是通过一些观众事先预料不到的偶然性的戏剧因素，使剧情的发展让人始料不及。所谓"入于情理之中"，就是无论戏剧冲突多么奇巧，它都是符合生活逻辑的，是合于情理的。一出好的戏剧，偶然性的成功运用，往往可以省略许多枝节，推动剧情的发展，从情绪上紧紧地抓住观众，造成“山重水复疑无路，柳暗花明又一村”的艺术境界。

我们在这里强调戏剧冲突的紧张性和集中性，并不是说一出戏从头至尾都要有一种紧张的气氛，让观众的心一直悬着，这是不符合艺术欣赏规律的。紧张与集中是相对而言的，根据情节发展的需要，该紧张时紧张，该舒缓时舒缓，这样才显得波澜起伏，才具有更大的艺术魅力。如《雷雨》中侍萍应蘩漪“之请”来到周家与四凤刚见面的一节，情节很舒缓，母女之情构成了一种温馨的氛围。

二、高度集中的人物、事件和场景

由于受舞台空间和演出时间的限制，戏剧情节具有高度集中的特点。受舞台空间的限制，剧中的人物不能太多、人物关系必须十分清晰；受舞台空间的限制，戏剧设置的人物活动场景不能太多、太复杂；受演出时间的限制，戏剧所写事件的情节必须十分紧凑，整个戏剧故事必须在两三个小时内演绎完。

对于一部优秀的戏剧作品来讲，人物、事件、时间和地点的高度集中，是作者艺术构思的匠心所在。剧作者常常把几个月甚至几十年间发生的事件浓缩到两三个小时的演出中，把千变万化的生活集中到一个或几个场景中，尽可能在有限的空间和时间内展示出错综复杂的社会生活。如曹禺的《雷雨》在一天的时间（上午到午夜两点）、两个舞台背景（周家的客厅，鲁家的住所）内集中地表现出两个家庭及其成员之间前后三十年的错综复杂的感情纠葛。

戏剧的集中性，主要体现在人物的集中、情节的集中、矛盾冲突的集中和人物活动场景的集中几个方面。

人物的集中：在戏剧中，人物过多，不仅会分散笔力，影响主要人物的刻画，甚至还会造成舞台的拥挤，导致人物关系的混乱，扰乱观众的注意力。人物的集中，要求人物数量要少，关系要清晰，而且人物的性格展示要快、要突出。

情节的集中：戏剧的情节是体现戏剧冲突的，由开端、发展、高潮、结局几个基本部分构成。有的多幕剧在开端的前后有序幕，在结局的后面还有尾声。情况不一。所谓情节的集中，就是一个故事一经开端，就要想方设法引导其发展，尽快进入高潮，继而得以解决。

矛盾冲突的集中：戏剧受演出时间的限制，不能像小说那样从容不迫地多方面地展开生活中的矛盾冲突。戏剧的矛盾必须集中、激烈，给人以高潮迭起的感觉。

人物活动场景的集中：戏剧不像电影那样可以超越时空给人物提供自由的活动空间，而必须把人物和事件集中到一个或几个场景中来。这就是场景的集中。

大凡优秀的戏剧作品，都能很好地体现出以上四个方面的集中。如曹禺的《雷雨》，全剧描写的人物不多，但它所反映的矛盾冲突是比较复杂和尖锐的，所反映的社会生活内容是比较深刻的。其中既有周朴园与鲁侍萍、鲁大海之间的矛盾，又有周萍、周冲与鲁四凤之间的爱情纠葛，还有周萍与蘩漪之间的暧昧关系，这种种矛盾又与家庭之中的夫妻、父子、兄妹、母子、主仆间的伦理关系交织在一起。剧作家十分巧妙地把所有人物关系和矛盾冲突压缩在一天一夜之间进行展现，场景也只有两个。至于侍萍和周朴园、周萍与蘩漪过去的关系与纠葛，以及几十年来的生活变迁，四凤到周家帮佣一年来的情景，矿上工人闹罢工的情况等等，只是通过剧中人物的对话作了简单的交代，这就形成了人物、事件和场景的高度集中性，有利于紧张的戏剧冲突的形成和发展，产生了良好的戏剧效果。

上面我们提到了戏剧情节的构成要素，在这里有必要对其加以简要的解释和说明：序幕是用来交代剧中故事发生的时间、地点和时代背景的，或简要介绍剧中的主要人物及人物关系。开端是剧本中所反映的矛盾冲突的第一个事件，引出剧本矛盾的起因，或同时点出次要矛盾，或设下次要矛盾的伏笔。发展是整个情节中主要的、最长的部分，包括从开端之后到高潮这一阶段。在这个阶段，矛盾冲突逐步展开和深化，人物性格和人物关系逐渐表现出来，直至把矛盾冲突推向高潮。高潮是矛盾冲突发展的顶点，是决定矛盾冲突双方胜负和主要矛盾即将解决的关键时刻，因而，也是斗争最紧张、最激烈、最尖锐的部分。结局是紧接高潮之后，主要矛盾得以解决，人物和事件有了一定的结果的部分，是情节从开端、发展到高潮的必然结果。尾声一般是在结局之后展示未来的前景，或对矛盾解决以后的结果作必要的补充交代，使主题和人物表现得更为鲜明。

三、人物台词

不用叙述人的语言，而是通过剧中人物的语言来塑造艺术形象，揭示人物性格，表现矛盾冲突，展现思想和主题，这是戏剧的一大特点。在戏剧中，剧作家的感情态度只能通过剧中人物的台词和动作而间接地表现出来。

剧中的人物语言——台词，包括对话、旁白、独白。戏曲、歌剧中的唱词是台词的另一种表现形式。

对话，是两个及两个以上的在场人物相互说的话。对话是台词的主要部分，也是刻画人物的主要手段，有时也起着交代人物身世、经历、人物关系的作用。

旁白，是指两个及两个以上的人物同时活动在舞台上，一个人物背着其他人物向观众表白自己或评价他人言行的话，对刻画人物、展示剧情起辅助的作用。

独白，即人物的自言自语，是一个人在场时说的话，一般用来表达人物内心的愿望、抒发感情、评论事物和透露行为的动机。

唱词，是戏曲或歌剧中具有诗歌特点的音乐化的语言，有节奏和韵律。唱词有对唱、旁唱和独唱，其作用和话剧中的对话、旁白、独白是一样的。

戏剧的人物语言是剧作家塑造艺术形象、揭示人物性格、表现矛盾冲突、反映生活内容的根本手段。因此，戏剧的人物语言就比其他艺术形式显得更加重要，有着特殊的要求，起着多方面的作用。

1. 通过充分个性化的语言，刻画人物性格，揭示人物关系

个性化的语言，就是符合不同人物身份，能够表现出人物“个性”的语言。只有充分个性化的语言，才能把人物刻画得鲜明生动。应该做到这个人物口中说的话不能放到别的人物的口中；在这个特定场合和特定气氛下说的话，不能放到另外的场合和气氛中去说。

凡是懂得这个道理的剧作家，都特别注意剧中人物语言的充分个性化，常常是用几句话就能把人物的性格和人物之间的关系刻画出来。

如《雷雨》中的几句台词：

> 蘩漪由饭厅门上，鲁贵一眼看见，话说成一半，又吞进去。
>
> **鲁 贵** 哦，太太下来了！太太，您病完全好啦？
>
> 蘩漪点一点头。

鲁　贵　鲁贵直惦记着。

周蘩漪　好，你下去吧。

这里，鲁贵的话语中透射着讨好主子的奴性，极符合他的仆人身份；而蘩漪的话语冷冰冰的，透射着主子在仆人面前的威严。

2. 通过富有动作性的语言，揭示人物的外部形态和内心活动

戏剧的情节是由人物的一系列行动来显示的；人物的行动是由人物的一系列动作来完成的。人物的动作有外在的和内在的。所谓外在的动作是指人物的音容笑貌、神态举止；所谓内在的动作是指人物的内心活动、感情意向。这两种动作，内在的动作是主要的。人物的内心活动、感情意向是人物的音容笑貌、神态举止的依据；外在动作有内心活动的依据，它才是有生命的，而不是孤立的、外加的。在戏剧中，这两种动作都要通过人物的语言来表现，而不能用叙述人的语言来表现。因此，剧本应该根据人物的性格赋予他富有动作表现力的语言，要力求做到“话中有戏”。在这里，关键在于通过人物的语言表现人物的矛盾冲突，有冲突才能有动作。每个人物只有处于一定的矛盾冲突之中，才能产生一系列的内心活动，才能由内心活动而产生一定的外部动作。

在曹禺的四幕话剧《雷雨》中，每个人物的语言都是富有动作性的。正是这富有动作性的语言，使得人物栩栩如生，不仅让读者（观众）看到人物外在的神态举止、音容笑貌，而且看到人物隐秘的感情意向和行为动机。请看第二幕中的一段戏：

蘩漪由饭厅上。

四凤　哦，太太。

蘩漪　你们在这儿啊！（向四凤）等一会，你的父亲叫电灯匠就回来。你的东西，我可以交给他带回去，也许我派人给你送去。——你家住在什么地方？

四凤　杏花巷十号。

蘩漪　你不要难过，没事可以常来找我。东西，我回头叫人送到你那里。是杏花巷十号吧？

四凤　是，谢谢太太。

在这里，表面看来，蘩漪说话的外表神态是十分平静的，但这正是她此

时此刻复杂强烈的内心活动的外部表现。蘩漪知道四凤和周萍的关系，而四凤却不知道蘩漪和周萍的关系。蘩漪身为周公馆的主妇，面对自己的情敌，既怀恨在心，但她又要维护自己的尊严；她既要辞掉四凤，又不能当着周萍的面对四凤做得太过分，更不能让四凤觉察出自己和周萍的关系。因此，她克制着自己，装成若无其事而且对四凤十分关心体贴的样子，实际上内心的活动十分强烈。从她问四凤家住在什么地方和没话找话地重复自己对“杏花巷十号”这个住址的记忆这两个表现中，我们可以看到她正在筹划着下一步的行动，并且是有了打算才出场的。这两段简短的对话都富于动作性。

3. 通过富有潜台词的语言，揭示人物活动的目的和实质，反映丰富深刻的生活内容

什么是潜台词？潜台词是从外文翻译过来的，在表演艺术中常用的一个术语。简单说来，所谓潜台词就是指人物的台词除了表面上的意思外，还包含着深一层的意思，而这深一层的意思才是人物所要表达的真意和实质。俗话说的“话里有话”“弦外之音”，就接近于这个意思。

剧中的人物语言为什么要有丰富的潜台词呢？因为在舞台上，人物不可能也没有必要把事情的始末、全部思想活动都说出来，那样会降低甚至消除观众艺术欣赏的能动性，也会降低甚至消除艺术的感染力。有经验的剧作者总是努力选择精练、富有潜台词的语言，去推动情节的发展和揭示人物丰富复杂的内心世界。

比如《雷雨》第一幕中周朴园强迫蘩漪喝药那段戏，有这样的对话：

冲　（含着泪，向着母亲）您喝吧，为我喝一点吧，要不然，父亲的气是不会消的。

蘩　（恳求地）留着我晚上喝不成么？

朴　（冷峻地）蘩漪，当了母亲的人，处处应当替孩子着想，就是自己不保重身体，也应当替孩子做个服从的榜样。

蘩　（望望周朴园，又望望周萍，拿起药又放下）不！我喝不下！

朴　萍儿，劝你母亲喝下去。

萍　爸！我——

朴　去，跪下，劝你的母亲。

萍　（走至蘩漪前；向周朴园，求恕地）爸爸！

朴　（高声）跪下！

周萍望着蘩漪；蘩漪泪痕满面。

周冲气得发抖。

朴 叫你跪下！

周萍正要下跪。

蘩 （望着周萍，急促地）我喝，我现在喝！（喝了两口，眼泪又涌出来，望一望周朴园的峻厉的眼和苦恼着的周萍，咽下愤恨，一气喝下。）哦……（哭着，由右边饭厅跑下。）

在这里，事件和人物的内部联系，蘩漪与周萍的特殊关系是通过潜台词表现出来的。这些潜台词是通过人物台词的贯穿与交流告诉读者与观众的。特别是周朴园要周萍跪下，周萍无可奈何地正要下跪但还没跪下时，蘩漪望着周萍，急促地说："我喝，我现在喝！"寥寥数语，把蘩漪和周萍的内在关系揭示得淋漓尽致。蘩漪不愿意让周萍太难堪，她希望恢复和挽回与周萍曾经有过的关系，只好把药喝下去。由此可见，潜台词和人物的内心活动是紧密相连的。同样一句话，由于内心状态不同，它的潜在含义也就不同，引起的人物的外部动作也就不同。同时，潜台词又是具有鲜明的目的性和强烈的动作性的。因此，只有深入地挖掘出角色的潜台词，才能准确地掌握人物形象，揭示人物复杂丰富的内心世界。

第五节　戏剧艺术的欣赏要点

由于不同的艺术形式构成要素、表现手段等各不相同，欣赏的要点不同，人们从中获得的启示、借鉴和审美体验也各不相同。戏剧艺术以尖锐的矛盾冲突、引人入胜的情节和丰富的人物语言见长，因此，欣赏时应从以下几个方面入手。

一、分析戏剧冲突

视频6-5-1
分析戏剧冲突

戏剧冲突是戏剧艺术表现人物性格和人物相互关系的主要手段和途径。每一个主要角色的性格特点、角色与角色间的相互关系都会在戏剧冲突中充分而清晰地表现出来。分析戏剧冲突，可以极准确地把握人物的性格、弄清剧中人物的相互关系，从而准确把握戏剧作品的主题。

例如，曹禺先生的《雷雨》。该剧的第一幕是情节的开端。一开始剧中的主要人物依次登场：大少爷周萍为摆脱继母蘩漪的纠缠要离家出走，可心里又惦记着侍女四凤；蘩漪为留住周萍，让侍萍来家带走四凤；四凤恐惧不安，鲁贵自以为能保护女儿；周朴园在家中厉行封建家长的规矩，使蘩漪等人产生心理抗拒而更加肆意妄为。这第一幕中周鲁两家人之间潜藏几十年的矛盾就初步显露出来。第二、第三幕，情节极速发展，周朴园与侍萍、鲁大海的矛盾，蘩漪与周萍的矛盾，鲁大海与周萍的矛盾等都已经无法调和。第四幕，以周朴园揭秘剧中人物身世为引线，燃爆了整个剧情，导致了一场彻底的大悲剧、大覆灭。全剧紧凑、激烈的戏剧冲突，使得剧情发展犹如疾风暴雨，一泻而下。

二、分析戏剧情节

视频6-5-2
分析戏剧情节
与戏剧场景

戏剧的情节安排，常常是偶然性与必然性的结合。好的戏剧情节曲折、生动，构思巧妙，出乎人的意料，又合乎事情的情理。如《雷雨》，侍萍遭受周朴园的遗弃后远走他乡，本想永远忘掉这段伤心的记忆，不料三十年后，女儿竟又来到同一个周家，和母亲有了相同的遭遇，而玩弄她的竟是自己一母所生的哥哥。分析戏剧情节，不仅可以弄清楚故事的来龙去脉，而且可以理顺作品的思想线索，从而实现对作品正确的、深透的理解。

戏剧艺术要在两三个小时内，记述一个完整的故事、塑造生动感人的戏剧人物、反映丰富的社会生活，就要求剧作家必须会讲故事。这个故事首先要好看、能吸引人。那么，怎样在很短的时间内，成功讲述一个精彩的、吸引人的故事呢？剧作家常常在生活中的“必然性”与“偶然性”上做文章。由生活中的必然性事件，来反映一般的生活现象与事理，由偶然性事件来突出戏剧冲突，深入揭示人物性格和剧作主题。两者的有机结合，就是我们所谓的“巧合”。“巧合”情节的设计，往往是构成戏剧“观赏性”的重要因素。

我们仍以《雷雨》为例来说明。

剧中，周鲁两家人的恩怨跨越三十年。三十年后，周朴园与侍萍如何再次见面，无疑是全剧剧情发展的基础和关键。剧中为此安排了多重“巧合”。这些“巧合”既出意料之外，又在情理之中。围绕剧情主线的“巧合”是：三十年后，侍萍的丈夫鲁贵与女儿四凤服侍的主人，恰是三十年前狠心抛弃侍萍的周朴园；侍萍与周朴园的儿子周萍，正热恋着的对象不是别人，恰是四凤；周萍又因与继母蘩漪存在暧昧关系，急于离家出走；侍萍与鲁贵的儿子鲁大海，恰又在周朴园矿上做工，并在侍萍来到周公馆的这一天，正等在门房代表矿上工人要与周朴园谈判；周朴园与蘩漪的儿子周冲还暗恋四凤。全剧的“巧合”，尚不止这些构成剧情的大情节，更有具体场景中细微地方的许多“巧合”，它们更加突出了情节方面作者独具匠心的构思。

三、分析戏剧场景

一部戏剧作品要在两三个小时之内和几个有限的场景里面表现剧中人物几年、几十年的人生遭遇或命运，其关键在于场景的设置与选择。场景设置与选择得好，承载量就大，包含的内容就多，思想表现力就强。分析戏剧的场景设置，借鉴其裁取生活横断面、浓缩人物与矛盾冲突的方法，可以培养我们选材和剪材的能力。

通常戏剧借助剧中人物的上场、下场，来表现时间、空间的转换，情节的推进。但是仅仅凭借简单的上场、下场动作，难以展现更多的意义内涵，且人物的上场、下场，也不能过于频繁。因此，需要配合高度集中化的舞台场景设置，来丰富情节的表现力。场景设置要含有丰富的潜台词，能高度浓缩人物命运、展现戏剧冲突、体现剧作主题。例如《茶馆》一剧。大场景只有一个，就是裕泰茶馆的内堂。具体场景突出了三个时代的茶馆内部环境。下面我们来欣赏第三幕的场景设置。

【《茶馆》第三幕场景】

裕泰茶馆的样子可不像前幕那么体面了。藤椅已不见，代以小凳与条凳。自房屋至家具都显着暗淡无光。假若有什么突出惹眼的东西，那就是“莫谈国事”的纸条更多，字也更大了。在这些条子旁边还贴着“茶钱先付”的新纸条。

凳子、纸条等细节显示出抗日胜利后，国民党统治时期茶馆生意的日益凋敝，以及人们生存的艰难。“莫谈国事”旧纸条依旧，“茶钱先付”的新纸条的显眼，具有丰富的潜台词，十分耐人寻味。

四、品味戏剧人物台词

视频6-5-3
品味戏剧人物台词

戏剧的根本特点是通过剧中人物的语言来塑造艺术形象，揭示人物性格，表现矛盾冲突，展现作品的思想和主题。其语言个性化十分突出，表现力极强，多读、多分析戏剧台词，是提高我们语言运用能力的一个十分重要而有效的途径。

戏剧艺术中的台词欣赏，需把握住两个关键点：一是欣赏人物台词的个性化表达。人物台词是塑造戏剧人物最有力的手段。优秀的剧作中，人物各自说着自己的话，不会出现千人一面、千部一腔的人物台词。观众透过戏剧人物的寥寥数语，就可知晓人物的身份、地位，了解人物的思想、个性等隐含的信息。特别是在特定戏剧场景中，个性化的人物台词对塑造立体、鲜明的戏剧形象起到至关重要的作用。

戏剧台词欣赏的第二个关键点是，欣赏人物台词的动作性表达。人物台词的动作性，不仅仅是指人物在说着自己的话，还要通过人物个性化的台词，传达人物内心的情感起伏、变化等心理活动。台词语言配合人物外在的神态动作，更深层地表达矛盾冲突。

第六节　中国戏曲剧种举例

在众多的中国戏曲剧种之中，比较流行和著名的剧种有京剧、昆曲、越剧、豫剧、粤剧、秦腔、川剧、评剧、晋剧、汉戏、潮剧、闽剧、河北梆子、湘剧、黄梅戏、湖南花鼓戏等五十多个，以京剧流传最广。下面我们重点介绍几种。

一、京剧

京剧是在徽调和汉戏的基础上，吸收了昆曲、秦腔等一些戏曲剧种的优点和特长逐渐演变而形成的一个剧种。

京剧音乐属于板腔体，主要唱腔有二黄、西皮两个系统，所以京剧也称“皮黄”。京剧常用唱腔还有南梆子、四平调、高拨子和吹腔。京剧的传统剧目约有一千个，常演的有三四百个，其中除来自徽戏、汉戏、昆曲与秦腔者外，也有相当数量是京剧艺人和民间作家陆续编写出来的。京剧较擅长表现历史题材，故事大多取自历史演义和小说话本。既有整本的大戏，也有大量的折子戏，此外还有一些连台本戏。

京剧角色的行当划分比较严格，早期分为生、旦、净、末、丑、武行、流行（龙套）七行，以后归为生、旦、净、丑四大行，每一种行当内又有细致的进一步划分。“生”是除了大花脸以及丑角以外的男性角色的统称，又分老生（须生）、小生、武生、娃娃生。“旦”是女性角色的统称，内部又分为正旦、花旦、闺门旦、武旦、老旦、彩旦（摇旦）。“净”，俗称花脸，大多是扮演性格、品质或相貌上有些特异的男性人物，化妆用脸谱，音色洪亮，风格粗犷。“净”又分为以唱功为主的大花脸，如包拯；以做功为主的二花脸，如曹操。“丑”，扮演喜剧角色，因在鼻梁上抹一小块白粉，俗称小花脸。

京剧脸谱是具有民族特色的一种特殊的化妆方法。由于每个历史人物或某一种类型的人物都有一个大概的谱式，就像唱歌、奏乐都要按照乐谱一样，因而称为“脸谱”。 它是根据人物身份和性格的不同而分别采用不同的颜色。红色的脸谱表示忠勇义烈，如关羽、姜维、常遇春等；黑色的脸谱表示刚烈、正直、勇猛甚至鲁莽，如张飞、李逵等；黄色的脸谱表示凶狠残暴，如宇文成都、典韦等；蓝色或绿色的脸谱表示粗豪暴躁，如窦尔敦、马武等；白色的脸谱一般表示奸臣、坏人，如曹操、赵高等。现在，京剧脸谱艺术已经成为广大戏曲爱好者非常喜爱的一门艺术，国内外都很流行，已经被大家公认为中华民族传统文化的标识。

二、昆曲

昆曲早在元末明初之际（14 世纪中叶）即产生于江苏昆山一带，它与起源于浙江的海盐腔、余姚腔和起源于江西的弋阳腔，并称为“明代四大声腔”，同属南戏系统。它是我国古老的戏曲声腔、剧种，原名“昆山腔”或简称“昆腔”，清朝以来被称为“昆曲”，现又被称为“昆剧”。

昆曲的伴奏乐器，以曲笛为主，辅以笙、箫、唢呐、三弦、琵琶等，由打击乐伴奏。昆曲的表演，也有它独特的体系、风格，它最大的特点是抒情性强、动作细腻，歌唱与舞蹈的身段结合得巧妙而和谐。

该剧种于 2001 年 5 月 18 日被联合国教科文组织授予“人类口述和非物质遗产代表作”称号。2006 年 5 月 20 日，昆曲经国务院批准列入第一批国家级非物质文化遗产名录。

三、越剧

越剧是中国五大戏曲剧种（京剧、越剧、黄梅戏、评剧、豫剧）之一，亦有“全国第二大剧种”之称。清末起源于浙江嵊县（今嵊州市），即古越国所在地，因此而得名。它由当地民间歌曲发展而成。主要流行于浙江、上海、江苏、福建等地，在海外亦有很高的声誉和广泛的群众基础。

越剧长于抒情，以唱为主，声腔清悠婉丽，优美动听，表演真切动人，极具江南地方色彩。越剧演员初由男班演出，后改女班或男女混合班，现多由女班来演。

2006年5月20日，经国务院批准，越剧列入国家级非物质文化遗产名录。

四、豫剧

豫剧，也称河南梆子、河南高调。因早期演员用本嗓演唱，起腔与收腔时用假声翻高尾音带“讴”，故而又叫“河南讴”。在豫西山区演出多依山平土为台，当地称为“靠山吼”。因为河南省简称“豫”，所以中华人民共和国成立后定名为豫剧。它是河南省的主要剧种之一。

豫剧一向以唱见长，在剧情的节骨眼上都安排有大板唱腔，唱腔流畅、节奏鲜明、极具口语化色彩，一般吐字清晰、行腔酣畅，易被听众听清，显示出特有的艺术魅力。

五、黄梅戏

黄梅戏，旧称黄梅调或采茶戏，是中国五大剧种之一。黄梅戏发源于湖北、安徽、江西三省交界处的农村，与鄂东和赣东北的采茶戏同出一源，其最初形式是湖北黄梅一带的采茶歌。清道光前后，产生和流传于安徽、湖北、江西三省间的黄梅采茶调、江西调、桐城调、凤阳歌，受戏曲青阳腔、徽调的影响，与莲湘、高跷、旱船等民间艺术相结合，逐渐形成了一些小戏。经过一段时间的发展，又在吸收“罗汉桩”、青阳腔、徽调的演出内容和表演形式的基础上，产生了故事完整的本戏。

黄梅戏唱腔婉转清新，分花腔和平词两大类。花腔以演小戏为主，富有浓厚的生活气息和民歌风味，多用“衬词”如“呼舍”“喂却”之类。著名曲目有《夫妻观灯》《蓝桥会》《打猪草》等。平词是正本戏中最主要的唱腔，常用于大段叙述、抒情，听起来婉转悠扬，著名曲目有《梁祝》《天仙配》等。现代黄梅戏在音乐方面增强了“平词”类唱腔的表现力，常用于大段抒情、叙事，是正本戏的主要唱腔；突破了某些“花腔”专戏专用的限制，吸收民歌和其他音乐成分，创造了与传统唱腔相协调的新腔。黄梅戏以高胡为主要伴奏乐器，加以其他民族乐器和锣鼓配合，适于表现多种题材的剧目。

六、川剧

川剧是中国戏曲中十分罕见的集昆曲、高腔、胡琴、弹戏、灯戏五种声腔于一体的剧种，主要流行于四川、云南和贵州。

川剧有深厚的生活基础，形成了一套完美的表演程式，其表演真实细腻，幽默风趣，乡土气息浓厚，特别善于采用托举、开慧眼、变脸 、钻火圈、藏刀等特技来刻画人物性格。传统剧目极为丰富。

川戏锣鼓在川剧音乐中起着举足轻重的作用。常用的小鼓、堂鼓、大锣、大钹、小锣统称为“五方”，加上弦乐、唢呐为七方，由小鼓指挥。

川剧的行当划分极为严谨，分生、旦、净、末、丑、杂六类。

第七章　影视艺术欣赏

影视艺术是所有艺术门类中最年轻、最具活力的一门艺术，它运用现代科技手段将各种艺术元素有机地组织起来，表现更为丰富的生活内容，具有更加强大的思想影响力和情绪感染力。今天，影视艺术已经成为人们日常生活的精神快餐，是人们平时接触最多的一种艺术。

第一节　影视艺术的特点

影视艺术融合了文学、音乐、美术、表演等多种艺术元素，以现代科技手段为技术支撑，具有极强的表现力和艺术感染力，其内容又与人们的生活距离最近，因此，深受人们喜爱。概括地讲，影视艺术的特点如下。

一、综合性

视频7-1-1 影视艺术的综合性

影视艺术是利用现代高科技手段将多种传统艺术元素进行有效整合而形成的一种新的综合性的艺术形式，其中不仅包含着文学、戏剧、音乐、舞蹈、建筑等多种传统艺术元素，而且集纳了摄影、化妆、服饰、置景、空间设计等各种实用艺术元素，是视听综合、时空综合和媒介综合的产物。例如，观看电视连续剧《西游记》（1986 年央视版）“趣经女儿国”一集，既可以欣赏其中的服装艺术、音乐艺术、表演艺术，还可以欣赏其置景、摄影和语言艺术等。只要认真观赏，就可以从中获得多方面的艺术享受。

从表现手段来看，影视艺术综合运用了声、光、电、化学等各种科技手段来提高自己的表现力。例如，利用化学技术制作烟火效果表现战争场面。从一定意义上讲，科学技术的快速发展，直接推动了影视艺术的发展。今天影视剧中的快镜头、慢镜头、特技、超动感设计等，比真实的生活现象更具视觉魅力。这些都要仰仗现代科技的支撑。例如，在《西游记》“趣经女儿国”一集中，当女儿国国王要委身于唐僧时，通过用光手段营造了一个十分温馨的情境，用以烘托感情气氛。

从内容方面看，影视艺术的笔触可以伸向无穷的空间，并且具有无与伦比的题材统摄能力。杂技、体育、武术、魔术、军事、刑侦、科幻、心理等各种题材都可以在影视作品中得到真实、生动细腻的表现。

二、视听性

视频7-1-2
影视艺术的视听性

影视艺术是一种以视觉形象和听觉声响为主要表现手段的视听综合艺术。相对于文学、音乐这两种具有时间性和想象性的艺术而言，影视艺术主要是空间性、具象性的视觉艺术，影视作品的一切思想内涵都是通过视觉影像表现出来的。在视觉影像的基础上，音乐的使用可以进一步增强影视作品的感染力。例如，在《西游记》“趣经女儿国”一集中，唐僧在女儿国国王的柔情之下心有所动。就在两人即将沐浴爱河之际，唐僧被琵琶精劫走，一段美好姻缘就此中断。但从此，国王心有所属，唐僧心有所恋。因此，当唐僧将要离开女儿国时，两人难分难舍。在这样的情境下，“相见难，别亦难”的歌曲响起，一下子将感情气氛渲染到极致。

影视艺术的视觉美，不仅来自自然与生活本来就具有的审美因素，而且来自利用光线、色彩、影像等对自然美的提炼、凸显与升华。此外，因为人的感官一生所接收的外界信息总量 80% 以上来自视听觉，并且人的审美体验活动主要依靠视听觉，因此，影视艺术就自然而然地成为人们最喜爱的艺术形式之一。

三、故事性

视频7-1-3
影视的故事性

影视艺术对生活的反映主要是通过“讲故事”来实现的，一部影视剧的内容质量主要是由故事来决定的。具体地讲，一部影视剧能不能感动人，能不能激励人，能不能启发人等，都取决于故事的内容。因此，不论是影视编剧，还是影视的表演和拍摄制作，都要想办法把故事“讲好”。

因为影视作品讲述故事是通过镜头来进行的，不能像文学作品那样细致入微和尽情铺排，所以，影视作品中的故事一般矛盾冲突比较集中和突出，悬念的释解相对较快。与此同时，“节外生枝”的穿插方法运用比较普遍。例如，《西游记》“趣经女儿国”一集中，当唐僧被女儿国国王的柔情打动，两人将共浴爱河之际，琵琶精的出现使故事情节的发展瞬间发生变化。

四、直观性

影视艺术具有一定的戏剧性，但其与戏剧有很大的不同。戏剧演绎故事是在舞台上进行的，受舞台空间的限制，绝大部分场景是模拟的。影视艺术对生活进行反映所采用的摄影技术，影像设备的可移动性，决定了影视艺术完全可以通过实景来表现自然和反映生活。因此，在所有的艺术形象中，影视艺术形象最具直观性，最易为人们所感知和理解。

真实地反映生活，是一切艺术都必须坚持的原则。在众多的艺术形式中，影视是最能客观地反映自然和生活本来面目的一种。影视艺术的基本表现形态，是由活动的、绘声绘色的画面组接而成的影像，和其他艺术相比，影像更接近社会生活的原本状态，因此，影视艺术更能直观地反映生活。

五、大众性

由于影视艺术以人物、场景、台词和音乐等为主要构成元素，通过一定的故事表现思想，这些元素都为人们所熟悉，因此，影视艺术是一种大众化的艺术。一般好的影视作品，不仅人人看得懂，而且看了都会有收获。例如电视连续剧《西游记》，不论是哪个层次的观众看，都能从中看到精彩，从而获得审美享受。

相关链接

影视文学剧本的特点

影视文学剧本是拍摄影视剧的依据和蓝本，而不是让读者直接像读小说那样拿来阅读的。影视文学剧本有以下几个特点。

1. 镜头性

影视首先是一种视觉艺术。影视文学剧本创作的根本任务就是描述出具体、生动的视觉形象，也就是为摄影机拍摄镜头提供有关画面内容的文字描述和说明。因此，影视文学剧本作者必须具有强烈的镜头意识或画面意识，在写作过程中要时时考虑所写的文字能否转化为一个个镜头或画面。

2. 描绘性

正因为影视艺术是由一个个活动的镜头连缀而成的视觉艺术，所以，在影视剧本的创作中就要把各种各样的不适合于拍摄镜头的非视觉性内容化为视觉内容。最主要的就是要把看不见的人物内心活动化为可见的视觉形象。例如，当表现剧中人物思念亲人的心理活动时，采用镜头切换的方法，表现出回忆中的人物以往生活的画面。

影视文学剧本还需要注意把其他的抽象的东西化为具体可见的形象。如一年四季、白昼黑夜等时序季节的转换，不能用“光阴似箭”之类的词语来概括，必须通过详尽细致的描绘将其化为具体的视觉形象——春天可用百花盛开来表现，夏天可用蝉鸣枝头来表现，秋天可用层林尽染来表现，冬天可用万里雪飘来表现，等等。

3. 画面性

虽然小说、戏剧、影视剧都要讲述故事，都属于叙事艺术，但是它们的表现方式大不一样，小说靠文字语言，戏剧靠人物对话，影视则运用具有视觉造型性的画面，即影视里叙述和回忆某件事、某个情景，必须用具体的画面来表现。

总之，在影视文学剧本中，看不见的东西一定要转化为视觉性的画面，以利于镜头的拍摄。

第二节　影视的基本表现手段

影视艺术既是一门综合艺术，也是一种大众艺术。它以人们易于感知和理解的画面作为主要表现形式，以意义明确的文学语言作为思想载体，以音乐增强感染力，以故事情节和矛盾冲突引人入胜，采用蒙太奇手法将一个个镜头组合在一起，从而达到思想表现的目的。影视艺术的基本表现手段主要有以下几个。

一、场景与镜头

视频7-2-1
场景和镜头

影视场景是指通过镜头反映出来的场面和景象。场景一般由人物活动和环境背景等元素构成。人物既是演绎故事的主体，也是思想、精神和道德的载体；背景不仅衬托和凸显人物形象，而且在一定程度上能够表现人物的性格。影视剧中的场景一般分为远景、全景、中景、近景和特写五种。

1. 远景

远景是指表现远距离景物和人物的一种画面，分为远景和大远景两种。远景画面可使观众看到广阔的空间和深远的景象，一般用于交代人物活动的大背景和表现宏大的场面。例如，表现田野、山村等大的环境背景，表现火车从远处开来的场景等。

大远景比远景视野更大，视距更远，适于展现更加辽阔深远的背景和浩渺苍茫的自然景色。例如，王之涣《登鹳雀楼》中“白日依山尽，黄河入海流”两句诗所描绘的景象用镜头表现出来就是大远景。这类镜头或者没有人物，或者人物只占很小的位置，犹如中国的山水画，着重描绘环境的全貌，给人以辽阔深远的视觉印象。大远景在影视片中主要用来显示人物活动或故事发生的大环境，烘托和渲染气氛。

远景镜头视野较大，经常用来表现事件发生的时间和环境。比如表现壮阔的自然风景、群众场面、战争场面等。远景画面重在渲染气氛，而不注重人物的细微动作。远景中的人物有时还作点状处理，所以远景不能用于直接刻画人物，但可以用来表现人物的情绪，因为影视画面是通过画面组接表情达意的，通过承上启下的组接可以含蓄地表达人物的内心情绪。

2. 全景

全景是指将被摄主要对象全部纳入画面，并且让其占满画面主体部分的场景，如图 7-2-1 这个画面。全景画面与远景相比，有明确的内容中心和画面主体，处于画面主体部分的被摄对象给人以完整、清晰的视觉印象。

由于全景是将被摄对象全部纳入画面，因此既能够清楚地表现人与人、人与物之间的关系，又能够表现人物完整的形象和整体行为动作，可以比较清晰地塑造人物形象。与此同时，还可以通过特定环境和特定场景表现特定人物。

图 7–2–1 《西游记》剧照

3. 中景

中景是指将被摄对象的主体部分纳入画面的一种景别。表现人体膝盖以上或场景局部的画面一般都是中景。较之全景而言，中景画面中人物的整体形象和所处环境居于次要地位，人物的动作成为主要表现对象。中景能够使观众看到人物膝部以上的形体动作和情绪反应，有利于交代人与人、人与物之间的关系。如图 7–2–2。

图 7–2–2 戏曲《红楼梦》剧照

4. 近景

近景是表现人体胸部以上或物体局部的画面，是一种近距离观察人物与物体的景别。这种画面能使观众看清人物的面部表情或局部形体动作，有时也摄取景物的某一部分。近景的视距比特写稍远，有些摄取人物腰部以上的镜头，人物上半身活动和面部表情占据画面显著位置，成为主要表现对象。如图 7–2–3。

图 7–2–3　电视剧《红楼梦》剧照

在影片中，为了强调人物表情和重要动作，常运用近景。近景和特写的作用有相似之处，即视距近、视觉效果鲜明强烈，可对人物的容貌、神态、衣着、仪表作细致的刻画。

5. 特写

图 7–2–4　特写镜头

特写是影视中拍摄人的面部、人体的局部、一件物品或物品的一个细部的镜头，即视距最近的镜头。特写镜头由于视距短近，取景范围小，画面内容单一、集中、突出，能把所表现的对象从周围环境中凸显出来、放大，因此可以形成强烈和清晰的视觉形象，得到强调的效果。如图 7–2–4。

影视中的特写，是突出和强调细节的重要手段，它既可通过眼睛的顾盼、眉梢的颤动以及各种细微的动作和情绪的变化揭示人物的内心，也可把原来不易看清或容易忽视的细小东西加以突出，赋予生命，或借此刻画人物、烘托气氛等。

影视剧中的镜头是指从开机到关机所拍摄下来的一段连续的画面，或两个剪接点之间的片段。镜头根据拍摄角度分为仰摄、俯摄、倒摄、摇摄、推拉镜头等。

根据拍摄距离划分，镜头可分为大远景镜头、远景镜头、全景镜头、中景镜头、近景镜头、特写镜头和大特写镜头。每一种镜头的作用和表现效果与相对应的场景是一致的。

二、台词与音乐

视频7-2-2
台词与音乐

台词是指影视剧中各种角色所说的话。台词既是用以展开剧情、刻画人物、表现主题的重要手段，也是影视剧本构成的基本要素。

影视剧的台词具有四个特点：第一，具有动作驱动性，即在有限的表演时间内迅速推进人物的活动，并使之发生尖锐的冲突，以揭示人物的思想、性格、感情。第二，影视台词是性格化的，即根据不同人物的出身、年龄、职业、教养、经历、社会地位以及所处时代等条件，突出人物的语言特征。第三，影视台词比较精练、含蓄，力求用最简洁、最浓缩的词句来表达丰富的内容与深远的意境。第四，影视台词是口语化的，浅显易懂，富于生活气息，并且亲切自然。

影视音乐不是单一的音乐，而是与影视艺术的视觉影像相联系的特殊的音乐集合体。影视音乐主要由主题音乐、背景音乐、叙事性音乐、情绪音乐、节奏气氛音乐以及时空过渡的连续音乐等几个部分构成。影视音乐的片段性、不连续性和非独立性是它区别于其他音乐的重要标志。

影视作品中的音乐，一部分是参与故事情节的有声源音乐，在画面中可以找到发声体，或与故事的叙述内容相吻合；另一部分是非参与故事情节的无声源音乐，主要起渲染情绪、突出主题、刻画人物的作用。

在影视作品中，影视音乐不是自成系统、独立存在的，而是作为一个组成元素，为影片主题、人物、情节的塑造和发展服务的。因此，影视音乐不能以强烈的音响去与画面争夺观众，而应以不引人注目却强有力的方式支持画面，正如美国电影理论家林格伦所说的“最好的电影音乐是听不见的”。

三、情节与矛盾冲突

视频7-2-3
情节和矛盾冲突

情节和矛盾冲突是影视作品感人的两个关键因素。情节由一系列能够显示人物与人物之间关系的具体事件构成，它把事件的内在联系展现在观众面前，一般包括开端、发展、高潮、结局四部分。

矛盾冲突，也叫戏剧冲突，既是构成戏剧情境的基础，也是展现人物性格、反映生活本质、揭示作品主题的重要手段。矛盾冲突在作品中的表现方式主要有三种：一是表现为某一人物与其他人物之间的冲突，即外部冲突。二是表现为人物自身的内心冲突，即内部冲突。外部冲突与内部冲突这两种方式，有时各自单独展开，有时则交错在一起，相互作用，互为因果。三是表现为人同自然环境或社会环境之间的冲突。任何一部好的影视作品，其中必定包含着强烈的矛盾冲突，矛盾越尖锐，冲突越激烈，越能吸引人。

四、蒙太奇

视频7-2-4
蒙太奇手法

蒙太奇手法是指影视镜头的剪辑和组合方法。一部影视剧的制作过程一般是这样的：先将全部要拍摄的内容分切成一个个相对独立又相互依存的镜头，一个镜头一个镜头地单独拍摄，拍摄好之后，再根据故事情节等把它们组合成完整的影视片。这种分切与组合方法被称为“蒙太奇手法”。

蒙太奇手法的运用实际上是利用人们的生活经验、想象与联想在进行创作。当不同时间、不同空间的画面组合在一起的时候，人们凭借生活经验，通过想象与联想的补充，将其在大脑中再创造成一个完整的故事，从而理解其内容，把握其要表现的思想。

蒙太奇手法在影视创作中具有以下三个作用。

一是创造音画一体的具体视觉形象。一个个镜头就是一个个伴随着声音的画面单元，将这些画面单元依靠蒙太奇手法组接起来就构成了生动的视觉形象。

二是高度简练的叙述。蒙太奇结构可以省略掉许多过程、细节的交代，而创造出独特的影视时空感。比如叙述一个人从西安到银川的过程，只需拍三个镜头就够了：一个镜头是走进西安机场的“出发”大厅，第二个镜头是飞机起飞，第三个镜头是走出银川机场的“国内到达”大厅。观众一看就明白是从西安到了银川，并且是坐飞机来的。

三是不同的镜头组接可以产生不同的含义。比如说，有四个镜头：一是一辆农用车拉着一车大白菜，二是人潮涌动的农贸市场，三是一辆装满大白菜的农用车旁一个夹着皮包的人和菜农谈价钱，四是贴着“新鲜大白菜”广告的蔬菜超市。将这四个镜头按照一、二、三、四的顺序组接起来和将其按照二、三、一、四的顺序组接起来，所表达的意思是不同的。

第三节　影视欣赏的要点

视频7-3-1 影视艺术的欣赏要点

影视集多种艺术元素于一身，并以科学技术为坚强后盾，是具有广泛群众基础的大众化的艺术形式。影视艺术欣赏，不仅能够使人获得充分的审美享受，而且可以使人受到道德教育、精神鼓舞和思想启迪等。与此同时，影视欣赏还可以开阔人的视野，发展人的想象力，丰富人的情感，提高人的审美能力和思考分析能力。那么，怎样欣赏影视剧才能获得比较大的收获呢？一般来讲，欣赏影视剧主要从欣赏故事、分析人物形象、把握思想内容和鉴赏表现手法四个方面入手，这是基本的欣赏。如果能够将写作影视评论和观赏结合起来，欣赏活动就会进入理性的状态，从影视剧中获得的收获会更大。下面，我们结合《摔跤吧，爸爸》这部电影的欣赏来谈一下影视欣赏的基本要点。

一、欣赏故事

影视是用镜头讲故事的艺术。一部影视剧只有把故事讲得条理清楚，讲得生动和感人，讲得扣人心弦，使观众喜欢看，才可能对观众产生良好的思想教育效果和积极的审美影响。因此，欣赏故事是观看影视剧一个最基本的着眼点。

怎样欣赏故事呢？一是弄清楚故事发生的背景、发展过程、高潮与矛盾冲突和结局等；二是弄清楚故事所反映的社会问题或提出的人生问题，并考量其普遍性和典型性；三是考量故事在丰富人的思想、完善人的道德、激励人的精神和美化人的情感等方面能够发挥的积极作用；四是看故事是否感动人、是否激励人、是否鼓舞人，以及是否教育人等，同时看故事是否扣人心弦等。把握住了这几个要点，不仅能够把故事看得清楚明白，而且能够从中获得各方面的收益。请阅读下面这篇影视评论，对照相关电影感悟欣赏故事的要点。

引人入胜 扣人心弦

——《摔跤吧，爸爸》故事编排的三大亮点

电影是用镜头讲故事的视听艺术。一部电影是否精彩，能不能引人入胜，主要取决于故事讲得好不好。《摔跤吧，爸爸》这部电影之所以引人入胜，扣人心弦，主要在于其故事编排别具匠心。这部电影在故事编排上有以下三大亮点。

一、大容量的结构形式。《摔跤吧，爸爸》这部电影采用了树状的故事结构形式——这种结构形式不仅主干清晰，能够把主体故事叙述得十分清楚，而且分枝生叉后节点多，能够把大量的相关故事自然、有机地组合起来。采用这样的结构，可以大大丰富故事的内容，增加故事的看点，从而使故事具有引人入胜的魅力。就这部影片的故事编排来看，编剧以主人公马哈维亚立志报国的基本故事为主干，以其在实现报国理想过程中发生的众多相关故事为分枝，构成了一个树状的故事集合体。这个故事集合体不仅内容十分丰富，故事间主次分明，关系清楚，而且所统摄的故事大多矛盾冲突激烈。这样的编排既能使观众看得明白，又能够引人入胜。

二、节外生枝的悬念设置。《摔跤吧，爸爸》这部电影不论是对基本故事的讲述，还是对相关故事的叙述，都善于借助悬念的设置来增强紧张的气氛，让观众的心紧紧被抓住，使观众急切地想看下去。除了一般性的悬念设置外，这部电影在情节安排上一个比较大的亮点是在多个地方采用了节外生枝的悬念制造手法。这一手法的使用，大大增强了影片扣人心弦的力量。例如，在英联邦运动会前夕，马哈维亚正满怀信心地对两个女儿进行赛前指导，不料被人告了黑状，主管部门要取消吉塔和巴比塔的参赛资格；在吉塔要进行冠军的最后角逐时，前往赛场为女儿提供精神支撑和战术指导的马哈维亚突然被人设计关进小屋。这两个节外生枝的悬念设置，不仅把主人公的心悬了起来，而且把观众的心吊了起来。

三、峰回路转的情节安排。《摔跤吧，爸爸》这部电影在故事编排上的第三个亮点是峰回路转的情节设计和安排。这样的安排不仅使故事显得曲折生动，而且能够使观众的情绪随着故事的发展产生波澜起伏的变化，让观众看了后情感和精神上有一种慰藉感。例如，当吉塔和巴比塔对父亲的做法强烈不满，采用各种办法对抗，马哈维亚的报国理想面临破灭时，年仅十四岁就嫁为人妇的同窗好友发自内心的一席话使吉塔和巴比塔猛然惊醒，她们理解了父亲的良苦用心，坚定了练习摔跤的信念，使父亲金牌报国的希望之火重新点燃；在吉塔角逐冠军的最后一局比赛中，时间仅剩几秒，而吉塔与对手

的得分仍相差4分，败局似乎无法避免，很多人已表现出失望的神情，然而，让人们没有想到的是，吉塔在仅剩的几秒钟时间内变不可能为可能，以一个高难度的背摔动作取得了5分，赢了整场比赛，为自己的国家拿了金牌。

总的来看，《摔跤吧，爸爸》这部电影之所以引人入胜，扣人心弦，一个十分重要的原因是故事编排得好。具体地讲就是，主体故事的结构统摄力强，悬念迭起，情节发展处处出人意料。

（本文作者　黄高才）

二、分析人物形象

从大的层面看，人是社会生活的主宰；从小的方面看，人是构成故事的第一元素。影视剧不论是反映社会生活，还是探讨人生，都必须通过人物形象塑造来完成。换句话说，人物形象塑造是否成功既直接决定着影视剧思想表现的成败，也决定着影视剧艺术性的强弱。因此，分析人物形象也是欣赏影视剧的一个基本着眼点。

在影视欣赏活动中，怎样正确分析人物形象呢？一是弄清楚剧中主要人物的身份、兴趣和志向等；二是理清剧中的人物关系，弄清楚每个人物的角色类型；三是通过人物的语言、行动和表情等，把握主要人物的性格特点；四是看清楚每个主要人物身上所表现出来的道德和精神；五是分析影视剧在人物形象塑造方面的成功之处。请阅读下面这篇影视评论，结合《摔跤吧，爸爸》这部电影，对人物形象分析的要点作一个透彻的理解。

性格鲜明　血肉丰满

——浅析《摔跤吧，爸爸》的人物塑造

人物既是构成故事的第一要素，也是思想、道德和精神的载体，因此，通过用镜头讲故事来反映社会、探讨人生的影视剧都十分重视人物形象的塑造。客观地讲，人物形象是否鲜明、性格是否突出，直接影响着剧作的主题表现。就《摔跤吧，爸爸》这部电影来看，其人物形象塑造十分成功，具体表现为群像塑造形象鲜明，主要角色个性突出，陪衬人物各具特点，人物间的关系十分清楚。从人物塑造的手法来看，这部电影至少有以下四点值得肯定。

一是通过典型事件塑造形象。《摔跤吧，爸爸》这部电影在人物形象塑造方面采用的基本手法是通过典型事件来塑造形象，其中包括人物身份的揭示、经历的引出、志趣的交代和性格的显示等。例如，电影开篇首先通过主人公马哈维亚为了看摔跤比赛的电视直播让侄子待在房顶上扶着天线这件事对人物的志趣进行交代，接着通过主人公在办公室和新来的同事摔跤这件事来揭示人物身份、引出人物经历；在女儿出生前，马哈维亚下班后经常到摔跤场看孩子们摔跤，并且给摔得好的孩子发钱奖励，借以显示人物的基本性格和对摔跤事业的钟爱。因为这些典型事件的内容相关、思想指向明确，所以人物形象在影片开始后十几分钟的时间内十分清晰地立了起来。

二是借助矛盾冲突刻画性格。在刻画人物性格方面，《摔跤吧，爸爸》这部电影主要是借助矛盾冲突来进行的。这样做的好处是能够使人物性格比较清晰地显露出来。例如，在带女儿去公共摔跤场训练遭到拒绝后，马哈维亚毫不气馁，在自家稻田里为女儿修了一个训练场；在女儿获得省级冠军后，为了使女儿得到更规范的训练，马哈维亚去体育局申请基金购买专业摔跤垫，被奚落和嘲讽后，他还是没有气馁，用床垫代替专业摔跤垫对女儿进行进一步的训练。正是通过人物在一次次矛盾冲突中的行为表现，影片将主人公坚韧、顽强和矢志不渝的性格清晰地刻画了出来。

三是运用角色反衬凸显性格。在凸显人物性格方面，《摔跤吧，爸爸》这部电影成功地使用了角色反衬的表现手法。例如，影片通过吉塔同窗伙伴之口，将两个父亲进行对照：一个为了减轻家庭负担将年仅十四岁的女儿嫁为人妇，一个为了两个女儿能出人头地不辞艰辛、忍辱负重，这一对照，使得主人公看似冷酷的性格即刻显得温良仁爱；在对吉塔进行训练的事情上，用教练的自大、盲目和马哈维亚的脚踏实地相对照，将主人公扎实做事、踏实做人的性格凸显出来。总的来看，反衬手法的使用，使影片以很少的镜头实现了人物性格的最佳凸显。

四是采用细节镜头完善形象。为了使人物形象血肉丰满，《摔跤吧，爸爸》这部电影还采用了很多细节镜头对人物形象进行完善。例如，为了表现主人公慈爱的一面，影片用了两个很有说服力的镜头。一个是马哈维亚陪小女儿记单词的镜头，另一个是吉塔和巴比塔训练后睡在床上，马哈维亚为女儿捏脚的镜头。这两个细节镜头的设置，将一个父亲的慈爱十分突出地表现出来。

总的来看，《摔跤吧，爸爸》这部电影不仅主人公形象血肉丰满、性格鲜明，而且众多的陪衬角色个个面目清楚、性格分明。与此同时，人物间的关系、行为目的都交代得十分清楚。

（本文作者　黄高才）

三、把握思想内容

真正好的艺术作品，不仅要使观众看了轻松愉快，而且要能够使观众思想上有触动、道德上有滋养、精神上有鼓舞等。一部影视剧，不仅要有引人入胜的故事、血肉丰满的人物形象，而且必须有能够使观众深受教益的思想内容——或者使人的思想受到启发，或者使人的道德得到善化，或者使人的精神得到激励，或者使人的情趣得到陶冶等。在欣赏影视剧时，要善于通过故事和人物形象准确把握影视剧的思想内容，这样才能更好地从中获得教益。

怎样准确把握影视剧的思想内容呢？一是看影视剧的主干故事反映的社会问题或探讨的人生话题。例如，《摔跤吧，爸爸》这部电影提出了一个“人需要有梦想”的问题，围绕这个问题展开故事，启发观众进行多方面的人生思考。二是看剧中主要人物身上所表现出来的道德和精神亮点，以及人生智慧等。三是通过故事发生背景和人物活动环境的分析，理解剧作所表现的思想内容。例如，电视连续剧《西游记》把唐僧取经的故事放在狼虫出没、鬼怪作祟的漫漫长路上，使人物矢志不渝、坚韧不拔的性格表现得十分突出，从而加强了剧作的思想性。四是通过陪衬角色和细节镜头等，对剧作的思想内容进行全面的理解。请阅读下面一篇电影评论，感悟对影视剧进行思想内容分析的方法和要点。

坚守信念　成就梦想

——电影《摔跤吧，爸爸》思想浅析

《摔跤吧，爸爸》这部电影通过主人公马哈维亚顶着压力、迎着阻力、拼着体力和凭着毅力最终实现自己人生愿望的故事，告诉人们一个道理：只要坚守信念，不懈努力，就有可能实现自己的梦想。从思想的角度看，这部影片不仅具有思想的启示性和精神的鼓舞性，而且具有道德昭示性。

一、思想的启示性。《摔跤吧，爸爸》这部电影给人们的思想启示是很多的，其中有主干故事的启示，有枝节性故事的启示，还有人物台词的启示等。

就主干故事来看，给人的启示是很大的。例如，通过主人公把两个女儿都培养成冠军的事启示人们：只要坚守信念，不懈努力，梦想定会实现；通过主人公在自家稻田里修建摔跤场、用床垫代替专业摔跤垫等情节启示人们：没有克服不了的困难；通过周围人物对马哈维亚父女成功前后态度的对比启示人们：成功是对冷眼和嘲讽最好的回应。

就枝节性故事来看，这部影片给人们的启示更加具体。例如，吉塔进入国家体育学院后，盲从了教练的训练方法，不再像以前那样勤奋刻苦，结果在国际性比赛中惨败。这件事启示人们：有一分付出，才会有一分收获。

就人物台词来看，这部影片颇多哲理性的语言。例如，马哈维亚告诉女儿"得五分很难，但不是没有可能"，这句话揭示的哲理是，一切皆有可能；他还告诉女儿"不要希望每一次爸爸都来救你"，这句话揭示的哲理是，人必须有自救的意识与本领。

二、精神的激励性。从影片中可以看到，主人公马哈维亚在实现报国理想的过程中不仅顶着各种压力，而且要克服各种阻力。例如，马哈维亚不仅要面对社会舆论的压力、妻女反抗的压力和经济压力等，还要克服赛事组委会的拒绝和职业教练的有意刁难等各种阻力。在沉重的压力和连续不断的阻力面前，马哈维亚始终不气馁，硬是凭着坚韧的毅力，通过自己不懈的努力，最终实现了为国家夺得金牌的梦想。马哈维亚的精神强烈地激励着每一位观众。

三、道德的昭示性。在《摔跤吧，爸爸》这部电影中，编导还给我们提出了诸多的道德问题。例如，那个掌管着项目资金的体育局官员，不仅不作为，还吃拿卡要，甚至收礼也不办事；国家摔跤队的教练在马哈维亚指导吉塔训练和比赛的过程中，处处设梗，等吉塔拿了金牌，又站出来抢功。影片中诸多道德问题的提出，旨在启发人们思考：做人和做事，怎样才能对得住自己，怎样才能不负他人，怎样才无愧于国家和民族。

总的来看，《摔跤吧，爸爸》这部电影在思想表现方面十分成功。这部电影不仅能够给观众诸多的思想启示，而且能够给人以精神上的激励与鼓舞。与此同时，还能引起人们对诸多道德问题的思考。

（本文作者　黄高才）

四、鉴赏表现手法

由于影视艺术的构成元素较多，每一种元素的表现方法各不相同，因此，影视艺术的表现手法是极其丰富的。由于世间事物一理相承，各种方法相融相通，因而对影视剧中各种表现手法的鉴赏，不仅可以逐渐增强影视欣赏的能力，而且可以提高基本的写作能力和文学创作能力。与此同时，还可以活跃思维，开阔视野，增强做事能力等。

由于影视艺术是综合艺术，其表现手法鉴赏的最佳方法是分元素来看，这样不仅易于把握，而且容易看得清楚。具体包括六个方面的内容：一是看故事的编排是否合理、曲折和生动，矛盾冲突的设置是否集中和激烈，故事的发展是否引人入胜，故事的结局是否给人留下思考或是令人振奋等；二是看人物形象是否丰满，性格刻画是否清晰，个性是否突出，人物关系是否清楚，人物身上所表现的道德和精神是否明确和丰富等；三是看镜头是否具有表现力，场景的选择是否恰当，画面是否主题突出和具有视觉美感，镜头的组接是否完美等；四是看人物台词是否合乎人物身份，是否能够有效地表现人物性格，是否生动、风趣、优美和富于哲理性等；五是看音乐的配置是否突显了主题和有效地烘托了气氛等；六是看服装、光效、烟火等元素的使用是否达到了良好的表现效果。请阅读下面这篇影评作品，体会表现手法鉴赏的一般方法和要点。

情感在泪光中折射

——浅析《摔跤吧，爸爸》的“画眼睛”手法

人们常讲一句话：眼睛是心灵的窗户。因为通过人的眼睛可以窥见其心灵世界，所以文艺作品经常采用画眼睛的方法来表现人物的思想和情感。在《摔跤吧，爸爸》这部电影中，“画眼睛”手法的使用不仅很多，而且使用得十分恰当。下面，我们分类作一浅析。

一是失落时的眼神。主人公马哈维亚热爱摔跤，并且有金牌报国的梦想，然而现实一次次把他的梦给打破。每当金牌梦被打破时，主人公都眼皮低垂，眼中表现出失落和无奈的神情。例如，当父亲让马哈维亚放弃摔跤找一份工作养家时，他没有说话，只是目光呆滞地听着训示；自己被迫放弃了摔跤事业，马哈维亚又把金牌的梦想寄托在了“儿子”身上，可妻子连生几胎都是女孩——每一次期盼落空时，主人公都低垂着头，眼中黯然无光。

二是惊喜时的目光。坚持梦想的人总能找到圆梦的机会。虽然现实一次次将马哈维亚的金牌报国梦打破，但还是给了他重拾梦想的机会。马哈维亚的两个女儿和同村一般大的两兄弟打架，把对方打得十分狼狈，这件事使马哈维亚看到了两个女儿的摔跤天赋，眼中表现出了兴奋和喜悦。

三是激动时的泪花。眼含泪花是最具情感表现力的特写镜头，这种镜头在电影《摔跤吧，爸爸》中应用较多。例如，当吉塔经过艰难拼搏获得英联邦运动会摔跤冠军的时候，一边是坐在电视机前观看比赛的妈妈眼含泪水，另一边是站在看台上的爸爸眼里闪着晶莹的泪光。眼含泪光特写镜头的大量

使用使得这部影片在成功塑造精神偶像的同时，又充满了人情味，不仅激励人的精神，而且陶冶人的心灵。

四是担忧时的眼神。在《摔跤吧，爸爸》这部电影中，比赛是故事的重要情节。在比赛进行中，编导不断进行镜头切换，用亲人们担忧的眼神渲染紧张气氛、增强感染力量。例如，在吉塔角逐冠军的最后一场比赛中，编导用了三个“画眼睛”的特写镜头，一是坐在电视机前的妈妈定格般的眼神，二是坐在赛场边上的巴比塔圆睁的眼睛，三是坐在观众席上的堂哥瞪大的眼睛。

总的来看，《摔跤吧，爸爸》这部电影采用大量的“画眼睛”镜头来刻画人物，不仅使人物形象更加丰满，而且增强了影片的情感力量。

（本文作者　黄高才）

第八章　中国独有的艺术门类及其欣赏

中国艺术深受中国文化思想的影响，不仅大众化的特点十分突出，而且与其他文化元素的结合深入而广泛，从而产生了一些中国独有的艺术门类。如汉字音韵与汉语词句节奏的艺术化处理，创造了对联艺术，中国文化精神、汉字与艺术的融合形成了瓦当艺术，各种艺术元素与器物文化的结合创造了陶瓷艺术等。

第一节　汉字书法欣赏

严格地讲，汉字书法虽然具有一定的艺术性，但它不是纯粹的艺术。这里，我们姑且将其编入本书中，主要是出于两点考虑：一是汉字书法对人的影响作用在很大程度上与艺术相似；二是汉字书法本身具有一定的艺术性。

一、汉字书法的性质

视频8-1-1
汉字书法的性质

汉字书法是中国人表达情志、寄托精神的一种形式。习练汉字书法是中国人修养身心、磨炼性情的一条重要途径。说得更明白一些，汉字书法首先表现的是思想、传达的是精神，而不是审美意趣；品鉴一幅书法作品首先要看的是书者的心性、精神和文化素养，而不是其玩弄笔墨的技艺。因此，汉字书法首先是一门学问，其次才是一门艺术。

1. 汉字书法的思想表现

汉字书法是一种简洁明快的思想表现形式。真正有文化素养的书者除了应求字者之约书写内容外，在大多数情况下都是以能够激励人、鼓舞人、警示人、启迪人的文字作为书写内容的，他们写字，多希望能够给人以思想的

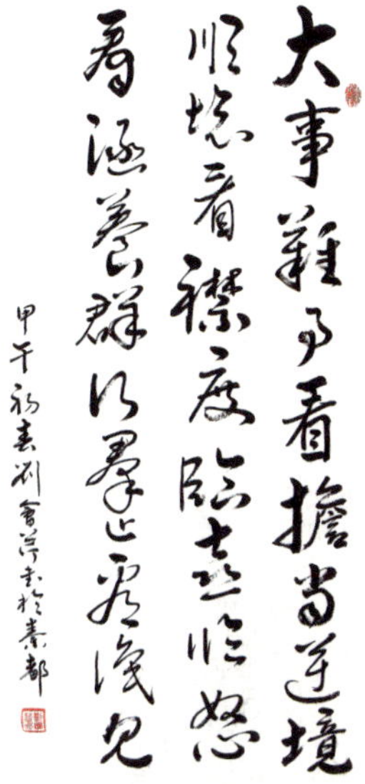

图 8-1-1　刘会芹书法

启示或精神的激励。如图 8-1-1 这幅书法作品（刘会芹书），所书内容是“大事难事看担当，逆境顺境看襟度，临喜临怒看涵养，群行群止看识见”。这是对一个人人格的衡量标准，也是一个人加强自我修养的参照。这样的作品挂在办公室或者书房里，能够起到一种“座右铭”的作用。

总之，汉字书法是一种思想载体。真正有素养的书法大家总是借助于所书内容传达一种思想和精神，而不是玩书艺。另外，将书法作品作为一种“座右铭”的使用者在选择书法作品时，首先考虑的是思想内容，而不是笔墨功夫。

2. 汉字书法的人格观照

汉字书法既是一种思想表达的手段，也是一种写心的艺术，从一幅书法作品中，我们可以看出书者的心性、气质、精神和文化素养。因为书法的一点一画中不仅蕴含着平衡、安稳、轻重、浓淡等多种情状，而且表现出刚柔、内敛、伸张等多种意态，因此，从书法的一点一画中，我们可以窥见书者的心境、志趣和精神状态等。如图 8-1-2 这幅作品，字的笔画刚劲、结体紧凑，尤其是折笔硬朗，由此可见书者当有耿直、倔强的性格。

图 8-1-2　清代沈葆桢行书联

3. “学”大于“艺”

从思想内容方面看，汉字书法作品大多以丰富人的思想、开启人的智慧、激励人的精神等为创作目的，其思想性是第一位的。从表现形式来看，汉字书法的用笔、用墨、结体、章法布局等，创作的经验性大于技巧性。从习练的意义方面看，汉字书法的练习可以磨炼人的性情、优化人的心境，是一种修身养性的功夫。综合起来看，汉字书法的学问性大于艺术性——汉字书法是一门国学。

二、汉字书法的特点

视频8-1-2
汉字书法的特点

书法是以汉字为基本素材，通过字的笔画、形体、结构等的美化来表现情感和思想的一种艺术。具体来讲，汉字书法是发扬汉字象形化的优点，利用汉字表意的特点，按照一定的书体、笔法、结构和章法写字，使之成为能够体现中国文化所倡导的道德精神的一种表现形式。汉字书法的特点主要体现在以下几点。

1. 普及性

汉字书法是普及性很强的一种中国文化样式。小到一件器物，大到一个景点，随处可见汉字书法的踪迹。如图 8–1–3，这件唐代的长沙窑青釉褐彩诗文执壶（现藏湖南省博物馆）上面用行书题写了一首诗：“春水春池满，春时春草生。春人饮春酒，春鸟弄春声。”书法与诗文结合在器物上的使用，既丰富了器物的文化内涵，又增强了器物的文化价值。

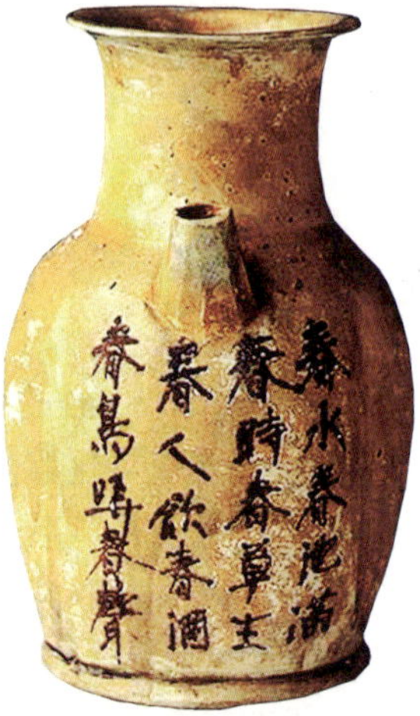

图 8–1–3　唐代长沙窑青釉褐彩诗文执壶

汉字书法的普及性首先源于其广泛的应用性。题记、匾额、铭刻等各种书法应用的实例随处可见。图 8–1–4 是无锡鼋头渚公园一块巨石上铭刻的“无锡，充满温情和水”；图 8–1–5 是无锡惠山泉保护亭旁墙壁上镶嵌的“天下第二泉”五个大字，这五个字是元代书法家赵孟頫专门为惠山泉题写的。

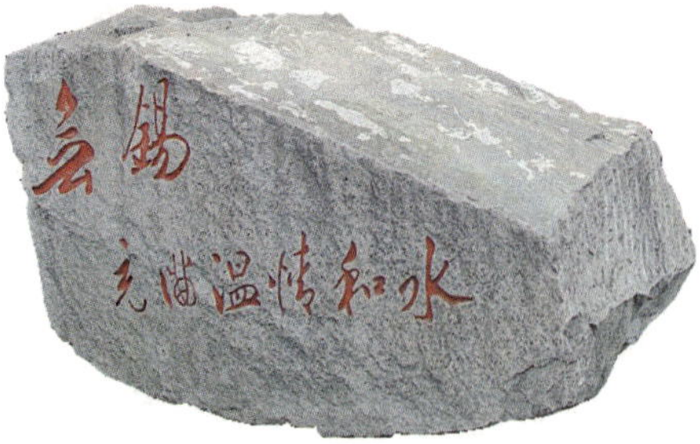

图 8–1–4　无锡鼋头渚公园铭刻

汉字书法与楹联的结合使其普及性更强。遍阅我国各地的人文景点和山水名胜，楹联无处不在。例如，图 8–1–6 是无锡蠡园月老亭的一副楹联“愿天下有情人都成了眷属，是前生注定事莫错过姻缘”。

汉字书法普及性的第二个重要表现是研习的大众性。从古到今，研习汉字书法的人都是很多的，尤其是

图 8-1-5　“天下第二泉”题记

今天，不论男女老少，不分职业身份，很多人将书法研习作为修养身心的一条重要途径。

2. 情感性

书法是书者心灵与情感表现的一种形式，书法作品浸透着书法家的思想感情，是一种表情的艺术。好的书法作品必定融入了书家的内心感受，或喜悦，或悲愤，或感奋，或沉思……例如，抗金将领岳飞所书诸葛亮的《前出师表》(草书；图 8-1-7)，刚起笔时尚心平气和，意欲表达自己的赤胆忠心以及愿为收复河山鞠躬尽瘁之决心，字体端庄、平稳，然而写

图 8-1-6　无锡蠡园月老亭楹联

着写着，往事涌上心头，胸中充满悲愤之情，于是笔随情动，义愤之情溢于笔端，字体遂呈翻腾跳跃、左冲右突之势。

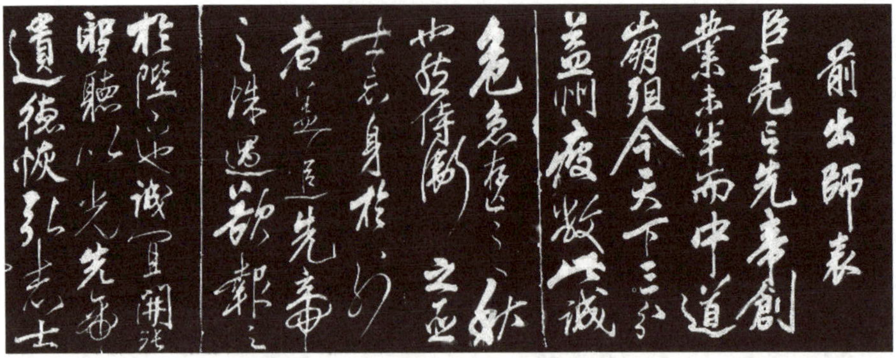

图 8-1-7　岳飞书诸葛亮《前出师表》

书法艺术的情感性还体现在书者常常把书法实践当作一种生活乐趣，或者当作一种表现情趣、调节心境和调整情绪的手段。因此，很多书法作品以书者自己的即兴之作或者以古典诗词为内容，反映了书者的志趣与心境。

3. 思想性

汉字书法是一种思想载体。一幅真正好的书法作品得有好的思想内容，或引人求真，或教人向善，或给人以警示，或激励人的精神等，单纯以书写技艺吸引人眼球的书法作品是意义不大的——用于教学或供人学习、参考的除外。如图 8-1-8 是于右任先生的行书联：“论古不外才识学，博物能通天地人”，这副对联旨在叫人博物致知、广学多识和增长才干，具有很强的思想性。

图 8-1-8　于右任行书七言联

4. 文化性

作为中国文化的基本样式，真正好的书法作品都具有很强的文化性，能够对欣赏者产生积极的文化影响，或使人的思想得到涵养，或使人的性情得到优化，或使人的道德得到完善，或使人的精神得到鼓舞等。汉字书法的这些作用一方面是通过其所书内容发挥出来的，另一方面是通过其表现形式释放出来的。例如，图 8-1-9 清代蒋祥墀的这幅行书作品，用笔谦恭，结字规整，墨色温润，整幅字给人以安静平和的印象。这样的作品看多了，人的心性就会变得平和，做人就会谦和平易。再如，图 8-1-10 郑燮的这幅行书作品，用笔劲健有力，结字随意率性，颇具风骨精神。这样的字看多了，能够使人有刚健之气。

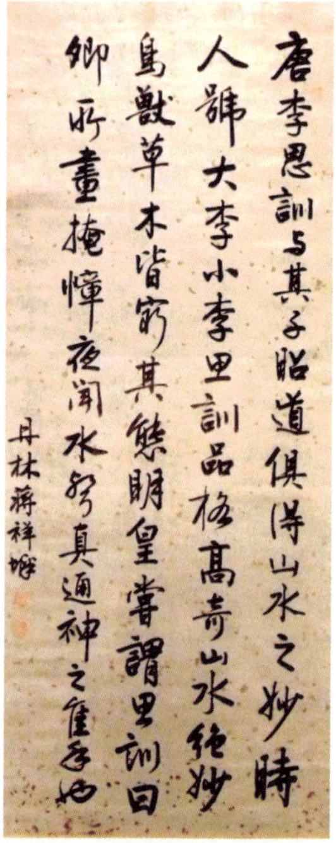

图 8-1-9　清蒋祥墀行书轴

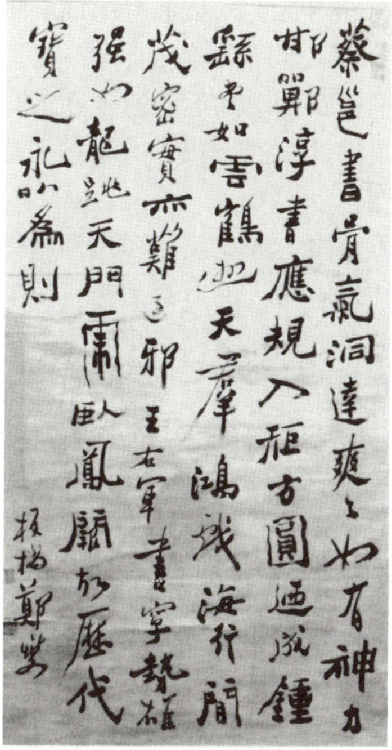

图 8-1-10　郑燮行书

三、汉字书法的基本要素

视频8-1-3
汉字书法的
基本要素

汉字书法以点画和汉字的形体为基础，通过笔画的形态，墨色的枯润浓淡，以及行笔的急缓、轻重等来体现一种道德精神，借以优化人的心性，影响人的行为，提升人的思想，促进人道德的完善和人格的提升。

汉字书法的基本表现手段是用笔、用墨、结体和章法，这四种手段具体表现在作品上面就是书法的基本要素。

（一）用笔

用笔是指使用毛笔书写点画的方式方法，以及行笔的路径和尺度等。用笔具体包括三个方面的内容：一是毛笔笔锋着纸的深浅和轻重，即人们常说的提、按、顿、蹲；二是毛笔笔锋在纸上的运动速度和方向变化等，即用笔的挫、回、转、折等；三是行笔路径和尺度。

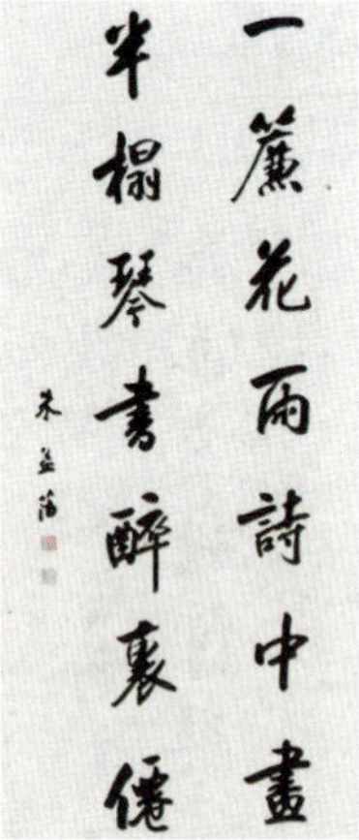

图 8–1–11　清代朱益藩行书七言联

用笔不仅决定着点画的形态和结体的面貌，而且体现着做人的道德精神，反映着书写者的人格。例如，图 8–1–11 这幅书法作品。这幅作品用笔谦恭，点画行至适度，不露锋芒，结体恭谨，意态谦和，但精神饱满。整幅作品不论从真善美的角度来看，还是从人格观照的角度来品鉴，均无可挑剔。由此字我们不难判断书者心性平和、为人谦恭正直，做事沉稳。

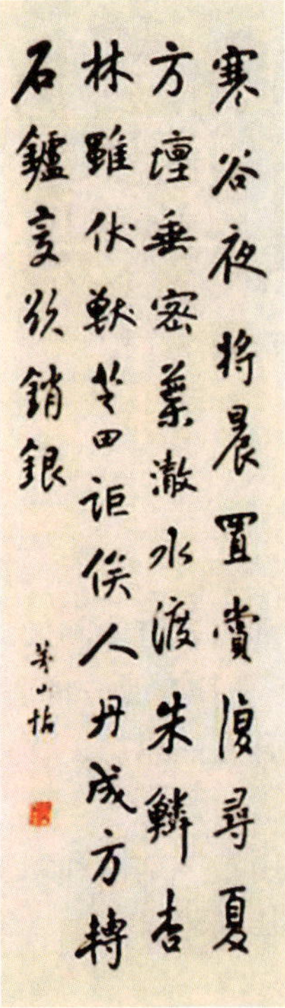

图 8–1–12　邓散木临《茅山帖》行书

再看图 8–1–12 这幅书法作品。这幅作品用笔温和，点画谦恭厚道，结体端庄典雅；行笔自然，点画本真，用笔谦恭，结体真善美兼备。整幅字中，无一笔显张扬意态，无一字有“独大”和挤占等倾向。

一幅字从用笔的角度看，主要有三点：一是从真的方面，看点画的书写是否自然，是否有修改的痕迹，有没有故作姿态的情况等。二是从善的角度，看点画是否合度，既不能猥琐，也不能肆意伸张，更不能有轻狂等姿态。三是从美的角度来看，一字之内，点画的长短、轻重等搭配自然和谐，能给人视觉上的美感。

（二）用墨

用墨是指书写过程中对于墨色的选择与使用，其中包括调墨、蘸墨和着墨等。墨色既决定着字的神采、气韵和精神，同时又能表现字的风骨，因此，用墨是汉字书法的主要表现手段之一。

汉字书法的基本墨色分为浓、淡、润、枯四种类型。不同的墨色具有不同的表现力和表现效果，现分别介绍如下。

1. 浓墨

就墨本身而言，浓墨是指含水量相对较少的墨；就墨色而言，浓墨是指字迹颜色浓黑，与纸色对比十分强烈的一类墨色。

浓墨写出来的字墨色浓艳，笔画丰盈，字富于神采和精神。浓墨是汉字书法使用最普遍的一种墨色类型。浓墨用于楷书、隶书和篆书，既能表现出稳健和庄重感，又能使字显得体态丰盈、精气神十足；用于行书，使字显得有神采、有活力。浓墨在草书中的使用以章草为多，今草较少，狂草很少。浓墨在章草中使用，除了具有在楷书和隶书中使用的效果外，还使字显得更有活力；在今草中使用，使字具有神采飞扬、气韵充盈之美。例如，图 8–1–13 这幅作品就是用浓墨书写的，字迹显得精神饱满，富于神采。

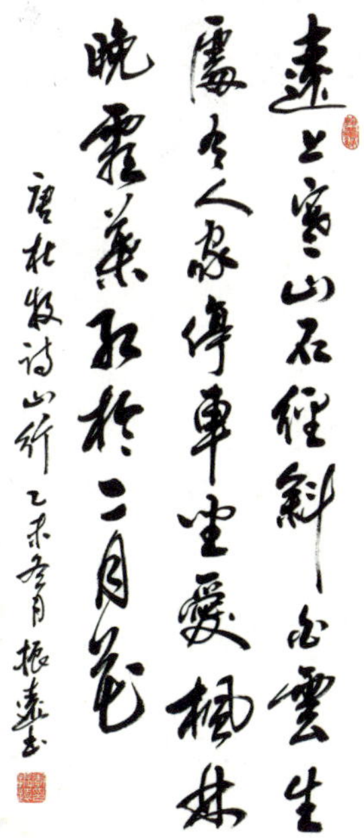

图 8–1–13　李振远书杜牧《山行》

2. 淡墨

就墨本身而言，淡墨是浓墨加水以后的一种状态——用这种墨写出来的字颜色相对较淡；就墨色来讲，淡墨涵盖的墨色变化范围较大，是层次十分丰富的一种墨色。

用淡墨写出的字呈现出多种多样的风格，有的清健脱俗，有的俊秀飘逸，有的古朴淡雅……墨中含水比例不同，字迹深浅不同，风格自然不同。因为淡墨缺乏厚重感，所以不宜用于楷书、隶书和篆书，用之，字会显得柔弱无骨，缺乏精神，难成上品。行书和草书用淡墨，既易于表现灵动、清逸之态，也能表现出气韵流动之感。如图 8–1–14 这幅作品墨色相对较淡，笔画有轻盈与灵动感。

不论是浓墨，还是淡墨，单纯使用都会有一定的局限性，因此，历代书家大多喜欢浓淡兼用。浓淡兼用可以回避两者的不足，将墨的表现力发挥得恰到好处。如图 8–1–15 这幅作品墨色浓淡结合，使字的形态变化显得灵活生动，行间行气轻逸顺畅。

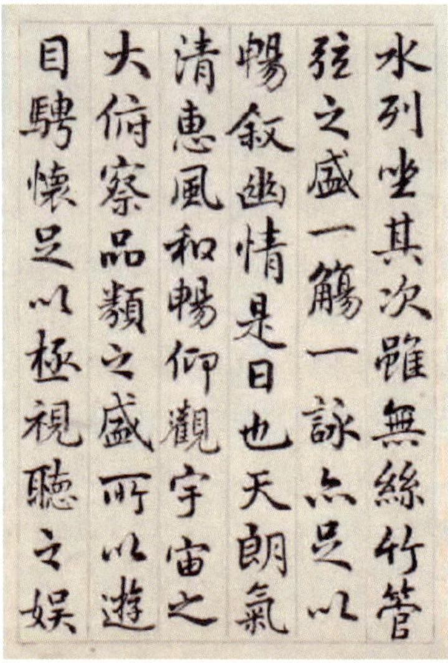

图 8–1–14 《弘历行书临兰亭序册》（部分）

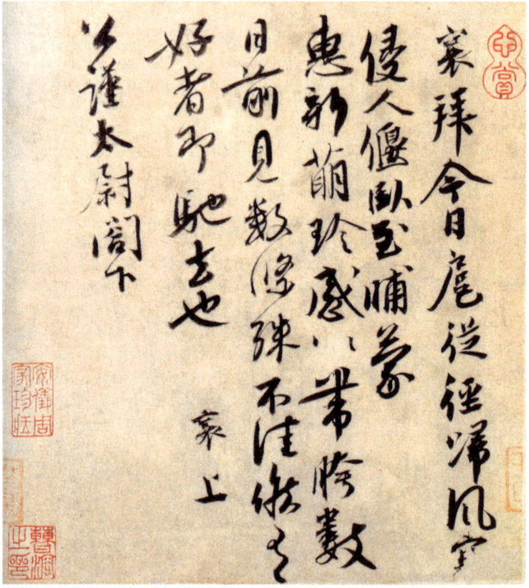

图 8–1–15 北宋蔡襄《扈从帖》

3. 润墨

“润”字在这里的意思是湿润、润泽，与干枯、枯燥相对。就蘸墨而言，“润”就是笔锋入墨相对深沉，浸墨比较透，触纸有淋漓之感；就写出的笔画来看，润墨从视觉上给人以细腻、滋润、温和的感觉，具有一种可以意会的生机、活力与气韵。

用润墨作书，写出来的字显得精神饱满、富有活力，笔画韵味十足。润墨适用于各种书体，在楷书、隶书和篆书中和浓墨结合使用，既能够使字神采外显、圆润饱满，又能够增加字的气韵精神；在行书和草书中使用，与淡墨结合，既能使字不失飘逸之美，又能够增加字的气韵与活力。如图 8–1–16 这幅作品，用润墨书写，字迹既显得温和，同时又富于神采。

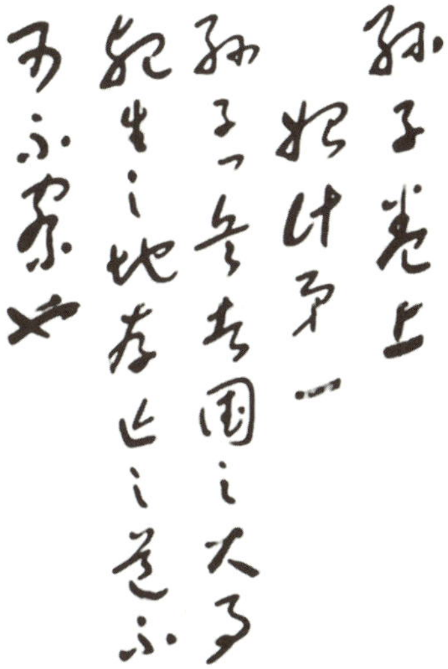

图 8–1–16　于右任《孙子兵法》页

4. 枯墨

“枯”在这里是干枯、干燥的意思，与湿润相对。就蘸墨来讲，“枯”就是笔锋浸墨不透，相对干燥；从墨迹的角度看，枯墨是指写出来的笔画墨迹有干枯、粗放的意味。书法中的枯墨主要有飞白、枯笔、渴笔三种情态：飞白，就是笔迹中有丝丝露白的情况；枯笔，就是用蘸墨很少的笔锋，采用按笔手法摩擦纸面写出来的笔画，其基本特征是笔画呈现出毛而不光的线状笔触；渴笔，是指用蘸淡墨较少的笔毫，以迅疾有力的笔法摩擦纸面写出来的枯涩苍劲的笔迹。

前面我们讲的浓墨和淡墨是就墨中含水量而言的，润墨和枯墨主要是从笔毫蘸墨的高低和多少而言的。用润墨书写，字显得有血有肉，精神饱满，用枯墨书写，字显得有筋骨。如图 8–1–17 这幅作品，用墨枯润结合，字显得很有风骨。

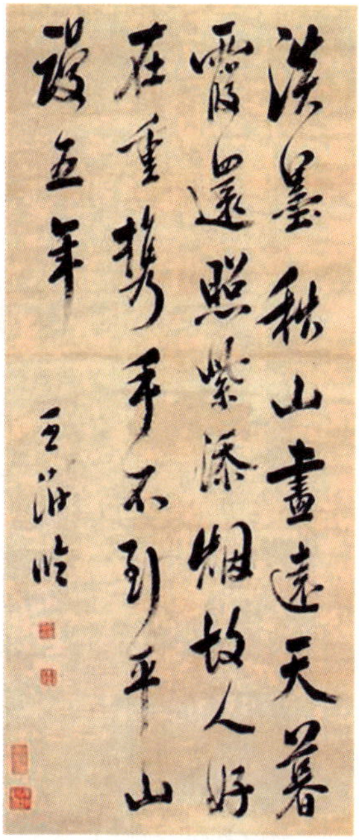

图 8–1–17　王澍行书轴

浓、淡、润、枯是书法用墨的四种基本表现形式。不论是浓淡，还是润枯，都是相对而言的，没有一个严格的标准。与此同时，哪一种书体适宜用哪种墨色，也是就一般情况而言的，没有统一的规定。

因为单一墨色的表现性是有限的，所以历代书家在进行书法创作时都是将几种墨色结合起来使用，有一些好的作品一幅字中干湿浓淡几种墨色兼有，将墨的表现力发挥到了极致。

（三）结体

结体，也叫结字，具体指每个字点画间的安排与形体的布置。汉字是由点画联结、搭配而成的。因此，对于汉字书法而言，笔画的长短、粗细、俯仰、缩伸，偏旁的宽窄、高低、欹正，构成了每个字的不同形态。要使字的笔画搭配适宜、得体、匀称、美观，必须在结体上下功夫。

从汉字书法观照人生和表现中国文化精神的角度来看，汉字书法中字的结体必须遵循以下几个原则。

1. 端正

“正”是中国文化最基本的道德思想，也是做人最基本的道德标准。从字如其人的角度看，人品正则书正，人心正则书正——无功利之心、无哗众取宠之心、无沽名钓誉之心等，其书必正。字正方能入高格、有品位。因此，结体端正是汉字结体最基本的要求，也是评判一幅字优劣的基本标准。

纵观汉字书法的历史，从金文、石鼓文到小篆，从隶书、草书、楷书到行书，在长达几千年的发展过程中，汉字的结体始终以“正”为基本标准。下面，我们来看几个例子。

图 8-1-18 是西周懿王时期《师虎簋》铭文拓片的一部分（现藏上海博物馆），仔细看一下这张拓片上的字，每一个字的立字都力求端正；图 8-1-19 是清代摹刻的秦《会稽刻石》拓片（局部，现藏浙江省博物馆），其中每个字的结体都端正平稳；图 8-1-20 是东汉《熹平石经》残碑拓片（局部，现藏上海博物馆），其中不仅每个字的结体平稳端正，而且包括点画的取势都追求平

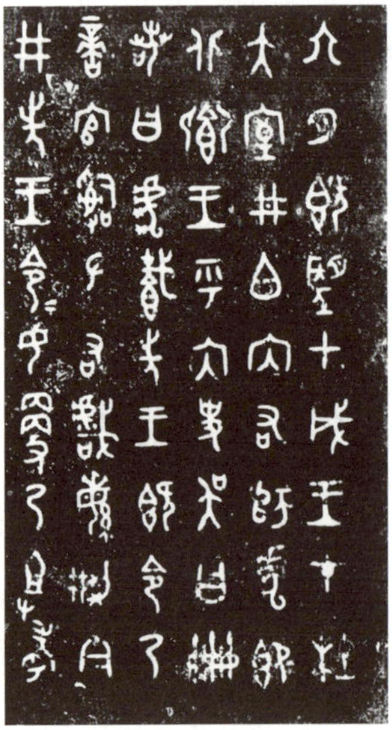

图 8-1-18　西周《师虎簋》铭文拓片（部分）

图 8-1-19　清刻秦《会稽刻石》拓片（部分）

图 8–1–20　东汉《熹平石经》残碑拓片（部分）

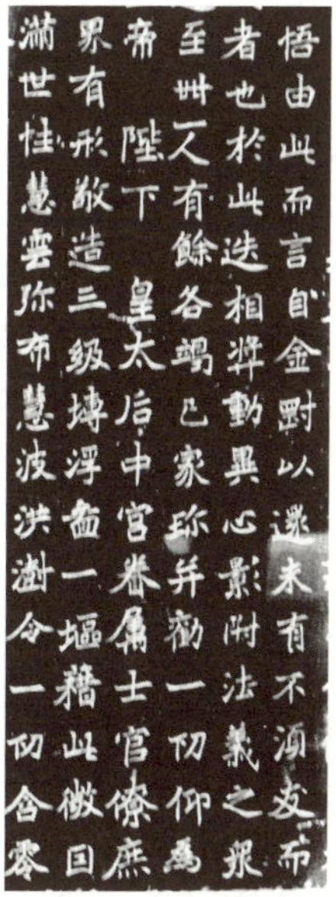

图 8–1–21　北魏刘根造像碑拓片（部分）

正；图 8–1–21 是北魏刘根造像碑拓片（局部，现藏河南博物院），仔细看一下此碑，除个别字因摹刻时没有放正外（如第三行第四个字“人”），字的结体都是端正的。

总之，结体端正是汉字书写最基本的要求，这一要求不仅适用于金文、篆书、隶书和楷书，同样适用于行书和草书。事实上，历代真正优秀的书法大家不论是写行书，还是写草书，都追求结字的端正。如行书《兰亭序》，虽然立字稍有倾侧之势，但字的重心依然是端正平稳的；再如怀素的草书《圣母帖》，字的结体端正，立字十分平稳。

2. 安稳

平安和稳定是中国文化的基本理念，也是中国人的一种生活向往。作为书写人生和表现中国文化精神的汉字书法，结体要力求平稳，这是书写汉字必须坚持的一个原则。

纵观汉字书法的历史，不论是金文、石鼓文和小篆，还是汉隶、魏碑和唐楷，立字都讲求安稳。如图 8–1–22 宋代张即之书《华严经》册这件作品，字的结体端庄，重心平稳。

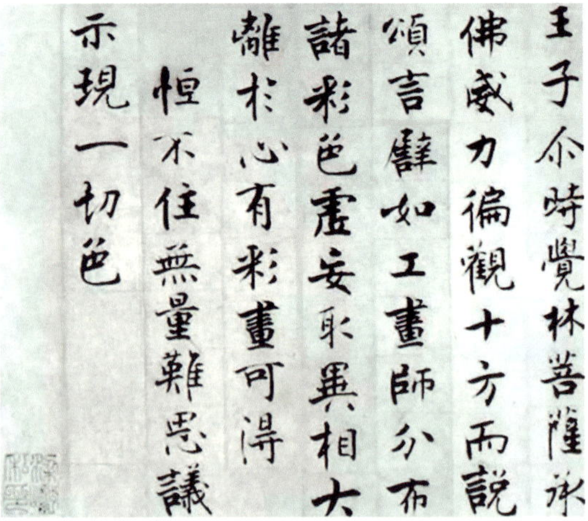

图 8–1–22　宋代张即之书《华严经》册

重心平稳是结字的一个基本要求，这一点在任何时候都不能含糊。重心不稳是结体的大忌，试想，一个字重心不稳、不碰自倒，何谈骨气、精神与风采？

3. 谦和

一字之美，关键并不在它的形态，而在于它所表现出来的精神。就一个字的结体来讲，不论是独体字点画组合的妥帖，还是合体字构字部件共处的和谐，都要体现出“和”的基本精神。如图 8–1–23 这幅书法作品，字的结体十分谦和，无一字显傲气或霸气。

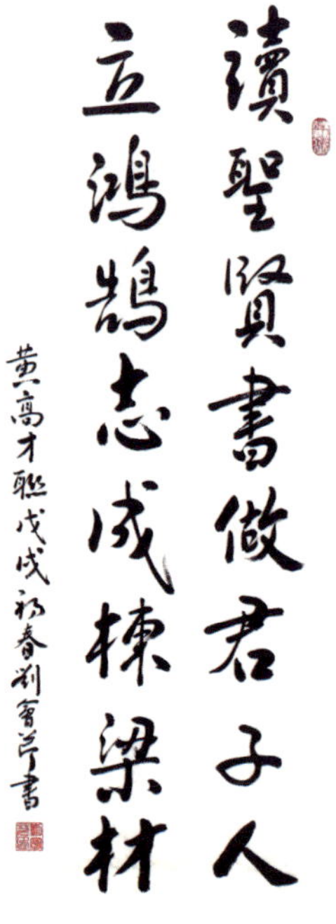

图 8–1–23　刘会芹行书

在结体上要很好地体现出“和”的精神，必须做到三点：一是一字之内点画的搭配既要有凝聚力，同时还不能“拥挤”；二是构字部件既要团结、不离散，还不能有挤压、互斥以及重心失衡等情况；三是在整幅作品中，字的形态要内敛、意态要谦和，笔画不要随意伸张——既不能挤占空间，也不能侵犯其他字。这三点有任何一点做不到，结体就失和。

4. 均衡

均衡包括两个意思：一是就一个字本身来讲，点画轻重的搭配和构字部件的轻重变化与组合要确保字结体的匀和，说得更明白一些，就是上下、左右的轻重要均衡，不要出现头重脚轻、左轻右重或左重右轻等问题。二是就整幅字来讲，所有单字字符的大小、笔画的肥瘦等要协调，不能出现个别字字符很大、笔画特别肥厚或特别纤细等问题。

汉字书法虽然强调通过字符大小和笔画肥瘦的变化使字的形态更加生动活泼，但变化要适度、协调，确保立字的平稳和章法的均衡。利用字的大小和笔画的肥瘦变化来调节整幅字的生气，特别要注意两个问题：一是每一个字要“合群”，不要出现鹤立鸡群的问题，特别是非主题字不要写得大。二是利用笔画的肥瘦、长短、轻重来实现字的形态变化时，要根据字的构造、点画的处位和势态等灵活掌握，确保字上下和左右轻重的平衡，不能出现头重脚轻、一侧沉重等问题。

以上几个原则，既是规矩，也是标准。一幅作品单就结体来讲，只有很好地坚持了这些原则，才算得上入格，违反了其中任何一个原则，就是不入格的东西——连“格”都入不了，就更谈不上优秀了。

（四）章法

章法是指书法作品的整体布局。讲究章法的安排，就是不仅要把每个单字写好，而且要使构成一幅作品的所有字组成和谐的整体。无论字与字间、行与行间，还是天头、地脚、题款、钤印，都做一番精心设计，力求各个元素合理布局，使作品呈现出一种整体上的和谐美。

书法作品的章法主要包括六项内容：一是书法作品的幅式；二是书法作品正文的布局安排；三是分行布白；四是呼应、避让与映带；五是书法作品的落款；六是书法作品的钤印。

四、汉字书法的书体

视频8-1-4
汉字书法的书体

汉字书法主要有五种书体，即楷书体、行书体、草书体、隶书体和篆书体。不同的书体形态和风格不同，欣赏的要点也互有差异。下面简要介绍一下汉字书法各种书体的基本特点。

1. 篆书

篆书是大篆、小篆的统称。广义的大篆包括甲骨文、金文、籀文和战国时期的六国文字，其特点是保存着古代象形文字的明显特点，字的形态生动。虽大小各异，但立字端正，字与字间相处和谐。小篆也称“秦篆”，这种汉字书体是在金文和石鼓文的基础上删繁就简地整理和规范下来的。小篆的笔画线条圆匀，章法自然，结字端庄，给人挺拔秀丽的美感。

图 8-1-24 是西周成王时期保卣铭文拓片（现藏上海博物馆）。由这张拓片我们可以看到，西周时期的金文象形的特点十分明显，字的结体形态生动活泼，大小互有差异，但立字都力求端正平稳。图 8-1-25 是元代书法家周伯琦篆书《宫学国史二箴》的一部分（现藏故宫博物院）。这是典型的小篆书法作品。由此作可以看到，小篆体笔画圆匀爽利，字的结体清雅秀美，立字端正，富于精神。

图 8-1-24　西周成王时期保卣铭文拓片（部分）

图 8-1-25　周伯琦篆书《宫学国史二箴》（部分）

2. 隶书

隶书是汉字中常见的一种庄重的字体。隶书是为了书写的便捷在篆书基础上创造出来的字体。隶书起源于秦朝，最早由秦代书法家程邈整理而成，在秦代的官方文书中也开始使用。经过秦和西汉的发展，隶书在东汉时期完全成熟并达到应用的顶峰，因此，书法界有“汉隶唐楷”之说。隶书分“秦隶”（也叫“古隶”）和“汉隶”（也叫“今隶”）两种。

成熟的隶书书体的基本特点是结构略微宽扁，横画长而直画短，讲究“蚕头燕尾”“一波三折”。例如，图 8-1-26 是明代书法家沈度的隶书《七律

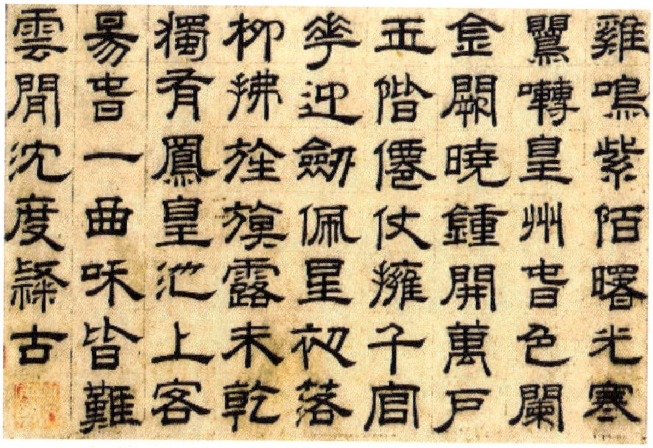

图 8-1-26　沈度隶书《七律诗轴》

诗轴》。从这件作品可以看到，隶书体方正平稳，端庄大方，比较突出地体现了汉字的风骨精神。

3. 草书

草书是为了书写简便在隶书的基础上创造出来的一种书体。草书始于汉初，其特点是保留字的主体形态或梗概，结构简省，笔画飘逸灵动，点画变化自如，给人以洒脱、自由等美好印象。这里，特别要注意的是“保留字的主体形态或梗概”，这是草书最基本的书写法则。

草书有章草、今草和狂草之分。章草是一种由隶书草化而来的书体，因而笔画隶书的意态十分明显。图 8-1-27 是汉章帝草书，这是章草的典范之作。从这幅字可以看到，章草笔画简洁，方圆兼济，行笔圆转，一些横捺笔画波挑鲜明，有隶书味道。章草结体紧凑，自律谦和，字字独立，一字之中，笔画多有相连。

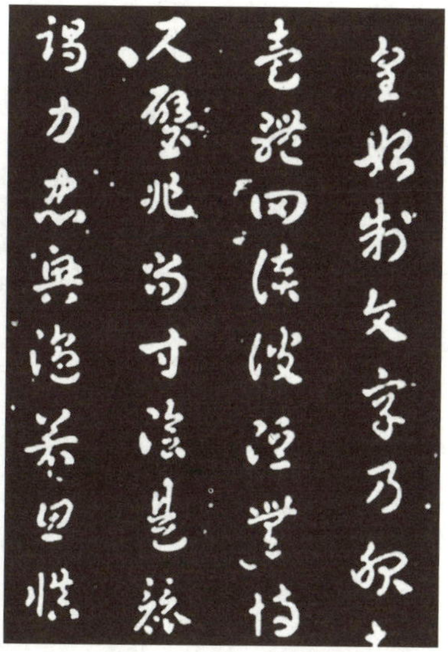

图 8-1-27　汉章帝草书

今草是在章草的基础上去除了隶书笔意而形成的一种草书体，这种书体因为突破了章草点画波磔的规矩，所以书写更加自由灵活，行笔自然，刚柔相济，疏密相宜，字的形态更加舒展，气韵更加生动。今草字与字间可以相互独立，也可以有连带。图 8–1–28 是王羲之的草书，由此作可以看到，今草的点画比较自由，字的结体更加灵动。

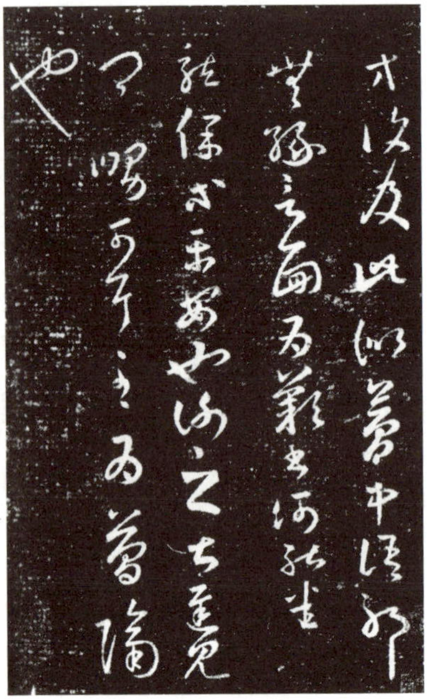

图 8–1–28　王羲之《十七帖》（部分）

今草这种书体经过历代发展，现在已经成为草书的主流，字的点画更加随意，结体更加自由，更有利于表达书者的志趣、思想和精神。如图 8–1–29 这幅作品（刘会芹书），行笔自然，字的笔画变化丰富、行止有度，结体刚柔相济，字与字之间避让有序，整幅作品透露着谦和之气。

狂草是在今草的基础上将点画连绵书写，其笔势狂放不羁，笔画圆曲，线条飘逸，字形狂放多变，气韵贯通，浑然一体。从图 8–1–30 中大家可以看到，狂草作品用笔大胆、豪放，能够最大限度地表现书者的情绪，笔画连绵，有一种舞动美，所以从中可以看到活力，看到率真，看到洒脱。

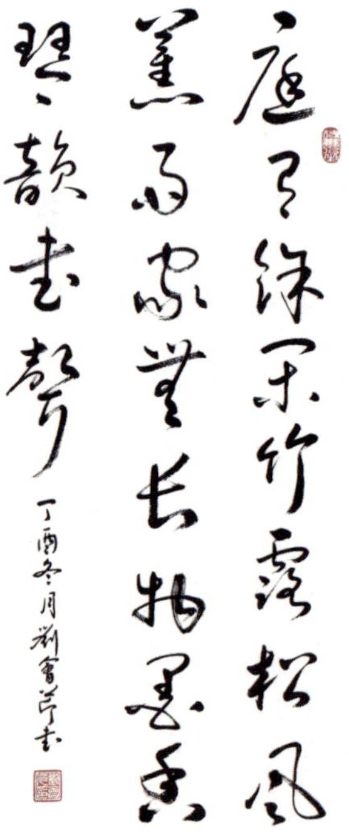

图 8–1–29　刘会芹草书

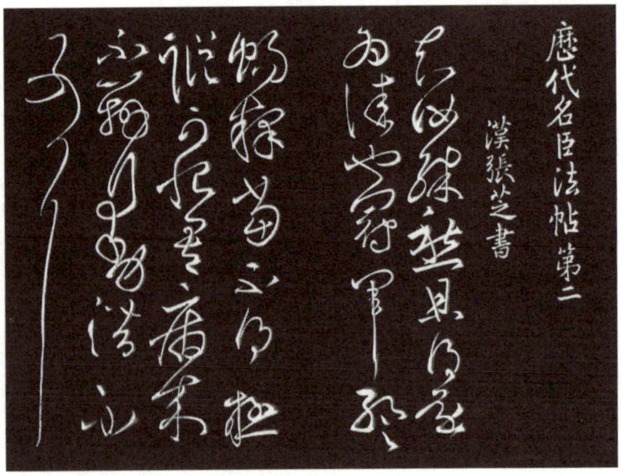

图 8–1–30　张芝草书

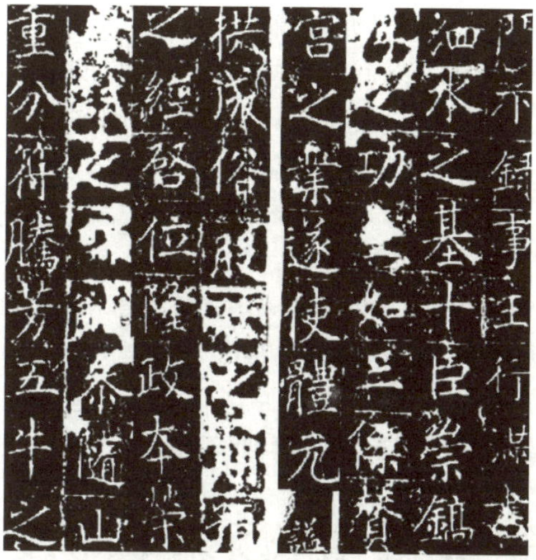

图 8-1-31　清拓唐王行满书《韩仲良碑》(部分)

4. 楷书

楷书，又称“真书”“正书”，兴于东汉时期，是兼采隶书、草书之长而创造的字体。楷书一方面吸收了隶书结构匀称、笔画清晰的优点，并将隶书的波磔笔形改为平直，方扁字形改为方正；另一方面取草书的简易之长，并回避了草书缺乏规范性的不足。因此，楷书相对草书来说，是化草为正；相对隶书来说，是化繁为简。楷书的出现，标志着汉字作为方块字的定型，最大限度地实现了汉字简、明、美三者的统一。

楷书的特点主要表现为三点：一是笔画平正，结体整齐，工妙于点画，神韵于结体，平正而不呆板，齐整而不拘谨。二是笔画的规律性强。三是笔法劲健。如图 8-1-31 这件作品。

在楷书一族中，魏碑是独具魅力的一个重要部分。魏碑是对南北朝时期北朝的碑碣、摩崖和墓志铭等石刻文字的总称，其中以北魏的书法为典范。魏碑也叫魏楷，是和晋朝楷书、唐朝楷书并称的三大楷书书体。

图 8-1-32 是北魏《吊比干文》拓片的一部分。从此作可以看到，魏碑书法笔画法度谨严、笔意硬朗、精气神十足，字的结体端庄、稳定、厚朴；笔画舒展、大方，结体刚劲而富有生气。魏碑书体上承汉隶，下开唐楷，兼有隶楷两体的神韵。

图 8-1-32　北魏《吊比干文》拓片(部分)

5. 行书

行书是在楷书的基础上发展起来的一种介于楷书和草书之间的字体。行书体的产生既弥补了楷书书写速度较慢的不足，又克服了草书难以辨认的缺点。从本质上讲，行书实际上是楷书的草化或草书的楷化。就一幅行书作品来讲，楷法多于草法的叫“行楷”，草法多于楷法的叫“行草”。

行书的特点主要表现为两点：一是在用笔方面，点画以露锋入纸的写法居多，以简省的笔画代替繁复的点画，以圆转代替方折，笔画与笔画相连接的地方，常常带出一个小小的附钩，使笔画更为流畅、活泼，互相映带照应，气势也更为连贯；二是在结体、布局和用墨方面，大小相兼，收放结合，疏密得体，浓淡相融。

由于行书这种书体点画和结体自由灵活，最能表现书者的个性，一产生就备受人们的喜爱，因此，历代行书大家辈出，传世作品很多。

图 8-1-33 是北宋米芾的行书《蜀素帖》（部分）。这件作品用笔清健、自然，笔画干净、爽利；结字紧凑，立字平稳，既有刚健精神，又不乏神采。

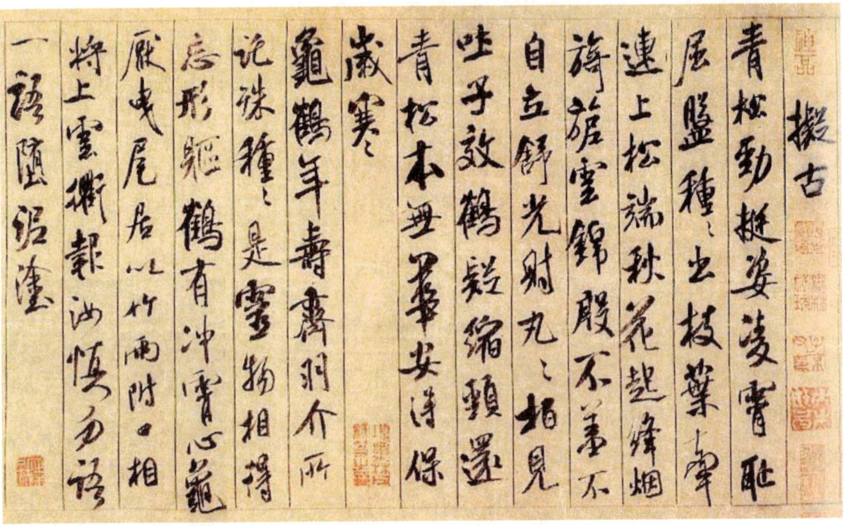

图 8-1-33　北宋米芾《蜀素帖》（部分）

五、书法欣赏的基本要点

视频8-1-5 汉字书法的欣赏要点

汉字书法对人的各种积极影响是通过欣赏来实现的。与此同时，对一幅字的优劣判断也主要是通过欣赏作出来的。那么，怎样欣赏书法作品才能受益最大？把握住哪些要点才能对一幅作品的优劣作出较为准确的判断呢？一般来讲，欣赏书法作品主要着眼于以下几点。

（一）看用笔

用笔既是评判一件书法作品优劣的基础，也是衡量书者书法功底的重要依据。一般来讲，书法功底深厚的书家用笔都比较随意、自然，不会矫揉造作和故作姿态，其所书点画干净、清爽，既不会拖泥带水，也不会有残缺或累赘，更不会去修饰和修补。关于这一点，王羲之、柳公权、赵孟頫、于右任和启功这几位大师的作品就是证明。

从用笔的角度审视一件书法作品，主要从五个方面来看：一是看起笔和收笔是否自然，即笔画是否质朴、率真；二是看行笔是否爽利，即笔画是否干净、清爽和完美；三是看顿、挫、转、折等是否平和，即笔画是否安静、平和，有没有生硬、缺损、多余和突兀等瑕疵；四是看用笔的力度和尺度是否恰到好处，即笔画的粗细、长短、轻重等是否合乎法度；五是看用笔是否灵活，即点画是否灵动、优美。

图 8–1–34 是明代文徵明行书《西苑诗》卷的一部分。此作起笔和收笔十分自然，行笔提按平和，转折自然随意，笔画干净清爽，整幅字给人以清雅、静美的印象。图 8–1–35 是朱耷的行书作品。此作不论是用笔的起、行、收，还是提、按、转、折，都很自然。与此同时，用笔的力度和尺度都把握得很好。整幅字给人以朴厚自然、安静平和的印象。

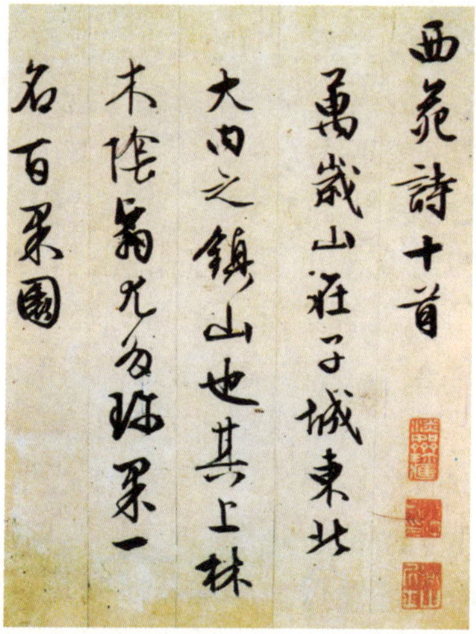

图 8–1–34　明代文徵明行书《西苑诗》卷（部分）

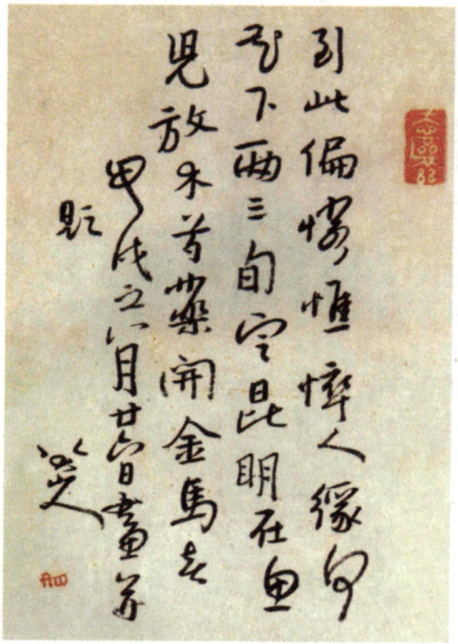

图 8–1–35　朱耷行书

（二）看用墨

用墨是汉字书法的基本表现手段之一。用墨不仅关乎着书法作品的品位，而且反映着书者的书法功底。一般来讲，真正功底深厚的书家能够使浓墨沉而不滞，使淡墨轻而不浮，使枯墨干而不涩，使润墨湿而不渍。

从用墨的角度来审视书法作品，首先看墨色与书体是否相应，其次看墨色是否纯净，变化是否自然，再次看着墨的深浅、轻重等是否合度，是否浑然一体。

图 8–1–36 是邓散木的集华山碑字隶书联。此作墨色温润、匀净，既使字显得端庄秀美，又富于气韵神采。图 8–1–37 是清代王澍的行书轴。此作用墨枯润结合，墨色变化十分自然，既使字富于神采，又使其有风骨和精神。

图 8–1–36　邓散木集华山碑字隶书联

（三）看结体

结体既是决定书法品位的关键因素，也是衡量书者人格的重要参照。一般来讲，品行正直的书家立字端正，为人谦恭的书家结字规整，性情豁达的书者结字舒展大方……“字如其人”在结体上表现得尤为突出。

从结体的角度来审视汉字书法，有四个要点：一是看结字是否紧凑，笔画间有没有凝聚力，收束是否谨严；二是看结字是否端正，立字是否端庄、平稳；三是看结体的大小是否规整，一幅字中有没有形体偏大或字迹过于沉重的字；四是看字的神采、气韵和精神。在此基础上，对于草书结体的审视要特别注意其梗概是否清楚，结体是否紧凑。

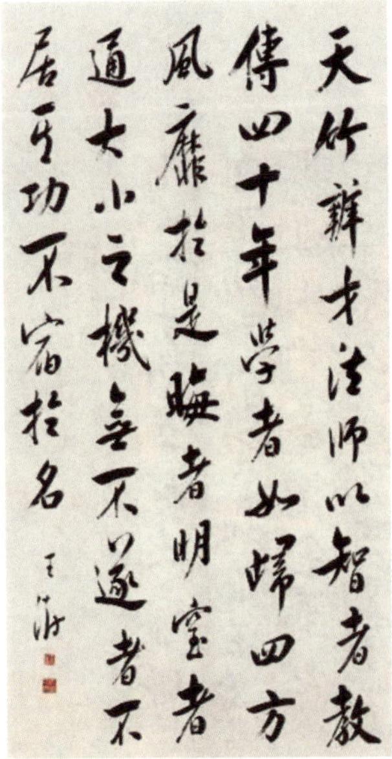

图 8–1–37　王澍行书轴

图 8–1–38 是唐代陆柬之的行书《文赋》。此作结字端正、规整，立字平稳，笔画舒展但伸缩有度，整幅字给人以清雅、秀美的印象。图 8–1–39 是明代张瑞图的《行书杜甫五律诗轴》。此作虽有笔力劲健、结字紧凑等可取之处，但在结字和章法上都存在问题，特别是个别字的笔画过度伸张，影响了行间行气，给人以杂乱的印象。

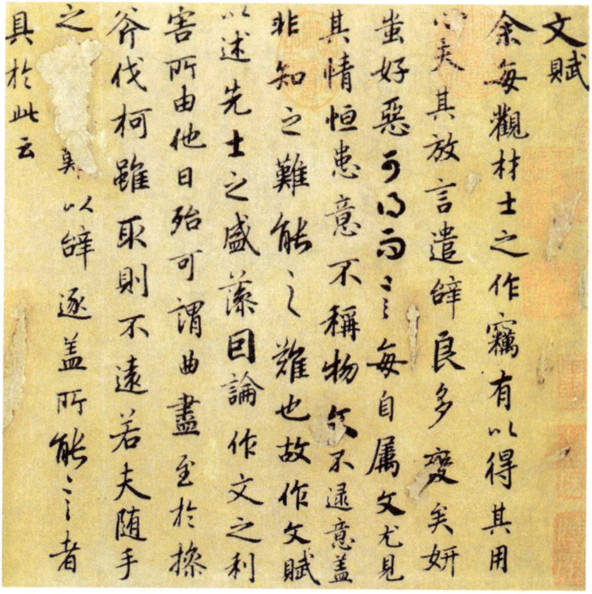

图 8–1–38　唐代陆柬之行书《文赋》

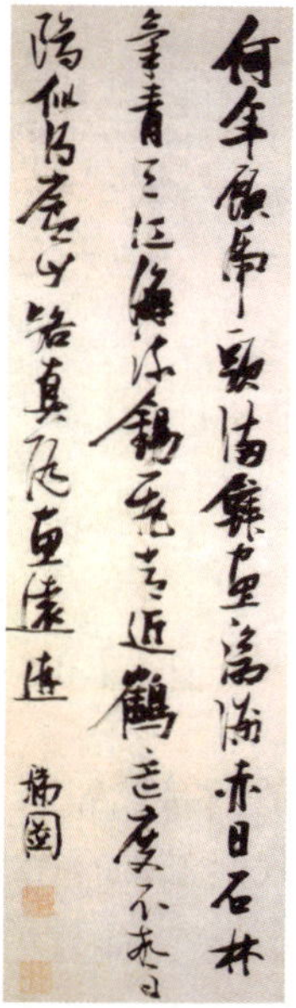

图 8–1–39　明代张瑞图《行书杜甫五律诗轴》

（四）看章法

章法不仅影响着一幅书法作品的优劣，而且反映着书者的心性和襟怀。一般来讲，书家心性平和，其作品给人以整肃、清静的感觉，书家性格直率，其作品给人以简约、爽朗的印象……

从章法的角度审视一件作品，首先看纸面分配是否合理，特别是有效着墨面积中正文和落款所占面积的比例是否适当。其次看正文的行间距是否适度，一行之中字与字的转承和联系是否紧密等。最后看落款和钤印的位置是否正确，款字和印章的大小是否合度等。

图 8–1–40 是清代俞樾的隶书轴。此作正文部分行间距适度，一行之中字

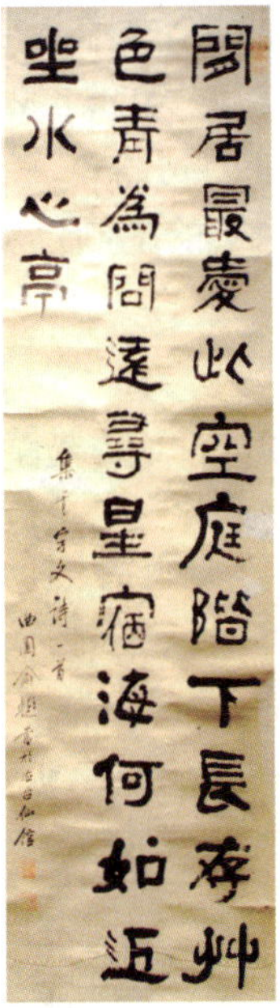

图 8–1–40　清代俞樾隶书轴

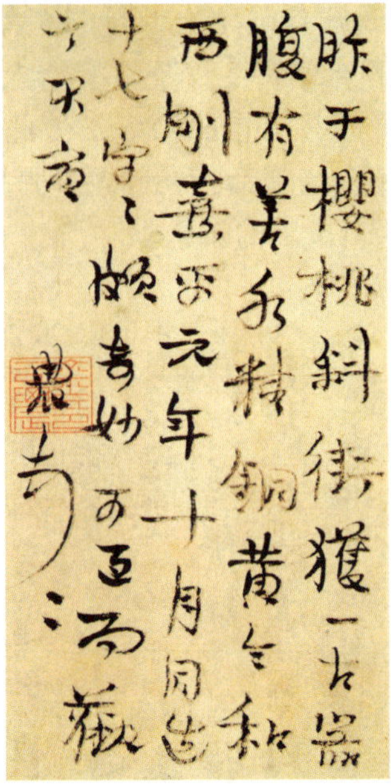

图 8–1–41　清代金农行书尺牍

与字的衔接紧密，落款位置合理，钤印规范，整幅字章法和美。图 8–1–41 是清代金农的行书尺牍。此作虽有笔画质朴、字迹温和等可取之处，但字的处位不当，行间行气不畅，整幅字给人以沉闷的感觉。

第二节　瓦当艺术欣赏

瓦当，俗称瓦头，是指筒瓦（图 8–2–1 和图 8–2–2）顶端的一部分，有圆形和半圆形两种。瓦当是我国古代建筑中特有的一种装饰物，主要起着保护屋檐，防风雨侵蚀，延长建筑物寿命的作用。瓦当除了其实用的作用外，上面还雕刻有各种图案，寄托着人们希望宅第平安、家业兴旺、好运长久等生活理想。

图 8–2–1　筒瓦及其“仁义自成”瓦当

图 8–2–2　四神纹瓦当

一、瓦当的文化价值

视频8–2–1
瓦当的文化价值

瓦当文化起源于西周，经过春秋战国时代的快速发展，到秦汉时期达到巅峰，此后，逐渐走向衰落。

从文化内涵来看，瓦当的内容涉及文学、美学、宗教信仰、伦理道德、天文、自然、生物等多方面的知识，表现了特定历史时期人们的信仰、追求、愿望和志趣等，体现了一定的时代精神，具有重要的历史文化价值。

从艺术的层面来看，瓦当集汉字书法、篆刻、绘画、雕塑、工艺美术等多种艺术元素于一身，具有丰富的审美内涵。古代工匠将一个个小小的瓦当作为思想和情感的载体，通过在瓦当上塑造各种动植物图像、几何图案和文字等纹饰，表达思想与情感，创造了精美的瓦当艺术。

瓦当艺术发展至秦汉时代，其精神文化内涵更加丰富，审美意趣进一步增强。特别是其画像之精美，图案之瑰丽，文字之隽秀，不仅给人以美的艺术享受，而且使人受到思想的启迪和精神的鼓舞等。

二、瓦当的分类及欣赏要点

视频8–2–2
图案与图像瓦当

瓦当在各地博物馆、古建筑上时有所见，如何从中看到文化、获得审美享受，是本节要解决的问题。根据瓦当纹饰内容的不同，瓦当可以分为三大类：图像瓦当、图案瓦当和文字瓦当。

（一）图像瓦当

图像瓦当是指以各种动物形象为纹饰的瓦当。这种瓦当在春秋战国时期一经出现很快就走向普及，其纹饰以龙纹、凤纹、夔纹、虎纹、豹纹、鹿纹、獾纹、兔纹、鸟纹、蟾蜍纹、龟蛇纹、雁纹、鱼纹为常见，还出现了蝉纹、蜻蜓纹等昆虫图像瓦当。如图 8–2–3 是陕西凤翔秦雍城遗址出土的战国鹿纹瓦当，图 8–2–4 是陕西西安徐家湾出土的战国豹纹瓦当。这两件瓦当现藏于陕西历史博物馆。

图 8-2-3 战国鹿纹瓦当

图 8-2-4 战国豹纹瓦当

到秦汉时期，瓦当艺术发展至鼎盛状态，图像瓦当的文化内涵更加突出，艺术性也大大提高。秦代出现了一批动物图像与植物图案相结合的瓦当，表达人们的理想和愿望，思想内涵十分明确。如图 8-2-5 是出土于陕西咸阳秦咸阳宫遗址的秦代畜禽纹瓦当，寄托着当时人们渴望六畜兴旺的愿望。

秦代的图像瓦当主要有鹿纹、双獾纹（图 8-2-6）、夔凤纹、鸿雁纹、鱼纹等，这些瓦当图像反映了当时人们祈福求祥的心理，如鹿音谐“禄”，羊音谐“祥”，獾音谐“欢”，鱼音谐“余”等等。

图 8-2-5 秦代畜禽纹瓦当

图 8-2-6 秦代双獾纹瓦当

汉代的图像瓦当以青龙、白虎、朱雀、玄武四灵像浮雕瓦当（图 8-2-7 至图 8-2-10）最为著名。这类瓦当在圆面范围内，尽量体现动物形体的伸展力度，神态生动，是一种艺术性极强的装饰浮雕作品。青龙、白虎、朱雀、玄武四灵神分别代表天上东、西、南、北四个方位的星宿，为四方神兽，具有辟邪禳灾、祈福承喜、保佑康乐安宁之“神力”。这就是说，汉代瓦当的四神兽纹饰表达了人们祈求平安、渴望幸福康宁的美好愿望。除了四神兽纹饰外，汉代的图像瓦当还有龟纹、豹纹、鹤纹、玉兔纹等。

图 8-2-7　汉代青龙瓦当

图 8-2-8　汉代白虎瓦当

图 8-2-9　汉代朱雀瓦当

图 8-2-10　汉代玄武瓦当

图像瓦当的欣赏主要应把握住两点：一是准确把握图像的象征意义，二是从艺术的角度进行审美分析和判断。

1. 准确把握图像的象征意义

图像瓦当大多以祥瑞动物和能够美化生活或帮助人们实现生活理想的畜禽等为主体纹饰，借以表达人们的理想、追求和美好愿望等，其思想内涵大多比较明确。欣赏图像瓦当首先要弄清楚其纹饰所表达的思想，准确把握其寓意和象征义。如图 8-2-11 这件出土于秦雍城遗址的战国子母鹿纹瓦当（现藏宝鸡青铜器博物院），借母子二鹿欢乐嬉戏的形象描绘，表达了人们希望生活美满、幸福、祥和的愿望。

要准确把握图像的寓意和象征义，最重要的是要弄清楚各种动物形象的基本象征义、名称的谐音义，以及人们约定俗成的关于它们的附加义等。值得注意的是，很多动物形象的寓意和象征义源自中国传统文化。如图 8–2–12 这件汉代的玉兔蟾蜍瓦当的寓意就源自“月宫”和嫦娥奔月的传说，象征着长生、成仙等；图 8–2–13 这件汉代的大飞鸿瓦当的象征义取自“鸿雁传书”的故事和鸿雁善飞的习性，寄寓着好运常在、飞黄腾达等义。对于各种动物形象象征义、寓意的理解还可以参照诗词的描写等，如读一读清代龚自珍的《点绛唇》词，从对“目送飞鸿，影入长天灭”两句的品味中就能更深刻地理解飞鸿形象的象征义。

图 8–2–11　战国子母鹿纹瓦当

图 8–2–12　汉代玉兔蟾蜍瓦当

图 8–2–13　汉代大飞鸿瓦当

2. 从艺术角度进行审美分析和判断

图 8–2–14　汉代盘龙瓦当

图像瓦当欣赏过程中的审美分析与判断主要包括两个方面的内容：一是创作思想的分析，二是图像的审美判断。关于创作思想的分析，既要看作品是写实的，还是虚构的，又要看构图的艺术性和表现技法；关于图像的审美判断，既要关注其形象性、生动性和趣味性，又要关注其视觉美感和思想感情的唤起性。如图 8–2–14 这件汉代的盘龙瓦当，龙呈盘曲之态，能够引人遐想。

（二）图案瓦当

图案瓦当是指以线条描绘的各种图案为纹饰的一类瓦当，最常见的图案有花叶纹、云纹和各种几何纹。战国和秦汉时期的图案瓦当云纹所占比例最大，唐代以莲花纹瓦当居多。

和图像瓦当一样，图案瓦当的纹饰也寄托着人们的理想和愿望，体现着人们对美好生活的追求。如图 8-2-15 这件秦代的云纹瓦当（现藏秦咸阳城遗址博物馆），以抽象的祥云图案为主体纹饰，既表达了人们渴望风调雨顺的愿望，又寄寓了人们祈福求祥的心态；图 8-2-16 这件瓦当，纹饰由两朵祥云、两片叶子和一个抽象的太阳组成，表达了人们希望风调雨顺、阳光雨露充足、五谷丰登的美好愿望。

图 8-2-15　秦代云纹瓦当

图 8-2-16　双叶云纹瓦当

欣赏图案瓦当，首先要从图案的审美感知和分析入手，因为只有弄清了图案的内容，才能把握住它所表现的思想。在图案瓦当的欣赏过程中，既要充分发挥想象与联想能力，将图案内容与人们的生活联系起来，又要注意从人们普遍的心理和情感切入，对图案所表现的思想进行意会。

（三）文字瓦当

视频8-2-3
文字瓦当

文字瓦当就是以文字为主体纹饰的瓦当。文字瓦当产生于春秋战国时期，发展于秦代，兴盛于汉代，其主要艺术成就也在汉代。

汉代文字瓦当以“延年益寿”“长生无极”等吉祥语或赞颂语（图 8-2-17 至图 8-2-20）为塑刻内容，表现了人们的生活理想、人生向往，以及精神寄托等。这些文字瓦当多为小篆书体，兼有鸟虫篆、隶书、真书等，排列有序，和谐匀称，布局讲究，显示出汉代质朴浑厚的艺术风格，其艺术观赏性可与精致的印章相媲美。汉代的文字瓦当，特点是在形制上分区划界，中心是乳钉与联珠，给铭文安排一个固定模式，在此范围内作上下左右的变化。文字数目不定，四字居多，两三字的常见，多达十几字的瓦当（图 8-2-20）珍品也时有发现。这些瓦当文字布局疏密相间，用笔粗犷，是中国瓦当中独具魅力的珍品。

图 8-2-17　长乐未央

图 8-2-18　汉并天下

图 8-2-19　延年益寿

图 8-2-20　十二字瓦当

相对于图像瓦当和图案瓦当来讲，文字瓦当所表现的思想是十分明确的，只需联系时代背景就能够深透地理解，获得思想与精神上的满足。因此，文字瓦当欣赏的思维着力点应放在书法艺术和雕塑艺术的欣赏方面。

除了以上所讲的欣赏要点外，瓦当的欣赏还包括对其中一些重要文化价值的解读。如欣赏图 8-2-21 这件“炎黄”瓦当，其主体纹饰为中华民族的图腾，即一条飞龙，飞龙的两侧为隶书体“炎黄”二字。此件瓦当具有极其重

图 8-2-21　汉代“炎黄”瓦当

要的史料价值。

三、中国瓦当艺术发展概况

近年来的考古发现证实，中国的瓦当出现于西周时期。从陕西扶风西周宫殿遗址出土的瓦当来看，这一时期的瓦当多为半圆形，以素面居多，图案瓦当也占相当比重，但纹饰相对比较简单。西周的瓦当纹饰受这一时期青铜器纹饰的影响较大，重环纹比较常见。

春秋战国时期，各诸侯国的都城建筑多追求宏伟壮观和华美的气势，用于建筑装饰的瓦当需求量大，装饰性要求高，瓦当文化因此得到了快速发展。这一时期，图案瓦当和图像瓦当并驾齐驱，承载着人们的理想、愿望，寄寓着人们热爱生活、向往美好生活的情感。

春秋战国时期瓦当的三大出土地分别是陕西凤翔秦雍城遗址、山东临淄齐故城遗址和河北易县燕下都遗址。

陕西关中地区是先秦文化的中心地带，也是瓦当最先发明和使用的地区。2003 年，陕西凤翔县农民在秦雍城遗址发现了一块 6 件变形筒瓦和瓦当烧结在一起的春秋战国时期的残陶制品，这一发现引起了考古工作者的重视。后经过考古发掘，在这里出土了 2000 多件以动物图像为主的秦国瓦当。这些瓦当的纹饰十分精美，其中的动物图像纹饰主要有鹿纹、凤鸟纹、蟾蜍纹、獾纹、虎雁纹和夔凤纹等，还有一批云纹和素面瓦当。在这些图像瓦当中，鹿纹瓦当中的鹿形象姿态各异，有奔鹿、卧鹿、立鹿、母子鹿等，生动活泼，或动或静，富有生气与活力。例如，奔鹿纹瓦当，鹿的双角后倾，尾臀翘起，呈欢跳状，极其生动传神。更为有趣的是，有的鹿纹瓦当还在鹿的旁边填以蟾蜍、犬、飞雁等小型动物纹，以衬托鹿的形象，如图 8-2-22。双獾纹瓦当的主要纹饰为双獾对立，竖耳张口，卷尾利爪，作警觉状，情态生动，形象逼真。虎雁纹瓦当的纹饰为一虎一雁相逐的情景，以飞雁来衬托奔虎的速度之快，生动地表现了虎在捕食瞬间的勇猛之状，如图 8-2-23。夔凤纹瓦当纹饰为一变体的夔凤。夔是传说中的独脚怪兽，声如雷鸣，具有强大的威慑力；凤是人们以孔雀为基础虚构出来的一种瑞鸟。夔、凤在瓦像图案中并用，象征美丽祥和之意。

图 8-2-22　战国鹿雁蟾蜍二犬瓦当

图 8-2-23　战国虎扑雁瓦当

春秋时期，半瓦当颇为流行，从当时诸侯国的宫殿遗址中都可以找到半瓦当的踪迹，其中以齐国的临淄和燕国的下都所出土的最有特色。

战国时期齐国的半瓦当极富特色，以树木纹为其纹饰主题。树木纹为中轴对称，左右各饰对称图像，其著名者有“树木双蜥纹半瓦当”“树木双马纹半瓦当”“树木双鹿纹半瓦当”等，如图 8-2-24 这件半瓦当（现藏山东博物馆），其纹饰为中间一棵大树，两边各为一马。战国晚期，受秦赵瓦当影响，齐瓦当开始变为圆形。

战国晚期，燕国在武阳（今河北易县）建城，史称燕下都。燕下都遗址出土的瓦当以“饕餮”纹半瓦当为主，间或有龙纹、鹿纹、鸟形纹等其他纹饰。如图 8-2-25 是出土于燕下都武阳台宫殿遗址的双龙背项抵角饕餮纹半瓦当，瓦当面直径为 20 厘米，体形硕大厚重，制作精美，印模深峻，呈高浮雕状。纹饰图像构思独特，有别于一般双龙背项饕餮纹，双龙和饕餮在瓦当面上各占一半空间，似乎有意突出双龙在整个布局中的地位。双龙和饕餮，一

图 8-2-24　战国齐树木双马纹半瓦当

图 8-2-25　双龙背项抵角饕餮纹半瓦当

个向下压，另一个向上反弹，一压一弹使得整体画面在庄严肃穆中又极具动感韵味，张力与沉稳并存。

到秦汉时期，半瓦当逐渐被全圆形的瓦当取代。秦瓦当的纹样中，常见的是风格独特的夔纹，细部富于变化，此外还有凤鸟、鹿等图像，构图粗犷生动。这些瓦当的直径一般为 14 ～ 15 厘米，偶见体形硕大者。如图 8-2-26 是秦始皇陵园出土的一件夔纹大瓦当，直径在 40 厘米以上。

汉代是中国瓦当艺术发展的极盛时期。这一时期，图像瓦当、图案瓦当和文字瓦当并驾齐驱，四神兽纹瓦当盛极一时，云纹图案瓦当备受青睐，文字瓦当最引人注目——其字数从两字到多字不等，且词句内涵丰富，章法布局多样。这一时期，由于社会经济繁荣，瓦当不仅用于皇家建筑，也开始大量用于民居建筑。

云纹瓦当是汉代图案瓦当的主流。其纹饰变化经历了一个从写实到写意、由具象到抽象、由繁到简的发展过程。在构图上，吸取了自然界的云朵、花枝、羊角、蘑菇等因素，逐渐形成了较为抽象的卷云纹图案。汉代云纹瓦当当面中心多为圆钮，或饰以三角、菱形、分格形网纹、乳钉纹、叶纹、花瓣纹等。如图 8-2-27 这件云纹瓦当，其云朵图案颇似羊角，极具抽象性。

图 8-2-26　秦代夔纹大瓦当

图 8-2-27　云纹瓦当

魏晋南北朝时期，莲花纹、兽面纹（图 8-2-28）瓦当渐渐多起来，云纹则简化变形，并且渐渐消失。与此同时，早在秦代已经出现的莲花纹瓦当，在这个时期又兴盛起来，纹饰由素瓣莲花变为复瓣莲花（图 8-2-29），周围还多饰有连珠纹——这种纹饰成为魏晋隋唐以至宋代瓦当的主要装饰图像。

图 8–2–28　兽面纹瓦当

图 8–2–29　莲花纹瓦当

魏晋南北朝以后，瓦当艺术逐渐走向衰落。文字瓦当大为减少，花纹图案也变得单一。隋唐五代，莲花纹成为最普遍的瓦当纹饰，这一状况一直延续到北宋。从宋代开始，兽面纹瓦当逐渐取代了莲花纹瓦当的主导地位，在两宋及辽、金、西夏广为流行，一直延续到明清。

明清两代的瓦当主要见于琉璃瓦，图像以云龙纹（图 8–2–30）为主。这一时期，由于砖雕艺术发展迅速，并且在民居建筑中大量采用，因而瓦当作为建筑装饰的主体地位被动摇，继而走向衰败。

图 8–2–30　云龙纹琉璃瓦当

第三节　中国陶瓷艺术欣赏

陶瓷是陶器和瓷器的总称。广义的陶瓷指的是以黏土为主要原料，将其与各种天然矿物混合，经过粉碎、混炼、成型和煅烧等工艺制得的各种制品。狭义的陶瓷特指陶器和瓷器。我们这里讲陶瓷艺术，是基于狭义的陶瓷概念而言的。

陶瓷的发明，是中华民族对人类文明做出的重大贡献。在中外文化交流史上，陶瓷艺术一直充当着文化使者的角色，让世人真切地感受到了中华文明的壮丽与辉煌，认识了中华民族伟大的创造力。

一、陶器和瓷器的区别

视频8-3-1 陶器和瓷器的区别

瓷器由陶器发展而来，但和陶器有本质的区别。陶器是由易熔黏土烧制的，烧制温度一般不超过1000℃，器表没有釉或只施低温釉，胎质粗松，故有吸水性，敲击时声音不清脆。而瓷器则是由瓷土作胎，表面施高温玻璃质釉，经1200℃以上的高温焙烧，胎质烧结，变得不吸水或吸水性很低，敲击时可发出金属般的清脆声音。所以，古人形容瓷器之美时，说它“薄如纸，明如镜，声如磬”。

相关链接

瓷器的判断标准

同时满足以下几个条件，以“土”为主要原料，掺入其他矿物质材料烧制而成的器物能称为瓷器。

第一，瓷器的胎料必须是瓷土的。瓷土的成分主要是高岭土，同时含有“石”质成分，含铁量低。经过高温烧成之后，胎色白，具有透明或半透明性。胎体吸水率不足1%，或不吸水。

第二，瓷器的胎体必须经1200℃～1300℃的高温焙烧，才具备瓷器的物理性能。各地瓷土不同，烧成温度也有差异，要以烧结为准。

第三，瓷器表面所施的釉，必须是在高温之下和瓷器一道烧成的玻璃质釉。

第四，瓷器烧成之后，胎体必须坚硬结实，组织细密，叩之能发出清脆悦耳的金属声。

二、陶瓷艺术的基本元素

视频8-3-2 陶瓷艺术的基本元素

我们在这里所讲的陶瓷艺术，是基于器物文化而言的。陶瓷艺术的基本要素主要有三大类：一是造型艺术；二是绘画和工艺美术；三是汉字书法艺术。

就形体方面来看，陶瓷艺术的造型艺术元素主要表现在这几个方面：一是整个生活器物的艺术化，即将整个器物做成了一定的艺术造型；二是对生活器物局部的塑形美化；三是独立存在的陶瓷工艺品。图 8-3-1 是现藏于山东博物馆的唐代三彩双鱼瓶，该器物整体为双鱼形。双鱼寓意连年有余，和谐美满，吉祥合欢。图 8-3-2 这件东晋的青釉褐斑鸡首壶将壶嘴流部做成了鸡首状，寓意吉祥。

图 8-3-1　唐代三彩双鱼瓶

图 8-3-2　东晋青釉褐斑鸡首壶

绘画与工艺美术是陶瓷艺术的主要元素。陶瓷艺术的欣赏，在很多时候就是绘画艺术和工艺美术作品的欣赏。绘画艺术在陶瓷器物上的表现主要为两个方面：一是形象与意境的描绘，二是着色的艺术。工艺美术在陶瓷器物上的表现，一是生活意趣，二是视觉美感。图 8–3–3 是明崇祯时期的青花山水人物图瓶，瓶上绘画集山水、人物于一体，美感十足。

陶瓷艺术的第三个元素是书法艺术。不论是独立题写在器物上的格言、警句、诗词等，还是配合图画题写的“主题”，都能够在一定程度上增加器物的文化内涵，提升器物的艺术魅力。图 8–3–4 这件粉彩三秋图笔筒上的书法艺术与绘画艺术相互映衬，颇具艺术魅力。

图 8–3–3　明崇祯青花山水人物图瓶

图 8–3–4　粉彩三秋图笔筒

三、陶瓷艺术的欣赏要点及必备知识

陶瓷艺术的欣赏实际上是雕塑艺术、绘画艺术、工艺美术和书法艺术的欣赏，由于这几种艺术元素在不同器物上的表现各异，因而人们对不同陶瓷艺术品欣赏的侧重点也不相同。但欣赏的要点是相同的：首先弄清楚器物所包含的艺术元素，其次运用相应的欣赏方法对其进行审美分析，最后对整个器物的审美性和艺术品位作出审美判断。

一般来讲，对陶瓷器物上的各种艺术元素的欣赏并不难——关于造型的，运用雕塑艺术的欣赏方法；关于绘画的，运用绘画的欣赏方法。但必须注意的是，欣赏过程中需要用到的一些有关陶瓷艺术的基本知识必须掌握。

（一）釉彩的基本类型

瓷器的釉彩一般分为釉下彩、釉中彩和釉上彩三种基本类型。在胎坯上先画好图案，上釉后入窑烧炼的彩瓷叫釉下彩（温度 1250℃～1340℃）；上釉后入窑烧成的瓷器经彩绘后再烧成的彩瓷为釉中彩（1250℃～1340℃）；上釉后入窑烧成的瓷器拿出来彩绘后，再用烤花炉烘烧（600℃～800℃）而成的彩瓷，叫釉上彩。

以上是釉彩的三种基本类型。我国古代瓷器釉彩的发展，是从无釉到有釉，又由单色釉到多色釉，然后再由釉下彩到釉上彩，并逐步发展成釉下与釉上合绘的五彩、斗彩。

（二）彩瓷的主要品种

视频8-3-3 彩瓷

视频8-3-4 素瓷

彩瓷是与素瓷相对而言的，具体指加有彩绘的瓷器。其主要品种有青花、釉里红、斗彩、粉彩、五彩、颜色釉等。

1. 青花

青花瓷是白底蓝花瓷器的专称。典型的青花器系用钴料在素坯上描绘纹饰，然后施透明釉，在高温中一次烧成。蓝花在釉下，因此属釉下彩。

青花瓷的特点是明快、清新、雅致、大方，装饰性强，永不掉色。青花瓷主要是指白底蓝花的瓷器（图 8-3-5），也指蓝底白花的瓷器。

图 8-3-5　清代青花人物纹执壶

2. 釉里红

釉里红，又名釉下红，起源于宋代钧窑的紫红斑釉。它可单独装饰，也可把青、红色料结合使用（此种叫青花釉里红），釉里红呈色稳定敦厚。

因为在中国人的意识里，红色代表吉祥与富贵，况且釉里红呈色稳重、

图 8-3-6 釉里红“五福”纹碗

敦厚，既壮丽，又朴实，烧成后的颜色沉着、热情，因而深受人们喜爱。图 8-3-6 是一只釉里红“五福”纹碗。

3. 斗彩

斗彩是一种以釉下青花、釉里红和釉上多种彩结合而成的品种。斗彩创烧于明成化时期，是釉下彩（青花）与釉上彩相结合的一种新品种（如图 8-3-7）。

图 8-3-7 清斗彩和合二仙纹花盆

斗彩的特点是静动兼蓄，对比鲜明，既素雅又堂皇。这种彩饰具有丰富的表现性和较强的审美性。

4. 粉彩

粉彩也叫“软彩”，是釉上彩的一个品种。粉彩瓷的彩绘方法一般是，先在高温烧成的白瓷上勾画出图案的轮廓，然后用含砷的玻璃白打底，再将颜料施于这层玻璃白之上，用干净的笔轻轻地将颜色依深浅浓淡的不同需要洗开，使花瓣和人物衣服有浓淡明暗之感。由于砷的乳浊法作用，玻璃白有不透明的感觉，与各种色彩相融合后，便产生粉化作用，红彩变成粉红，绿彩变成淡绿，黄彩变成浅黄，其他颜色也都变成不透明的浅色调，并可通过控制其加入量的多寡来获得一系列不同深浅浓淡的色调，给人粉润柔和之感，故称这种釉上彩为“粉彩”。在表现技法上，从平填进展到明暗的洗染；在风格上，其布局和笔法，都具有传统的中国画的特征。

图 8-3-8 清代粉彩福寿双全纹盘

从装饰的艺术效果来看，粉彩具有秀美、俊雅、持重、朴实而又富丽堂皇的特点（如图 8-3-8）。凡绘画中所能表现的一切，无论工笔还是写意，用粉彩几乎都能表现。用这种方法画出来的人物、花鸟、山水等，都有明暗、深浅和阴阳向背之分，增加了层次和立体感，从而形成了淡雅、精细的风格特征。

5. 五彩

五彩是瓷器釉上彩的一种。五彩所指是分布在瓷器釉面上多种颜色的彩——“五彩瓷”并不一定指瓷器釉面上只有五种颜色，多于或少于五种彩的陶瓷，习惯上也称为五彩瓷。

五彩为明清时期景德镇窑的新品种，由宋元釉上加彩的基础上发展而来。明代彩料中无蓝彩，需用蓝色表现之处，皆以青花代替，称“青花五彩”，以嘉靖、万历五彩为代表。嘉靖、万历五彩施彩特点是：大量采用釉上矾红和釉下青花二彩，釉下青花与釉上多种彩相结合，多用黑彩或赤褐色线勾描纹样轮廓，画面浓重艳丽。清代五彩以康熙朝五彩最负盛名，除常用的红、绿、黄、褐、紫彩外，还新配制了釉上蓝彩取代釉下青花，金彩和黑彩也广泛应用，因而色彩更为瑰丽多姿、浓艳夺目。康熙朝五彩除在白瓷地上彩绘外，还在各色颜色釉器及各种瓷地上施彩，使得五彩瓷器别具一格。雍正时期，粉彩盛行，五彩趋于衰落，所见多为小件器，画意较精细，不似康熙朝五彩粗犷豪放。乾隆以后则基本上不见单独的五彩瓷器，而多为五彩与粉彩、珐琅彩等并用。

五彩所描绘的对象甚多，常见的有人物、山水、龙凤、鸳鸯、松柏、灵芝、花草（图 8-3-9）等。就年代说，包括大明彩和康熙彩；就色彩说，有三彩、五彩和红绿彩。其技法特点是单线条平面，线条刚劲有力，笔画简练生动，色彩对比强烈，形象概括夸张，民间风格浓厚，装饰性强。

图 8-3-9　明万历五彩花蝶纹菊瓣形盘

6. 颜色釉

颜色釉是用含有着色金属元素的原料配制的呈色优美的釉料。釉料中加入不同的金属氧化物为着色剂，在一定温度中烧制，会呈现不同色泽的釉，成为颜色釉。它有三种划分方法：一是按烧成温度分类，分高温颜色釉（1300℃左右）、中温颜色釉（1200℃左右）和低温颜色釉（1000℃左右）。若以 1250℃为界，则可分为高温颜色釉、低温颜色釉两种。二是按烧成后的火焰性质分类，分为氧化焰颜色釉、还原焰颜色釉两种。三是按烧成后外观特征分类，可分为单色釉、复色釉（花釉）、裂纹釉、无光釉、结晶釉等。

第四节　中国园林艺术欣赏

园林是指在一定的地域空间之内，利用和改造自然山水、地貌，或人工筑山、叠石、引水，结合种植树木花草、营造建筑和修筑道路等建造而成的一种优美的休闲、游玩或居住环境。

中国古典园林受中国传统文化思想的影响，以崇尚自然、关注人文、追求清静雅趣、有利于修身养性为建造的基本思想，形成了自己独特的风格。

一、中国古典园林的特点

视频8-4-1
中国园林的特点

中国古典园林有“写意山水园林”之称，似“凝固的诗，立体的画”，既有自然美的千姿百态，又有艺术美的丰富意趣，同时融入了具体的人文内涵，是自然美、艺术美和精神美的统一体。概括起来讲，中国古典园林具有以下几个特点。

（一）具有诗情画意

中国园林与中国古典诗词、绘画、音乐一样，重视意境创造，力求使人置身其中心境怡然、情思悠然，继而产生超然若仙之感。

中国人崇尚自然、热爱自然、寄情于自然，因此，中国古典诗词和绘画创作都十分关注自然，产生了大量的山水诗和山水画。例如，唐代诗人王维的《山居秋暝》诗：“空山新雨后，天气晚来秋。明月松间照，清泉石上流。竹喧归浣女，莲动下渔舟。随意春芳歇，王孙自可留。”这首诗表达了作者醉心于山水、寄情于山水的情怀。又如，图 8-4-1 清代杨伯润的这幅山水画，描绘了一个清、静、美的心灵栖息之境，观之令人神往。

受崇尚自然思想的影响，借鉴古典诗词和山水画创作的经验，中国古典园林的建造不仅取法于自然，而且注意对自然美的概括和提炼，同时在自然风景中融入个人情怀，借物喻心，把状写自然美的园林变成挥洒个人感情的园地，使情与景相交融，从而创造出一种如诗如画的情境。

图 8-4-1　清代杨伯润山水画

（二）人文内涵丰富

中国文化的思想内涵丰富，统摄力极强，作为中国文化一个重要组成部分的中国古典园林艺术也有着极其丰富的人文内涵。具体表现在四个方面：一是中国古代园林一般是由文人、画家、士大夫阶层设计，而这些人所受中国传统文化的影响都比较大，他们既有自己的道德情操、担当精神、审美趣味和生活愿望，同时又崇尚自然，追求虚静，逃避现实，向往一种原始自然状态的生活。因此，中国古典园林便融入了一种佛道精神。二是为了追求“诗情”，中国园林建造常常把前人诗文中所描绘的一些境界、场景在园林中生动形象地再造出来，或者运用景名、匾额、楹联等文学手段对园景进行点题。例如，苏州网师园中的“月到风来”亭临水而建，亭中横匾“月到风来”，取自唐代韩愈的诗句“晚年秋将至，长月送风来”。游人在这里秋夜赏月，对景品味横匾题词，便可以产生一种诗情画意的感受。三是受天人合一文化思想的影响，用来装点园林的很多花草树木都被赋予了人文内涵，例如，梅、兰、竹、菊、莲花、牡丹等，都具有一定的象征意义。四是各种建筑装饰图案、造型等艺术元素所具有的人文内涵。

（三）讲究造景借景

中国古典园林追求意境美，常常要在有限的空间内表现出自然山水的意境。为此，中国古典园林大多采用“曲径通幽”的表现手法，采取曲折而自由的布局，用划分景区和空间以及“借景”的办法来建造景观。

中国古典园林曲折而自由的布局重在追求幽深曲折的效果。例如，苏州多数园林的入口处，常用假山、小院、漏窗（图 8-4-2；留园一景）等作为屏障，适当阻隔游客的视线，使人们进园门前只是看到园景的一角，几经曲折才能见到园内山、池、亭、阁的全貌。

图 8-4-2　漏窗

划分景区和空间的手法，主要是通过巧妙地利用山水、树木、花卉、建筑等，把全园划分为若干个景区，各个景区都有自己的特色，同时又着重突出能体现这一园林主要特色的重点景区。例如，苏州最大的园林拙政园，全园包括中、西、东三个部分，其中中部是全园的精华所在。同时，水的面积约占全园五分之三，亭榭楼阁，大半临水，造型轻盈活泼，并尽量四面透空，以便尽收江南水乡的自然景色。园内的空间处理，妙于利用山、池、树木、亭、榭，少用围墙。故园内空间处处沟通，互相穿插，形成丰富的层次。

"借景"的手法主要是把园林以外或近或远的风景巧妙地引"借"到园林中来，使其成为园景的一部分。如北京的颐和园，为了"借"附近玉泉山和较远的西山的景，除了在名为"湖山真意"处充分发挥借景手法的艺术效果外，在其他方面也作了精心的设计。如颐和园的西堤一带，除了用六座形式不同的桥点景外，没有其他高大的建筑屏挡视线。昆明湖的南北长度也正适合将园内看得见的西山群峰全部倒映湖中。同时，两堤的桃柳，恰到好处地遮挡了围墙，园内园外的界限无形之中消失了。西山的峰峦、两堤的烟柳、玉泉山的塔影，都自然地结合成一体，成为园中的景色，园的空间范围无形中扩大了，景物也更加丰富了。呈现在人们眼前的是一幅以万寿山佛香阁为近景、两堤和玉泉山为中景、西山群峰为远景的锦绣湖山诗境画卷。

中国园林建设的造景还特别注意亭、台、轩、榭等与水、石、花、木等的巧妙配合。如在园中加廊，既可引导游客游览的路线，又起着分割空间、组合景物的作用。图 8–4–3 是济南趵突泉公园内的“园中园”李清照故居里的一个游廊，它的设置，不仅能够起到引导人们游览的作用，而且可以起到分割空间的作用。

图 8–4–3　趵突泉公园游廊

（四）力求清、静、雅、趣

中国园林是人心灵的栖息之所，在建造时力求整体上意境清新、环境幽雅，局部又十分宁静。因此，中国园林的建设既师法自然，又力求高于自然，使人工美与自然美达到完美的结合。为了清新，中国园林以自然为蓝本，撷取了自然美的精华，并且将其典型化，使自然美变为富有艺术性的园林美。为了实现幽雅，中国园林不仅模拟自然山水，创造出叠山理水的特殊景观，而且采用小中见大、实中求虚的表现手法。为了取静，中国园林采用了假山上建亭、临水筑榭等方法。

相关链接

中西园林比较

法国的规整式园林和英国的风景式园林是西方古典园林的两大主流。前者按古典建筑的原则来规划园林，以建筑轴线的延伸控制园林全局；后者的建筑物与其他造园三要素之间往往处于相对分离的状态。但是，这两种截然相反的园林形式却有一个共同的特点：把建筑美与自然美对立起来，建筑要么控制一切，要么退避三舍。

中国古典园林则不然，建筑无论多寡，也无论其性质、功能如何，都力求与山、水、花木这三个造园要素有机地组织在一系列风景画面之中，突出彼此协调、互相补充的积极面，限制彼此对立、互相排斥的消极面。

二、中国园林的基本元素

视频8-4-2 中国园林的基本元素

中国古典园林是一种山水式园林，它以叠山理水为基本表现手段，通过花草树木的巧妙点缀，以及小桥、轩榭等元素的合理布局，创造出一种诗情画意般的境界。中国园林的基本元素主要有以下四大类。

（一）山石

山石是中国园林的一个重要元素，不论是北方园林，还是江南园林，都是无园不山，无山不石。一般来讲，除了大型园林利用自然山石外，一般小型园林的山都是模拟大自然中的真山、采用土石堆砌而成的，其中包括峰、岩、峦、洞、穴、涧、坡等各种山体元素。虽然堆起来的山是“假山”，但它却有着真山的意趣。因为造园时，不论是堆石为山，还是叠石为峰，都是模拟自然山石及其峰峦的情态进行创作的。因而，堆砌而成的“假山”虽然很小，但能够使人以小见大，有如临大自然的感觉。图 8-4-4 为拙政园中用石头堆砌的假山。

图 8-4-4　拙政园假山

（二）水体

园林无水则枯，得水则活。理水与建筑气机相承，使得水无尽意，山容水色，意境幽深，形断意连，给人以绵延不尽之感。

中国山水园林，不仅离不开山，更离不开水。我国山水园林中的理水手法和意境创造，均师法于大自然中的江湖、溪涧、瀑布，源于自然，而又高于自然。图 8-4-5 是趵突泉公园的假山、溪涧和飞瀑相结合的情形。

图 8-4-5　假山、溪涧和飞瀑

在园景的组织方面，多以湖池为中心，辅以溪涧、水谷、瀑布，再配以山石、花木和亭、阁、轩、榭等园林建筑，使明净的水面、峭拔的山石、精巧的亭台廊榭、富有

图 8-4-6　江南园林依水布景

生机的林木等统一为一体（图 8-4-6），给人以清新、幽静、爽朗的感觉。

就水体成景的效果而言，园林中有了水面，天光云影、碧波游鱼、荷花睡莲等各显其上，这无疑会为园林增添无限生机。

（三）花草树木

花草树木既是构成园林的重要元素，也是组成园景的重要部分。各种争奇斗妍的名花、芳草、秀木，把一座座园林打扮得万紫千红，美丽多娇。

我国历代文学家、画家，常把植物人格化，赋予它们丰富的人文内涵。从一些植物的形象、姿态、色香等受到启示，观赏者可以进入联想和想象的境界，获得强烈的情感体验。

植物的枯荣随季节而变。植物的四季变化与生长发育，不仅使园林建筑空间形象在春、夏、秋、冬四季产生相应的变化，还可产生空间比例上的时间差异，使固定不变的静观建筑环境具有生动活泼、变化多样的季候感。此外，植物还可以起到协调建筑与周围环境的作用。

（四）建筑

建筑是构成园林的一个重要元素。中国园林十分讲究建筑与山水、树木花草的互衬，力求建筑美与自然美高度融合。正是在这一思想的影响下，中国园林建筑形式多样，风格独特。

1. 亭

亭是一种有柱有顶无墙的小型建筑物，园林中的亭叫园亭。亭一般建在路旁、山顶或花园里供人休息用，同时还用来点缀园林景观。

建亭一般要从两方面考虑，一是由内向外好看，二是由外向内也好看。园亭要建在风景好的地方，使入内歇足休息的人有景可赏，同时更要考虑建亭后使其成为一处园林美景。由于园林作为艺术是仿自然的，因而许多园林都设亭。但正是由于园林是艺术，因而园中之亭是很讲究艺术形式的。

亭在园景中往往是个“亮点”，起到画龙点睛的作用。例如，苏州拙政园假山上的绣绮亭（图 8-4-7），轻灵地立于山顶上，使假山有了情趣和魅力；拙政园水池中的荷风四面亭，四周水面空阔，在此形成视觉焦点，加上两面有曲桥与之相接，形象自然显要。

图 8-4-7　拙政园绣绮亭

2. 榭

榭是中国园林建筑中依水架起的观景平台，平台一部分架在岸上，一部分伸入水中，如图 8–4–8 这个拙政园中的芙蓉榭。榭的平面形式比较自由，常与廊、台组合在一起。

中国古典园林中水榭的传统做法是在水边架起一个平台，平台一半伸入水中，一半架于岸边，平台四周以低平的栏杆围绕，然后在平台上建起一个木构的单体建筑物。建筑的平面形式通常为长方形，其临水一侧特别开敞，屋顶常用卷棚歇山式样。

图 8–4–8　拙政园芙蓉榭

3. 舫

舫是仿照船的造型建在园林水面上的建筑物，供游玩宴饮、观赏水景之用。江南修造园林多以水为中心，造园家创造出了一种类似画舫的建筑形象，游人身处其中，能产生仿佛置身舟楫的感觉。

舫的基本形式同真船相似，宽约丈余，一般分为船头、中舱、尾舱三部分。船头做成敞篷式，供赏景用。中舱最矮，是主要的休息、宴饮场所，舱的两侧开长窗，坐着观赏时可有宽阔的视野。后部尾舱最高，一般为两层，下实上虚，上层状似楼阁，四面开窗以便远眺。舱顶一般做成船篷式样，首尾舱顶则为歇山式样，轻盈舒展，成为园林中的重要景观。在中国江南园林中，苏州拙政园的香洲（图 8–4–9）、怡园的画舫斋是比较典型的实例。

图 8-4-9　拙政园香洲

4. 廊

中国古代建筑中有顶的通道，包括回廊和游廊，基本功能为遮阳、防雨和供人小憩。廊是形成中国古代建筑外形特点的重要组成部分。殿堂檐下的廊，作为室内外的过渡空间，是构成建筑物造型上虚实变化和韵律感的重要手段。围合庭院的回廊，对庭院空间的格局、体量的美化起到重要作用，并能形成庄重、活泼、开敞、深沉、闭塞、连通等不同效果。园林中的游廊则主要起着划分景区、形成多种多样的空间变化、增加景深、引导最佳观赏路线等作用。图 8-4-10 是留园中的一处游廊。

图 8-4-10　留园的游廊

5. 轩

轩是一个集合概念，在这里既指长廊或房屋的前檐伸出的部分，也指几面有窗或者通透、敞亮的小屋，还指一面通透的廊形建筑。图 8-4-11 就是由长廊伸出的一种轩。轩的形式也较多，有的似亭，有的如廊，有的像厅。在园林建筑中，轩也是一种点缀性的建筑。如网师园中的竹外一枝轩，既可经此处而通向月到风来亭，又作为濯缨水阁之对景。拙政园中的与谁同坐轩，是从中部园区经别有洞天至西部园区的第一眼所见之建筑。这是一座扇形的建筑，形象生动、别致。留园中的揖峰轩（图 8-4-11），是石林小院中的一座主要建筑，体量不大，又有廊院及院中石林相伴，是一处园中之园，空间有分有合，隔中有透，层次分明。

图 8-4-11　留园揖峰轩

主要参考文献

1. 黄高才，黄沛钰．中国文化概论［M］．西安：西安交通大学出版社，2009.
2. 黄高才．中国文化概论［M］．第 2 版．北京：北京大学出版社，2016.
3. 黄高才．国学概论［M］．北京：中国人民大学出版社，2014.
4. 刘会芹，黄高才．书法基础教程［M］．北京：北京大学出版社，2014.
5. 黄高才，刘会芹．艺术欣赏［M］．北京：中国人民大学出版社，2012.
6. 黄高才．中国文化概论［M］．北京：北京大学出版社，2011.
7. 黄高才，余雪梅．中国文化教程［M］．西安：西安交通大学出版社，2015.
8. 黄高才．艺术欣赏简明教程［M］．北京：高等教育出版社，2014.
9. 黄高才，刘会芹．大学语文［M］．北京：北京大学出版社，2012.
10. 黄高才．德书人生［M］．杨凌：西北农林科技大学出版社，2012.
11. 西安碑林博物馆．西安碑林百图集赏［M］．西安：陕西旅游出版社，2002.
12. 黄高才．咸阳文化解读——中国文化寻根［M］．北京：北京大学出版社，2011.
13. 黄高才．陕西文化概观［M］．北京：北京大学出版社，2012.
14. 黄高才，刘会芹．汉字书法欣赏［M］．北京：高等教育出版社，2016.
15. 黄高才．艺术欣赏简明教程［M］．第 2 版．北京：高等教育出版社，2016.

图书在版编目（CIP）数据

艺术欣赏 / 黄高才，刘会芹著. —2版. — 北京：中国人民大学出版社，2019.1
21世纪通识教育系列教材
ISBN 978-7-300-26211-6

Ⅰ.①艺… Ⅱ.①黄… ②刘… Ⅲ.①艺术－鉴赏－高等学校－教材 Ⅳ.①J05

中国版本图书馆CIP数据核字（2018）第209107号

21世纪通识教育系列教材
艺术欣赏（第二版）
黄高才　刘会芹　著
Yishu Xinshang

出版发行	中国人民大学出版社		
社　　址	北京中关村大街31号	邮政编码	100080
电　　话	010-62511242（总编室）		010-62511770（质管部）
	010-82501766（邮购部）		010-62514148（门市部）
	010-62515195（发行公司）		010-62515275（盗版举报）
网　　址	http:www.crup.com.cn		
经　　销	新华书店		
印　　刷	北京宏伟双华印刷有限公司	版　　次	2012年7月第1版
开　　本	720 mm × 1000 mm　1/16		2019年1月第2版
印　　张	15.25插页1	印　　次	2024年5月第3次印刷
字　　数	246 000	定　　价	58.00元

关联课程教材推荐

ISBN	书名	作者	单价
978-7-300-13521-2	口才交际能力训练	刘伯奎	35.00 元
978-7-300-15457-2	世界文学名著赏析	钱谷融　刘洪涛	49.00 元
978-7-300-14549-5	文物鉴赏	姚江波	65.00 元
978-7-300-15854-9	中外现代诗歌导读	王家新	28.00 元
978-7-300-24379-5	电影导论	陈涛	65.00 元
978-7-300-24355-9	书法创作与欣赏	倪文东　傅汝明	35.00 元
978-7-300-24520-1	外国工艺美术简史	张夫也	75.00 元
978-7-300-24493-8	音乐欣赏（第二版）	齐柏平　赵方	35.00 元
978-7-300-19272-7	国学概论	黄高才	28.00 元
978-7-300-20707-0	文学欣赏	金元浦	32.00 元
978-7-300-19271-0	艺术学概论（第二版）	潘必新	25.00 元
978-7-300-25462-3	唐诗宋词鉴赏（第二版）	张明非　等	39.00 元

配套教学资源支持

尊敬的老师：

衷心感谢您选择使用人大版教材！相关的配套教学资源，请到中国人民大学出版社网站（www.crup.com.cn）免费下载，或是直接与我们联系。

欢迎您随时反馈教材使用过程中的疑问、修订建议以及您个人制作的课件。您的课件一经采用，我们将署名并付费使用。

样书申请及课件处理，请联系：
龚洪训
电话：010-62515637
电子邮件：6130616@qq.com

选题策划及出版，请联系：
刘 静
电话：010-62513587
电子邮件：12918646@qq.com

地址：北京海淀区中关村大街 31 号
邮编：100080